外務省は「伏魔殿」か

反骨の外交官人生と憂国覚書

元外務省大臣官房長
元駐フランス大使
飯村 豊 著

芙蓉書房出版

まえがき

私は約四〇年の間、外交官として、多くの同僚たちと共に、海外において日本の国益を追求する仕事の第一線に立ってきました。少なからぬ人達が持っている外交官のイメージは、〝蝶ネクタイをつけて赤ワインを片手に持ち、パーティーで談笑している〟ようなもののようですが、実際の外交活動は決して高尚なものではありません。それどころか、危機管理あり、日本人の生命財産保護あり、災害緊急援助ありの、非常にドロドロした駆け引きと匍匐《ほふく》前進・後退の地道な努力の連続なのです。

同時に、かつて米国のフランクリン・ルーズベルト大統領の側近が、大統領補佐官に必要な資質として述べたという「匿名への情熱」を、外交官や国家公務員は胸に秘めていなくてはなりません。つまり「俺が手柄を立てるんだ」という功名心ではなく、自らは黒子《くろこ》でいるという気持ちが大切だと思います。本書をまとめた動機も、自己顕示欲に発するものではなく、私が経験したことを記録に残しておきたいという気持ちからだとご理解いただければ幸いです。

私のこの意図が厳密に反映されているか否かは、読者の評価を待ちたいと思います。というのも、この種の作業には落とし穴がいくつかあるからです。一つは、自分の行為を過大評価する可能性があること、二番目には、自己弁明が正面に出てしまうこと、三番目には、意図していないにもかかわらず関係者を不当に批判してしまうこと、四番目には、これは根本的なことですが、世界観の違いから関係者との間に事実認識にギャップが生じうることです。

私は、政治的には自らを現実主義・保守に位置づけていますので、当然「左派」の方々や、戦後憲法堅持を唱えておられる「平和主義者」、「進歩主義者」、第二次大戦後日本の主流にあった「親米保守」の方々、さらにはいわゆる「右派」の方々とはさまざまな点で意見の相違があると思います。そうではあっても、自らの思想傾向に引っ張られて事実と問題の所在について偏った見方をすることがないよう、また上述の陥穽《かんせい》に落ちることがないように努力しました。これが成功したか否かについては読者の判断に待ちたいと思いますが、本書を通じて外交の第一線の黒子たちの一人が何を考え、何をやってきたのかを理解していただき、「日本外交」を考える材料としていただければ幸いと考えています。


もう二〇年以上前の話になってしまいましたが、松尾という一人の外務省職員が巨大な公金を横領した事件があり、外務省全体が国民の厳しい怒りの対象になったことがありました。近年では外務省のイメージが最低に落ち込んだ瞬間でした。この国民の怒りを背景に、田中眞紀子議員が〝外務省を改革する〟とのスローガンを掲げて外務大臣になりました。

田中眞紀子氏は外務省を「伏魔殿《ふくまでん》」と呼び、粛清に乗り出しました。今でも覚えているのは、国会の委員会の質疑応答で辻元清美議員に「外務大臣は伏魔殿、伏魔殿と呼ばれますが、その伏魔殿とは誰のことを指しておられるのですか」と問い詰められたのに対して、田中眞紀子大臣は大臣の補佐で官房長として後ろに控えていた私を指差して、「この人です！」と叫びました。この場面は今でも私の脳裏に焼き付いています。

私は、田中眞紀子氏に恨みも憎しみも持っていませんし、数ヶ月前にはたまたまあるレセプションでお会いし、明るく談笑をしたばかりでした。しかし、彼女が外務大臣時代に日本国民に向けて述べた「外務省は伏魔殿」という言われなき中傷を正したいと思い、この本を書いています。また、友人たちと話していると、伏魔殿とまでは言わないまでも、外交官あるいは外務省について今でも多くの誤解が存在すると感じます。しかし「伏魔殿」には、ひたすら匿名で国のために尽くそうとしている人たちがたくさんいるのです。そこで、本書の書名に田中大臣による命名をお借りし、私の見た日本外交のいくつかの側面を描くこととしました。

さらに、この本を書きながら私の頭をはなれなかったことは、日本の国が—あるいは日本民族と言っていいでしょう—如何に世界から孤立しているか、また、自主独立の気概を欠いているかということです。日米同盟があり、Ｇ７諸国との連携があり、アジア太平洋諸国との協力関係があり、さまざまの協定や合意が日本と諸外国とを結び続けつけています。しかし、本当に国民同士で心と心がつながっている国があるのかと自問自答すると、お寒い限りではないかと思うのです。

日本研究に一生をささげ、また日本駐在の米国大使も務めたライシャワー・ハーバード大学教授は著書『日本人』の中で、一億をこえる人口を抱えた日本が、資源の乏しい狭い国土のなかで生きていくためには、国際的な交易とそのための良好な対外関係が必要不可欠なのにもかかわらず、日本人がもっとも自信を欠くのがまさに対外関係であるとして、外国語能力の欠如と、知らず知らずのうちに自分自身を世界から隔絶した存在と見る自意識をその理由として挙げています。

これは何もライシャワー教授に限らず、多くの外国人が日本人に対して持つ印象だと思います。要は、外国人との間に目に見えない壁を作ってしまうということなのです。如何に日本の文化芸術が世界で尊敬され、日本のスポーツ選手がオリンピックで活躍しようと、また多くの観光客が日本を訪れようと、どうしても日本人はこの閉鎖性あるいは孤立主義的心情を克服できないでいます。ＥＵに入っていながら、欧州大陸の国々とどうしても馴染めなかった英国の島国性、あるいは米国の孤立主義とも違う日本型孤立主義とでも言いましょうか、戦前は「孤立主義＋大国幻想」の形をとり、戦後は「孤立主義＋平和幻想」の形を取りました。それは異質な文化を持った国々と人々に対して心を開くことが苦手であるとの文化現象を背景としたものと言えるのではないかと思います。

例えば、国民のほとんどが外国人と英語で意見を通じ合わせることができない国は現在では極めて稀で、その意味では日本人はガラパゴス化しているともいえましょう。従って、国際的な場で日本人はどうしても口数が少なくなるし、また外国人の働き手を日本に受け入れることにも大きな困難をきたしつつあるのです。日本経済が停滞する中で、日本に働きに来ようとする外国人も次第に減ってきました。国家一〇〇年の大計を考えると、人口減少と著しい高齢社会は日本にとって由々しい問題と言わざるを得ません。それも、日本人の閉鎖的心性を背景とした現実なのです。

第二次大戦後成立した国際秩序の根幹が崩れはじめた激動の世界では、やはり民族の国際性が生き残りのための重要な資質でしょう。このような日本の民族性についての問題意識、すなわち、今までいわゆる「開国」と呼ばれるような試練を経験してきた我々日本民族が、狭い意味での政治・軍事・経済面の安全保障上のチャレンジだけでなく、社会的にも文化的にもさらに外に向かって心を開いた生き方ができるようになるのかとの問題意識が本書の底流を構成しているとお考え頂ければ幸いです。

本書では、外交実務にあたった四〇年間の人生を語りつつ、日本国民の心と外交の関係についても自ら体験したこと、今、晩年を迎え思うことをいくつか述べ、「日本外交」についてできる限り多くの方々に理解していただきたいと思います。何故ならば、今日本が安全保障上ののっぴきならない危機に直面している中で、より多くの国民の方々が外交を肌で感じていただくことがますます重要になっていると信ずるからです。

外務省は「伏魔殿」か
反骨の外交官人生と憂国覚書

目次

まえがき　1

プロローグ―「国賊」と呼ばれた家庭から外交官へ　15

軍人家族の戦後　15
一八歳でイギリスでの異文化体験　19
大学生活の落ちこぼれから外交官に　20
外交官人生―冷戦時代から米国の一極支配終焉へ　21
私の外交官人生の三つのテーマ　24
平和幻想の時代から危機の時代へ―「第四の開国」はできるか　27

第1章「外交と世論の関係」は永遠の課題　31

1．田中眞紀子外務大臣―ポピュリズムの嵐に巻き込まれた日本外交……　31

田中眞紀子事件とは何であったか　31
機密費横領事件と田中眞紀子外務大臣の登場　33
田中眞紀子外務大臣騒動の背景　35
経済協力局長から大臣官房長への突然の異動　38

「自分の任務は田中大臣の真の姿を国民に知ってもらうこと」 41
田中大臣と外務省員との最初の出会い 44
田中大臣から撃ち込まれた最初の砲弾 46
国民が喝采をした大臣がパワハラを 48
外務省員やOB、国会議員などの反応は？ 51
伏魔殿は「この人ですよ」と指さされて 54
田中大臣の外務大臣としての資質の問題が浮上 55
大臣に直言できる人物を外務事務次官に 57
大臣のパワハラのもとで分裂する外務省 58
戦いを恐れない新事務次官へのバトンタッチ 61
田中眞紀子騒動の教訓 62

2．外交を生かすも殺すも世論の動き ……… 65

「危機管理」と「人脈作り」 65
マスメディアと外交：４つのパターン 67

3．フィリピンで学んだ在外公館の危機管理 ……… 70

フィリピン赴任 70
ピープル・パワー革命 72
緊急時の大使館の行動 75
三井物産若王子支店長の誘拐 78
若王子事件が明らかにした日比間の深い溝 82

若王子支店長解放　84
若王子事件は「世論と外交」という観点から何を私たちに語っているか　86
4．外務省報道課長は日本外交と日本マスメディアとの接点……………87
外務省報道課長とは？　87
報道課長はコウモリか？　90
記者クラブ制度は外国特派員から見れば日本の閉鎖性のシンボル！　92
イラクのクウェート侵攻と国際危機の始まり　95
在留邦人がイラクの「人間の盾」に！　96
多国籍軍への自衛隊参加を求める米国と迷走する日本　97
週刊誌と外務省　99
報道課長は外務省幹部と記者団の間に置かれたサンドバッグ　101
ポスト冷戦の日本の姿は？　漂流する世論・外交・メディア　103
5．ODA批判と対中援助終焉への道……………104
中国の大国化と対中ODA　104
対中ODAの原点　105
裏切られた中国民主化への期待とODA批判の高まり　107
対中援助の継続が日本のODA政策全体にダメージを与える危険性が増大　109
対中援助終焉をソフトランディングで　110
対中援助政策策定のための懇談会の提言　113
対中援助政策転換においてメディアが果たした役割　116

第2章　相互批判と協力が交錯する日米欧関係 ―― 119

1．フランスの「自主独立外交」を学んだ研修生時代 ………… 119
外務省の研修制度 119
フランス第五共和制を作ったド・ゴール将軍 123
日本とフランスを結ぶもの 128

2．ロシア人の欧米警戒心と恐怖心を学んだソ連勤務 ………… 132
非ロシア語の私がソ連勤務に 132
秘密警察の監視のもとに置かれた外交官の生活 133
政務班の情報分析担当者として 134
ロシア人の深層心理を流れる対外恐怖心 136
モスクワからパリへの転勤 138

3．フランス勤務で米国がよく見えた ………… 141
フランスの自主独立外交と大国幻想 141
シラク元大統領のアメリカ批判 144
フランスはなぜ核武装したのか 147

4．日本の地政学的重要性を理解しなかった欧州 ………… 150
紆余曲折をたどった日欧関係 150

日本を政治的パートナーとして見ていなかった欧州 153
5．漂流する日米同盟関係………155
一九九〇年代初めの日米関係―不信と不安 155
日米同盟を支えた政治協力 158
日米関係は飛行機の操縦に似ている 159
6．ポスト冷戦時代の欧州と日欧協力………162
「日欧パートナーシップ」のめざめに向けて 162
日欧協力の具体化の始まり 165
世界で活躍する日本女性 169
胎動する中国の覇権主義に無関心だった西欧諸国 171
停滞する日欧政治協力を文化交流でカバーする 174
第3章 体験して初めてわかった途上国外交――177
1．最大のODA供与国からの転落………177
国際貢献の最大の手段としてのODA 177
中国と東南アジアの成長に寄与した日本のODA 178
国の内外からのODA批判の高まり 180
国際社会も人間もやっかいな「嫉妬心」 182
日本のODAを嫌った欧州諸国 183

多様性が認められるべき途上国援助の手法　186
日本のＯＤＡの真の反省点　188
ＯＤＡのグローバル化　190
援助人材育成の必要性　192
国際開発大学設立構想　194
日本政府のＮＧＯ支援強化　197
米国ＭＳＨと日本の絆　199
ジャパン・プラット・フォームの発足　202
駐インドネシア大使時代のＯＤＡ　203
中東・欧州担当政府代表時代のＯＤＡ　206

2．インドネシアから日本を見る……………208
大使の仕事　210
インドネシア大使として特に重要な仕事は経済関係強化と緊急時対応　211
アチェ大地震と緊急援助　214
ジェンキンスさんと曽我ひとみさんの出会い　216
ジェンキンスさん家族日本に向かう　220
インドネシア人のプライド　223
アチェ独立運動の解決を求めて　227
中国の台頭の加速化と日本・東南アジア関係　231
中国の台頭をユドヨノ大統領はどう受け止めたか　232

目　　次

終章　「第四の開国」を求めて 237

1. 東南アジアとパワー・ポリティックス……237
現役を退いて 237
日本の対外戦略において東南アジアと中国の関係をどう見るか 240
米国依存一本槍の安全保障政策のリスクが高い 246
ＡＳＥＡＮは中立的な緩衝地帯とするのが得策 249
防衛力の強化と軍縮・軍備管理 250
中国の経済的囲い込み戦術に要注意 252
ソフトパワーの重要性 253

2. リアリズムと幻想……257
日本の進むべき道は大国外交か、ミドル・パワー外交か、あるいは小国外交か？ 257
小国フィンランドの生きざま 259
多くの大国は幻想の中で生きている 262
ロシア人の対外感覚 263
アメリカ人の対外感覚 264
フランス人の対外感覚 266

3. 危機の時代に生きる……268
日本の対外意識の特質 268
第四の開国？ 273

日本人は今何をすべきか 275
第二次大戦前の米国の極東外交と東京裁判史観が支配する戦後日本 277

4. 日米欧グローバル・パートナーシップの時代に向かって ……… 280
中国の台頭とロシアの侵略主義・日本との協力の重要性を理解し始めた欧州 280
生まれつつあるパートナーシップの底流を流れるもの 284
日米欧パートナーシップの基礎を何に置くべきか 286

5. ポスト・ウクライナ戦争の国際関係 ……… 289
ウクライナ戦争の本質は何か 289
ウクライナ戦争はどのように終わるのか 295
ウクライナ戦争後の欧州の安全保障 300
ポスト・ウクライナ戦争の国際関係とグローバル・サウス 305
グローバル・サウスの本音はどこにあるのか 309

あとがき 317

プロローグ
―「国賊」と呼ばれた家庭から外交官へ

軍人家族の戦後

私は昭和二一年、終戦の翌年に旧軍人の家庭に生まれました。そんな環境に育った私が、なぜ外務省に入り、外交官になったのか。時代背景と私自身の個人の事情がからむので、ちょっと話が長くなります。

父飯村繁は戦争勃発とともにビルマに出征し、昭和一八年から陸軍士官学校の区隊長をやっていました。二六歳で敗戦となります。祖父飯村穣は、南方軍の総参謀長等をやった後、昭和二〇年に帰国し東京防衛軍司令官となり、それこそ本土決戦の準備をしておりました。

終戦の時は、陸海軍の軍人は詔書必謹と徹底抗戦の考えに分かれましたが、父は詔書必謹の考えを取りました。いずれの考えを取るか否かは別にして、阿南陸軍大臣ほか多くの方が自決されました。父の日記やメモを見ていますと、敗戦時、一旦母とともに自決を決意したようですが、友人と上司の機転で救われています。敗戦後一年二ヶ月して私が生まれました。

さらに、私の家族はその他に母方の祖父も、二人の叔母の夫も皆陸軍軍人で、ほとんど軍人で占められていました。敗戦で軍が解体されていなければ、祖父の考えから言って、私も軍人になっていたことでしょう。いわゆる職業軍人とその家族の敗戦後の生活は物質的にも心理的にも容易なものではなく、日本をこのような悲惨な状態に貶《おと》しめたのは旧軍の政治介入の責任であるとして、厳しい世論の批判に晒されます。その頃の雰囲気は、物心がついてからは私も子供心におぼろげに記憶しています。

敗戦後、私と妹が生まれ、父はいわゆるパージで公職から追放されました。母が結核を病んでいただけでなく、父自身も長い間胸を患って一時は死線をさまよっていましたので、両親は定収入もなく私たちを育てるのに大変に苦労したようです。

サンフランシスコ平和条約をもって、日本も独立を回復しましたが、当時外務省は「これからは外務省も軍事問題の専門家が必要」という考えから五、六人の旧軍人を雇いました。父は嘱託のような形で外務省に勤務し、最終的には昭和三三年に外務事務官に正式に採用されます。そして数年後には在ポーランド大使館勤務を命ぜられました。

敗戦後の日本は、戦前・戦中の軍部の行動に対する反動もあって、反軍・反軍人の雰囲気に満ち溢れており、また日本の「民主化」を推進しようとしていたGHQの世論操作も熾烈《しれつ》なものがあったので、父はまだ幼児であった私がいじめられるのではないか、米国の押し付け史観に染められるのではないかと、随分心配しているようでした。事実、自宅の門には、毎朝「国賊」と書かれた紙が貼られていたようで、近所の親切な方が我々を傷つけたくないと、朝早くこの紙を剥がしに来てくれていたと最近妹から聞いて知りました。東條元首相の家には連日石が投げ込まれていたと聞きました。軍人の家族は多かれ少なかれ、同じような思いをしているようです。

その頃の雰囲気は、最近書庫から引き出してきた父の日記やメモから読み取れます。悲惨な戦争の後のことであり、国民が軍に対して強い反感を持ったのは当然のことであったでしょう。戦争が終わった後、日本国民は平和と民主主義の時代の到来を喜んだと言われますが、国のためと信じて戦ってきた軍人は、一転して民衆の敵となったのです。「兵隊さん、頑張ってきてください」と声をかけた民衆が、マッカーサー元帥を歓迎する人波を作るようになりました。人心は移ろいやすいものです。どこの国でも、いつの時代でも、「寄らば大樹の陰、不幸の原因は生贄《いけにえ》の羊にあり」という現象はあるものです。この種のことを、不注意に人前で口外すると、家族が戦争の犠牲になった人々の反発を買う可能性があり、また、大戦後のオーソドックスな世界観に反することから、当面は沈黙を守るというのが、戦後しばらくは生きるための知恵であったように思われます。

また東京裁判とは別に、戦前の軍関係者にはいつ何が起きてもわからないような状況にありました。例えば、さまざまな軍事裁判が行われており、母方の祖父澤田茂は、昭和一八年眼病で予備役となる前に中国で第一三軍司令官の任にあったことから、その頃の事件に関連して、昭和二一年上海で米軍の軍事裁判にかけられました。検事側は死刑を求刑しましたが、重労働五年の判決となり、上海と巣鴨の監獄で服役しました。

父方の祖父も就寝の時は、いつも枕元に下着と歯ブラシを入れた風呂敷を置いていたのを、子供だった私も覚えています。米軍なり日本の警察が踏み込んできて、どこかに連れていかれてもいいように準備をしていたのではないかと想像します。背景は知りませんが、警察の関係者が私たちの家に定期的に監視で見回りにきていたのも思い出します。

また、昭和三〇年頃、シベリアに抑留されていた伯父が、世田谷にあった私たちの家にいた祖父のところに帰国の挨拶に来ました。伯父とは初対面でしたが、抑留中の苦労が滲み出るような暗い表情をしていたのが子供心にも印象的でした。

陸軍士官学校の多くの友人たちを戦死で失った父は、旧軍人叩きの嵐が吹き荒ぶ世相の中で随分と無念の思いをしたようです。天皇に対しても複雑な思いを抱いていました。今でも鮮明に覚えているのは、父が居間で新聞を握りしめて悔しさを抑えていた姿です。父によれば、その新聞のコラムに慶應大学の池田潔という教授が（大変な英国ファンであったようで）、英国のパブリック・スクールは国家のために犠牲になる心を持ったジェントルマンを育てたのに対し、日本の旧軍の学校は自分が出世することだけを考える将校を輩出したとの趣旨のことを書いてあったようです。父はよほど悔しかったようで、すぐに池田教授の恩師にあたる小泉信三氏に手紙を書きました。数日後に小泉氏から丁重な返事がきました。父は愁眉を開いた様子でその書簡を私に見せてくれました。そこには、「あなたのご無念の気持ちはよく理解します。本来は強いものが権勢を誇っている時にこそ批判すべきものであり、旧軍が消滅した今追い討ちをかけるように叩くのは見識が疑われる、自分は池田教授をよく知っているが、誠に恥ずかしい振る舞いだと思う」との趣旨の小泉氏の考えが述べられていました。

このような些細なことであっても、旧軍に対する恨みを晴らすような行為はほぼ日常茶飯事で、父は神経質になっていました。戦争が終わり十数年たって私が国立の中学を受験した時、面接で「お父さんは何をやっておられるのか」との質問がありました。私が「父は陸軍少佐でした」と答えたのですが、このやりとりを帰宅して父に報告したところ、父は「そうか。言ったのか」と答えたのを思い出します。当時は元軍人の家族に対する社会的なハードルが高く、息子はこれで不合格だなと思ったものと思われます。

一八歳でイギリスでの異文化体験

私の家が置かれた、このような心理的閉塞状況が徐々に変わるのは、サンフランシスコ平和条約が結ばれてからでした。パージを解かれた父は外務省に勤めるようになり、家族でポーランドのワルシャワに転勤しました。私は大学の受験があったので日本に二年ほど残り、両親、妹に合流したのは大学入学後の昭和四〇年（一九六五年）の夏でした。ワルシャワ滞在中に家族で西欧の国々を二週間ほど自動車旅行するチャンスにも恵まれました。また、父は英語の勉強をしてこいと、なけなしの金を叩いて英国のケンブリッジ市にある語学学校に八ヶ月ほど送り出してくれました。翌年五月、私は両親より先に帰国しました。

当時の西欧の国々は戦災から復興し、福祉国家として安定した姿を見せ始めていました。私のヨーロッパ生活は一年に満たないものでしたが、敗戦国日本での閉鎖的な生活から解放され、異文化に触れたことで、強いカルチュア・ショックを受けました。

特にイギリスでの一人暮らしは一八歳の私には貴重な異文化体験で、ケンブリッジの街中にあるディスコテックや、下宿の近所を流れるカム川沿いのコモン（公園）にあるパブによく通ったものです。そこのスコッチ・エッグが大好物でした。当時英国ではビートルズやローリング・ストーンズが人気上昇中でした。下宿のおばさんの末っ子の高校生スーザンに誘われてローリング・ストーンズのコンサートを見に行きましたが、会場は熱気であふれ、観客の若者たちが興奮のあまり失神してバタバタと倒れ、救急車で運ばれていくのには驚かされたものです。また、学校ではヨーロッパ各地から英語を勉強しにくる若い人たちと交わる機会に恵まれ、知的にも文化的にも刺激のある生活を送ることができました。

余談ですが、このコンサートからほぼ五〇年後、ローリング・ストーンズの東京ドーム公演を友人の女性に連れられて見に行きました。彼女のおかげで最前列に座ることができたのですが、七〇歳になったミック・ジャガーとは半世紀ぶりの再会です。すぐ目の前で舞台狭しと踊りながら走り回るミックの姿を見ながら、一九六〇年代半ばの最初の欧州体験の日々を思い出していました。

大学生活の落ちこぼれから外交官に

帰国後は日本の大学の淀んだ雰囲気に馴染めず、授業も興味を引かず、ほとんど出席せず、ヒッピーのように過ごしていました。よく、厳しい受験戦争の後大学に入って陥る無気力な状態を「五月病」と言いますが、誠に贅沢な話ですが、私の場合はそれにカルチュア・ショックが加わっていたのだと思います。

これではダメだ、まともに単位も取れないし卒業もできないと思い始めていた時、外交官試験は大学二年生でも受験資格がある、外務省には大学を卒業していなくても入省できるとの話を聞き、急遽独学で受験勉強を始め、無事合格しました。

一年たらずの海外生活でしたが、これをきっかけに海外での仕事に関心を持ち始めていたところに、ヒッピーまがいの生活で大学の単位も取れず追い込まれていたこと、父親からはこれ以上は学費・生活費の面倒は見る余裕はないと脅されていたことなどに背中を押されたことが、外交官になった動機といえば動機といえるでしょうか。

また子供の頃、父と祖父が「ド・ゴールが復帰したな」という会話を交わしているのを小耳に挟んで「ド・ゴールって誰？」と質問したり（注・アルジェリア戦争でフランスが国家崩壊の危機に瀕していた一九五八年、第二次大戦の英雄ド・ゴールが政権に復帰した）、チャーチル大戦回顧録の邦訳が出て、今から思えば自分たちが戦った戦争が連合国の指導者にどのように見られていたのか強い関心があったのでしょう、祖父、父は貪るように読んでいました。こうした家庭内の雰囲気から国際問題に関心を持つようになり、外交官試験を受けてみる気になったのかもしれません。

外交官人生―冷戦時代から米国の一極支配終焉へ

こうしてスタートした外交官人生ですが、私のいた当時の外務省は日米関係と条約関係の部門に優秀な職員が集まり主流を形成していました。もちろん、日本にとっての対米関係の重要性から見て当然のことかもしれません。

私はハーバード大学国際関係研究所の客員研究員としての生活と在米大使館政務公使としての勤務経験はありますが、外務省でのキャリア全体をみると、主流中の主流からは少しはずれたところで仕事をしてきたと言えます。このため、逆に日米関係を客観的に見る目を養うことができたような気もします。

特に、外務省フレンチ・スクール（注・外務省の中ではフランス語を第一外国語として学んだ外務省員をひっくるめてこのように呼んでいます）の一員としてフランスの外交・戦略思想に触れる機会が多かったことも役立ったと思います。また、そもそも戦後日本を支配していた米国直輸入の平和主義に馴染むことはありませんでしたし、米国の外交思想でいえば、第二次大戦前後に活躍したジョージ・ケナンやジョン・アントワープ・マクマリーといった、国際関係の安定の基礎として勢力均衡を重視する現実主義的な考え方をする外交官にむしろ親近感を持っていました。

外務省の同僚の何人かも私と同じような気持ちを持っていたと思いますが、これは平和国家日本の立場からはいわば異端の思想であり感性です。時が来るまで黙っていようという気持ちから、あまり外に向かって口にすることもありませんでした。自分の考えをやみくもに通そうとするのではなく、基本的問題は先に置いて、ともかく、目前の外交課題に現実的に対処するというのが多くの同僚たちの基本的スタンスだったと思います。

私が外務省で仕事をしたのは一九七〇年代から二〇一〇年代前半までです。ちょうど一九七〇年代に国際社会のグローバル化の傾向が進み、八〇年代の終わりから九〇年初頭にかけて米ソ冷戦の終結とソ連圏の崩壊がありました。東西に分断された世界が終焉を迎えたことはさらにグローバル化を加速化させ、短期間ですが米国の一極支配ともいうべき時代になりました。

しかし、冷戦の置き土産とも言えるイスラム過激派の存在は冷戦後の西側諸国を徐々に脅かすようになり、二〇〇〇年代に入って米国同時多発テロが発生しました。この事件の衝撃から、米国は無謀にもアフガニスタンのみならずイラクにも軍事介入し、中東諸国に民主化を広めるという大風呂敷さえ広げ、自らの国力を疲弊させていきます。また経済面ではアジア経済危機、世界金融危機などでグローバル化の諸矛盾が明らかになっていきます。

同時期、中国は米国がテロとの戦いに没頭している間隙をつき、経済力と軍事力を急速に伸ばし、世界の多くの地域で政治的影響力を広げていきます。ポスト冷戦の短い米国の一極支配の時代は終わりました。

言い換えれば、日本人の多くが米ソ冷戦のはざまにあって、米国の庇護のもとで、いわゆる一国平和主義の幻想に生きていた時代から、国際関係のパラダイム・シフトと力の役割が大きくなったパワー・ポリティクスの現実に目覚めるべき時代が到来していました。

私が外交官として現役であったのはそのような時代です。幸いにして、私は海外勤務と国内勤務が時間的に半々の割合であったので、双方の視点からグローバル化と国際政治構造の大変化の中で日本がどのように生きるべきかを考え、外交の現場を体験することができました。

吉田茂は回想録の中で、ウィルソン大統領（第一次大戦当時の米国大統領）の補佐官であったハウス大佐がある時、ディプロマティック・センスのない国民は必ず凋落するといったと述べています。米国人がそのようなセンスを持っているかは疑問ですが、今の日本国民の多くにも残念ながら該当する言葉ではないかと思っています。

吉田茂はディプロマティック・センスについて、「直訳すれば外交的感覚であろうが、国際的な勘と言ってもいいかもしれぬ」と説明していますが、私なりに解釈すれば、国際関係の現実を直視する目と自国の力を客観的に理解する能力、それに異文化の人々と心を開いてコミュニケーションをとる能力ではないかと思っています。このようなセンスを磨くためには、どうしても鎖国メンタリティに陥りがちな我々日本人は、広く国際社会に、また異なる文化と歴史を持つ国々の人々に心を開き、自らの殻を破っていくことが重要だと考えています。

私の外交官人生の三つのテーマ

さて、私自身の外務省での仕事ですが、その焦点は次の三つであったと言えます。

一つは、対先進国関係、特にヨーロッパ外交です。第二次世界大戦後やや縁遠くなっていたヨーロッパとの関係をどのように強化するべきかの模索に関与してきました。私の専門はフランス語で、留学時代を含めてフランスに四回在勤しました。外交官としての最初の勤務地はモスクワでした。また本省では欧亜局審議官として西欧、中東欧を担当し、退官後も政府代表として中東問題とともに欧州も担当していました。

私が外交官になった頃の日欧関係は、ヨーロッパが日本の近代化に深くかかわった明治時代の残影のようなものでした。かつてアジアを支配していた欧州は第二次大戦とその後の植民地独立のプロセスを経て、地政学的存在としてはアジアでの影響力をほとんど失っていました。

私が外交官試験を受けた一九六八年は奇しくも英国のウィルソン内閣がスエズ運河以東のイギリス軍の撤退を表明した年でした。また、急速な経済成長を遂げた日本に対する欧州の貿易赤字が、当時の欧州各国の対日関係の最大の懸案となっている時代でした。

他方で、欧州は衰えたりとはいえ、依然として中東やアフリカ各地で影響力を振るっていました。国連安全保障理事会では英仏二カ国が常任理事国として議席を持ち、またこの二カ国は核保有国でもあり、グローバルな国際政治の中では大きな存在でした。

一九八〇年代頃から日本は、このような欧州との間になんとか政治的な協力関係を深めていきたいと願い、そのための努力を払ってきましたが、程なくして欧州諸国はドイツを筆頭に中国との経済関係の強化に狂奔しはじめます。

しかしながら、今ソ連のウクライナ侵略により欧州は安全保障上の危機に直面しています。また中国は大国化するに伴い、インド太平洋地域をはじめ世界各地で経済的、軍事的、政治的に影響力を強め、欧州の権益を脅かし始めるに至りました。今や欧州の視線は民主主義国であり、国際的規範の遵守を主張する日本に向きはじめています。

私個人の感情を率直に申し上げれば、中国に媚びを売るべく、賢げに振る舞ってきた欧州、特に独仏には「だから、言っただろう」と言ってやりたい気持ちですが、そう言って突き放すだけではすまないでしょう。今や世界は危機の時代に突入しました。私は現役の外交官ではありませんが、日本とヨーロッパの間にしっかりした連携と協力の関係を築き上げ、米国を支えていくことが日本の国益にかない、世界の安定化に寄与すると考えます。本書ではこのような日欧関係の現代史の断片を少しばかり描いてみたいと思います。

二つ目は、途上国との関係の強化です。本省では経済協力局（現在の国際協力局）とアジア局で、また海外では特に在フィリピン大使館の参事官時代、また駐インドネシア大使時代に東南アジア外交に深く関わりました。二〇世紀末にはグローバル化に伴い、貧困や格差、環境、紛争など世界規模の課題の解決に向けて国際社会が全体として協力を強める流れが生まれてきました。経済大国になった日本がこれにどのように前向きに対応できるかが問われ始めていました。

日本は軍事力での貢献が国内政治上困難な中で、急速にＯＤＡを拡大しましたが、これに伴い当然摩擦や矛盾が現れ、ＯＤＡのあり方の改善も求められました。また、途上国には紛争地域も多いのでいわゆる「平和構築」に力を入れる必要性が出てきました。そういった日本の国際貢献の努力について私の経験したことを申し上げたいと思います。

また、私が現役の外交官を退いた後のことですが、中露など武力をもってしても自国の国益を追求する勢力と、日本など国際規範を重視する国々との対立が激しくなってきました。グローバル・サウスと呼ばれ始めた途上国地域における両者の勢力圏争いが、国際関係の将来を決する様相を呈してきたのです。日本がこれまで途上国との関係で、ＯＤＡや民間貿易・投資などで学んできたことが大いに役に立つ時代に来ています。

三つ目は、外交と世論の関係です。外務省にいる以上どのようなポストにあっても外交政策についての世論の支持を得る努力をするのは当然のことであり、政府と世論の結節点に位置するマスメディアに我々がやっていることを理解してもらうことの重要性は強調しても強調しすぎることはありません、他方でグローバル化に伴い、国民の一人ひとりが国際社会との接触を深めるわけで、その結果様々な現象が起きます。そのうちの一つとして、当然のことながら国民レベルでの外交に対する関心が深まり、日本の外交はこれでいいのだろうか、外交当局はきちんと責任を果たしているのだろうかという疑問も出てきます。大衆化社会での外交の難しさは昔から議論されている課題です。例えば有名な例は日露戦争の講和条件に対する不満から日比谷公園近辺を発端に暴動が起きた「焼き討ち事件」です。

社会の国際化が進んだ現在、外交はさらに国民の身近なものとなり、政府は外交のあり方につき常時テストに曝されています。ポピュリズムと外交の確執ともいうべき現象も出てきました。この問題は田中眞紀子というポピュリストの傾向を持った人気政治家が外務大臣になった時ドラマチックな形で現れました。この点についても触れたいと思います。

平和幻想の時代から危機の時代へ—「第四の開国」はできるか

敗戦後、日本は米国の占領下に置かれ、いわゆる「平和憲法」により軍事力を放棄し、安全保障の観点から言えば長い間実質的には米国の保護国化していました。そのような米国もベトナム戦争以降徐々に国力を低下させ、冷戦直後の短い米国一極支配の時代を除き、中国の急速な経済・軍事大国化もあり、かつてのようなグローバルな指導力を失っていきました。

また我が国周辺では米中露という三つの核大国に加え、北朝鮮も核武装を進め、四つの核兵器国に囲まれるという世界でも稀有の安全保障環境のもとに置かれることになりました。フランス人の友人にかつて「よく平気でいれるなあ」と呆れられたことを思い出します。

平和は自分で努力しないでも与えられるという幻想の中で生きていた時代から、時が経つと共に安全保障上の危機がいつでも起こりうるという不安に満ちた時代になったのです。「平和幻想から危機に満ちた不安の時代への変転」というのが私が外交官として四〇年過ごした時代の底流です。日本人もこれまでは〝平気でいた〟わけですが、さすがに二〇二二年二月二四日に始まったロシアのウクライナ侵略は衝撃を与えました。戦争が過去のものになったと思い込んでいた欧州で、実際に今でもこのようなことが起きるのだという現実に日本人も目覚めることになったのです。

幕末から明治維新を「第一の開国」とすれば、第二次大戦の敗北は、結果として「第二の開国」と言えたでしょう 日本は米国の圧倒的な影響力の下で、国と社会の成り立ちや国民心理のあり方を変貌させられ、米ソ冷戦のひとつの舞台となります。

冷戦が終わり、経済のグローバル化が急速に進展する中で、安全保障面でも自衛隊の海外派遣や米国との間に一定レベルで集団的自衛権を行使できる体制を構築するなど、それまでの一国平和主義的体制を突き破り、「第三の開国」の道を歩みはじめました。

しかしながら中国の台頭に伴い米中の対立は急速に深刻化し、またロシアの侵略主義と失地回復の試みは欧州の安全保障システムを不安定化させており、今やこれまでの「第三の開国」路線を一歩も二歩も前進させ、日本の国の安全保障戦略を日本自身の防衛力と日米同盟の強化に加え、印豪や欧州諸国を加えたグローバルな発想に基づくものとすることが求められていま す。すでに日本の現政権はこのような方向での努力を始めているわけですが、私は、これを

「第四の開国」の始まりと呼びたいと思います。

そしてこれが真の意味の「開国」となるためには、このような安全保障上の努力に加え、さらに二つの努力がなされるべきでしょう。

一つは、日本人の宿痾ともいうべき外国語によるコミュニケーション能力、異文化理解能力の欠如、閉鎖的メンタリティーなどガラパゴス日本を本格的に自己変革する努力を「第四の開国」の第一の柱とすべきではないでしょうか。明治維新以来の開国の努力でも成功しなかった分野です。

もう一つは、これからの世界のかたちがいわゆる「グローバル・サウス」と呼ばれる途上国地域での勢力争いでも決まっていくと思われることを考えると、台湾有事への対応を含むインド太平洋地域での日米協力による対応に加え、例えば東南アジアや中東の国々が急速に進む日米同盟の強化をどう見ているのかをきめ細かく観察し、手を打っていく必要があるのではないかと思います。

そもそも、グローバル・サウスの国々は米国や英仏などかつての列強に複雑な感情を持っている国々ですから、日米両国の政策があまりに接近すれば日本に対し否定的な感情が強まることも予想されます。言うは易く行うは難しいことですが、例えばイスラエル・パレスチナ関係について米国が政策を軌道修正するよう働きかけることは日米同盟の強化の副作用を緩和することにも通ずると思います。要は、日米同盟の強化はグローバル・サウス諸国との関係強化と同時並行的に進めるというバランス感覚が大切だということです。しからざれば、中国やロシアに虚を突かれることになるでしょう。この点については、本書の終章で少し触れたいと思います。

第１章＊「外交と世論の関係」は永遠の課題

1．田中眞紀子外務大臣―ポピュリズムの嵐に巻き込まれた日本外交

田中眞紀子事件とは何であったか

実を申し上げると、私は自分の外交官生活を語るにあたって、田中眞紀子外務大臣時代の経験を冒頭に置くことは、自分の人生のハイライトがあたかもこの時代にあるようで気乗りがしなかったのですが、世間的には、不幸にもどうもこの騒動で私の名前が少しばかり知られるようになったようです。また、外交と世論の関係、あるいは日本のポピュリズムを考える上で格好の材料を提供しているかに思われますので、あえて冒頭に持ってくることとしました。時が経つのは早く、あれから二〇年余り。この間、私は田中眞紀子時代につき、関係者もまだ多いことですし、なるべく語らないようにしてきたのですが、そろそろ知っていることは語ってお

かなくてはならないという気持ちになってきました。

今でも時々「一体、あれはなんだったのだろう」と、田中眞紀子騒動のことを考えるのですが、最近は、結局あの騒動は、当時国内に強くなっていた「アンチ外務省ポピュリズム」と、田中眞紀子氏の外務省員に対する「パワー・ハラスメント」が合体したところに生じたものではないかと考えるようになりました。

そして、この騒動を通じ、日本国民、と言うかテレビを中心としたメディアは、自国にとって決定的に重要な日本外交の営みを忘れ、田中眞紀子氏による外務省員に対するパワハラに拍手喝采を送り、外務省幹部の多くは自己保身に没頭したのでした。つまり、多くの日本人にとって、外交はかくも軽いものであったのです。その意味で、ポピュリズムは国家の経綸にとって恐るべきものであることを示しました。

外交の決定権は国民の意思を代表する国会にあり、国会議員によって構成される内閣がこれを実施していくわけですが、内閣総理大臣と外務大臣がこのような本来の任務を忘れ、外務省が機能不全に陥った時、組織として外交政策を遂行できるような体制を維持する最後の防衛線は、事務方のトップである外務事務次官のもとに結集する大臣官房長以下の官房各課でした。

そして私たちは、ポピュリズムの嵐に巻き込まれた「外交」の行方を心配した人々、特に国会議員、言論人等の一部の方々に事態の容易ならざることを理解してもらうように努めました。また、官房長官・副長官を通して小泉総理大臣に日本外交が置かれた状況を説明し、外交の正常化を可能にするよう働きかけたのでした。その間、何と言っても決定的に重要であったのは世論の動向でした。私に時々激励の電話をくれた一人のベテラン政治部記者は、田中眞紀子大臣が更迭されるまでの半年の辛抱だと言っていましたが、彼女が外務省の建物から消えるまで、結果として一年弱の日々が経っていました。

機密費横領事件と田中眞紀子外務大臣の登場

私が外務省の大臣官房長を務めていた二〇〇一年四月、田中眞紀子氏が外務大臣になりました。この年、森喜朗総理大臣の支持率が極端に下がった結果、小泉純一郎氏がいわばポピュリズムの波に乗って、「自民党をぶっ壊す！」などと叫びながら、政権の座に就きました。その小泉氏を支えたのが、同じくポピュリストの田中眞紀子氏。彼女は外務大臣に就くことを強く希望し、小泉氏はこれを受け入れたといわれています。小泉氏が「自民党をぶっ壊す！」というスローガンを掲げたのに対し、田中氏は「外務省は伏魔殿だ、その伏魔殿を退治する」と主張しました。

「世論と外交」が本章のテーマですが、「世論と外務省」と言い換えることもできます。田中眞紀子外務大臣は、このテーマを考えるうえで、格好の題材です。では、いったい外務省で何が起きたのか？

以下は森喜朗氏から直接聞いた話ですが、こんなことを述べていました。

「純ちゃんが、眞紀子を外務大臣にするといって聞かないんだよ。それだけは止めたほうがいいといったんだけどね」

つまり、田中氏は外務大臣として不適格という意見でした。大半の与党の政治家は同じような意見を持っていたと思います。福田康夫官房長官は、当初から田中眞紀子氏には外務大臣と

しての資質がないから、可能な範囲で自分が外交問題をカバーせざるを得ないと覚悟しているように見受けられました

田中氏が外務大臣になったのは二〇〇一年の四月、更迭されたのは翌年の一月ですから、わずか一年弱の期間。この間、田中眞紀子大臣のもとで、外務省は、いってみれば大混乱に陥りました。

さらには小泉純一郎総理大臣、福田康夫官房長官、与党自民党をも巻き込む大騒ぎになったのです。特にメディアと世論の関心は強烈で、朝から晩までテレビで外務省内の混乱の模様を逐一報道していました。日本中が「眞紀子旋風」に巻き込まれ、外交は忘れ去られてしまいました。外務省をカバーしていた政治部の記者たちは自分は外交問題を勉強しようと思って張り切って霞クラブ（外務省記者クラブ）にやってきたのに、社会部ダネのようなものばかり追いかけさせられていると愚痴を言っていたのを思い出します。

いまでは、この騒動も二〇年以上も前の話になってしまいました。私の外務省の後輩たちに田中眞紀子外務大臣の話をしても、怪訝《けげん》な表情を見せるだけです。思えば一過性の騒動でした。しかし私は、ある意味、当時の日本の「時代の雰囲気」を体現していた事件だったと思います。

田中眞紀子外務大臣が登場する直前、「外務省機密費横領事件」、いわゆる「松尾事件」が発覚しました。これは、外務省の要人外国訪問支援室長だった松尾克俊氏が起こしたものです。

松尾氏は総理大臣外遊のロジスティック（外務省ではロジとよび、外遊のフライトの手配から始まり、配車、宿舎手配、外国要人への土産等あらゆる物理的準備を担当するのです）を担当し、金銭を扱っていました。その彼が、担当した四〇回以上の外遊の経費から捻り出した合計一〇億円近

い機密費を横領し、これを競走馬やゴルフ会員権、そして高級マンションや女性への費用として使っていたと報道されたのです。

松尾事件による外務省批判の盛り上がり無くして田中眞紀子外務大臣の登場はなかったと思われます。そして「松尾事件」と「田中眞紀子騒動」の二つは合わせて、日本外交とこれを支えるべき外務省を内外から攻撃したのです。

田中眞紀子外務大臣騒動の背景

さらに、田中眞紀子外務大臣の登場、そしてその振る舞いが、これほどの騒ぎになったのには時代的な背景があったと思います。また国民の目に日本の外交官がどのように映っていたか、というイメージの問題も底流にありました。

まずは時代背景。二〇〇一年の田中眞紀子大臣登場までの一〇年、当時の日本はバブル崩壊の後遺症から抜けきれず、経済の低迷は先進国のなかでも際立ち、一九九〇年代は「失われた一〇年」といわれるようになっていました。

また、イラクによるクウェート侵攻に対するアメリカ主導の多国籍軍の攻撃に際し、後方支援にすら参加することができず、国際的な批判を浴びていました。平和憲法下で自衛隊が国際貢献を行うべきか否か、国論も分裂していました。

当時はまだ、自衛隊を海外に派遣することに対して世論の大半は否定的で、政府は結果として、多国籍軍に対する資金協力だけで済ませました。一一〇億ドルもの資金協力が行われることになったのですが、クウェートすらも感謝してくれないという結果に終わりました。

これは、冷戦終結後の最初の試験にパスをしなかったようなものです。自衛隊の海外派遣の是非についての意見は別として、国民のあいだには屈辱感と、こうした外交を行った政府に対する不満が渦巻いていました。外務省内でも、日本外交のあり方に絶望をして、少なからぬ若手職員が退職していきました。

第二には、とにかく国民のあいだで外務省の評判が悪かったことです。もともと外交官というと、パーティでワイングラスを傾けながら談笑し、それをもって仕事と称している、というイメージがありましたので、当然好感も持たれていませんでした。そして、「松尾事件」が発覚すると、これを許した外務省の公私混同の体質が、国民全体から問題視されました。

松尾事件が世に知られることとなったのは二〇〇一年元旦の読売新聞一面トップの記事でした。数週間後に開催された通常国会の衆参両院の予算委員会では野党による厳しい追及が行われました。そんな国民の激しい怒りを背景に、同年四月、田中眞紀子氏は外務省に乗り込んできました。当然のことですが、国民の圧倒的多数は彼女の手腕に期待しました。

第三には、田中眞紀子氏の独特の才能です。改革を実行するためには当然、実務能力や省員を引っ張っていく指導力が必要なのですが、彼女は外務省を「伏魔殿」と呼ぶなど、印象に残るレッテル貼りやスローガン作りに抜群のセンスを発揮しました。当初、この才能が彼女の行動力に反映されると期待されていたようですが、結局、田中大臣は省員叩きに終始し、いわば「化けの皮」が剥がれていきました。一種のアジテーターだったのでしょう。

第四には、これが最も重要だと思う点ですが、総理大臣も国民の多くも、またメディアも、外交を軽視していたことです。外交は国の命運を左右するものです。古代中国の兵術家孫子は

「兵とは国の大事なり」と言っていますが、これにならえば外交も国の大事です。にもかかわらず、田中眞紀子氏のように外交そのものについてはまったく関心がないポピュリストが外務大臣であることについて国民の間には危惧はなかったのです。

政治学者の水島次郎氏は、ポピュリズムについてのいくつかの見方のうち「人民の立場から既成政治やエリートを批判する政治運動もしくは政治的雰囲気」との定義をとっていますが（『ポピュリズムとは何か　民主主義の敵か、改革の希望か』）、このような視点に立てば、まさにこの時代はポピュリズムの時代でした。小泉純一郎氏はポピュリズムの波に乗って政権を奪取し、「田中眞紀子外務大臣」はその小泉政権のポピュリズム的性格のシンボルであったといえましょう。国民の多くは扇動にあおられ、外務省バッシングに喝采し、外交の重要性を忘れてしまいました。ポピュリズムの嵐のなかで外交を忘れるという点では、ドナルド・トランプ政権下のアメリカも似ていたかもしれません。

小泉内閣についての世論調査の推移を見てみましょう。時事通信社の調査によれば、内閣支持率は同内閣成立直後の五月は72・8％、六月は78・4％と極めて高い数字を示しています。この傾向は二〇〇二年初めまで続き、常に女性の支持率が高いのです。他方で、二〇〇二年一月三〇日、小泉総理大臣は田中眞紀子大臣と外務省の関係悪化の中、田中大臣更迭に動きました。これにより小泉内閣の支持率は前月より21・3ポイント急落し46・5％となります。

私はこの騒動を一回限りの過去のことと考えてはいけないと思っています。将来、国民の日常生活が苦しくなったり、安全保障上の危機が訪れたりして、不安や不満が国内に蔓延《まんえん》したとしましょう。そのとき、ポピュリストが外交を支配し、あるいは政権トップの座を占めるかもしれません。最近では米国のトランプ政権がそれであり、戦前のドイツではヒトラー政権の誕生を生みました。日本でも戦前の軍部の台頭や近衛文麿現象の背景にはポピュリズムのうねりがありました。例えば、昭和史を専門とする筒井清忠氏は著書『戦前日本のポピュリズム』の中で、「日本においてポピュリズムが問題にされ出したのは小泉純一郎首相の頃からではないかと思われる。……しかしながら、大衆の人気に基づく政治ということであるから、それなら日本ではとうの昔戦前にそれが行われていたということである。……言い換えるとほかでもない日米戦争に日本を進めていったのがポピュリズム……」と述べ、特に近衛文麿が最新のメディアを駆使しながら女性、知識人、大衆とあらゆる層に受容されながら人気が作られていった過程を分析しています。また、日中戦争が開始された頃の第一次近衛内閣については「近衛内閣はポピュリズムによって成立し、ポピュリズムによって戦争を拡大し、泥沼に追い込まれていった」とも述べています。危機とポピュリズムは双子といっても良いかもしれません。

また、現在のヨーロッパでも、ポピュリスト政党もしくは政治家に対する支持が高まっています。その背景には、中東、アフリカ、東欧から移民、難民が津波のように押し寄せていることがあると言われています。

経済協力局長から大臣官房長への突然の異動

田中眞紀子氏が外務大臣に任命されたのは二〇〇一年四月二七日でした。私はその三ヵ月ほど前、「松尾事件」に対処するために急遽、ODA担当の経済協力局長から大臣官房長に配置換えされていました。人事、会計、予算、国会対策等の、いわゆる官房事項を担当する立場に立っていたのです。

事件の調査に加え、連日続く国会答弁、「松尾事件」を契機に噴出した様々な不正事件に対する調査、そして不正を犯した省員の処分やメディア対応に追われ、まるで嵐のような日々を送っていました。外務省は国民の激しい怒りの対象となっていました。

実際、それまでの外務省員の行いには、国民の批判を浴びてもやむを得ないような部分もありました。「外務省の幹部が松尾克俊氏にたかっていた」という話も広がっていました。

のちに外務省のトップに上り詰めた人のなかに松尾氏の麻雀仲間がおり、この人に松尾氏が甘やかされていたことは有名でした。私が官房長を更迭された話は後述しますが、更迭後、この外務省トップの同世代で、やはり外務省の幹部であった先輩が、慰労の手紙を送ってくれました。そこには、「（松尾氏という怪物を育てた）彼だけは許すことができない」と書いてありました。非常に印象的な文面でした。

また真偽は不明ですが、タブロイド版の夕刊紙に「松尾氏がワシントン大使館に勤務していた時代、大使館幹部にペルー人の愛人を紹介し、自宅の二階に住まわせ、そこに幹部が通っていた」といった類いの記事まで掲載されました。当時の国会では野党が「松尾事件は外務省の組織ぐるみの犯罪だ」と追及していました。私は組織ぐるみとは全く思いませんが、ごく一部の幹部が彼を甘やかしたり、たかっていたことは事実だと思います。

私が官房長になった時、松尾事件を担当していた大臣官房の幹部のほとんどが過労とストレスで機能不全に陥っていました。そのなかで、ひとり齋木昭隆人事課長が毅然として困難に立ち向かう姿は印象的でした。

こうした外務省始まって以来の事態に対処するため、川島裕外務次官は、省内の有能な人材を集めたタスクフォースを作りました。外務省改革案作りと国会対策がこのタスクフォースの重要な仕事で、私のような新人の官房長の国会答弁を支えてくれました。

私が官房長に就任するや否や、衆議院の予算委員会が始まりました。自民党国会対策委員長の大島理森氏に就任の挨拶に行った際、「予算委員会が止まるような答弁をしたら許さんからな」と脅されたことを思い出します。

官僚経験者なら分かるのですが、国会での答弁は非常に神経を使います。特に予算委員会の審議はテレビで全国中継されます。野党の議員たちは、予算委員会の審議を止めて、年度内に予算が成立しないよう、全力を振るいます。政府関係者を立ち往生させるのが目的ですから、その緊迫感たるや類を見ないものがありました。

その年の国会では、「えひめ丸事故」と「外務省機密費横領事件」の二つが野党の攻勢に晒されたテーマでした。

えひめ丸事故とは、ハワイのオアフ島沖で米海軍の原子力潜水艦が愛媛県立宇和島水産高校の練習船「えひめ丸」に衝突し、沈没させた事件です。教員・乗組員・生徒の一〇人近くが亡くなり、休暇でゴルフをしていた森喜朗総理大臣が事故の一報後もゴルフ場に留まっていたことが大きな問題となり、国会で激しい批判を浴びていました。

機密費問題では、福田康夫官房長官と私が、主として野党の批判の矢面に立ちました。

私にとっては修羅場の毎日でしたが、やっと一段落したところに、田中眞紀子氏が国民の熱狂的な支持のもと「外務省の不正体質を正す」とのスローガンを掲げ、外務大臣に就任したのです。「まだ戦《いくさ》は続くのか」というのが、私の正直な気持ちでした。

「自分の任務は田中大臣の真の姿を国民に知ってもらうこと」

では実際に、田中眞紀子外務大臣のもと、外務省では何が起きたのでしょうか？

私が田中大臣のもとで官房長であったのは、二〇〇一年八月一〇日に更迭されるまでのわずか四ヵ月のことでした。従って、彼女の言動の一部しか見ていない、といえるでしょう。また、同じ事象に対してもいろいろな見方があり得ますので、自分が真実を独占していると主張するつもりは毛頭ありませんし、彼女が起こした騒動をここで事細かに後付けするつもりもありません。すでにほとんどのことが報道され、また出版物に記載されています。

むしろ、彼女が引き起こした大きな嵐が、外務省幹部を、田中大臣との融和を主張するグループ、抵抗を試みる少数派、そして事態の流れを傍観する多数派と、大まかに三つのグループに分裂させたこと、そして日本外交の中枢を麻痺させていった実態、人事権を持った権力者の前での官僚組織の脆弱性を当事者の一人として記録に残したいと思います。

当初、田中大臣の真の姿を、国民もマスメディアもまったくといっていいほど気づきませんでした。

小泉総理は、自らの政治的人気の一部は田中眞紀子人気により支えられていると考えていたのでしょう、田中大臣が人気取りを目的として外交現場で様々な無謀な行動に出ても、軽々にクビを斬るようなことはしませんでした。結局、翌年一月末の解任まで、田中大臣の問題は放置されました。

しかし、解任後の世論調査（朝日新聞社）によれば、すでに申し上げた通り小泉内閣の支持率は急落し、前年四月の内閣発足以来最低を記録しました。外相更迭は「良くなかった」と答えた人が69％に上がっています。田中眞紀子氏の人気が小泉内閣を支えていたことがわかるでしょう。このような世論調査の結果は、田中外相の真の姿がまだ国民に見えていなかったか、あるいは、国民の多くにとって、外交そのものが一人のポピュリストのおもちゃになっても構わないようなものであったことを示すものであると思われます。「外交が混乱しても日本は生き延びることができる」――これが、意識するとしないとに関わらず、おそらく多くの日本人の実感だったのだと思います。

田中大臣就任直後から、私は直感的に、「自分の任務は田中眞紀子外務大臣の実態を幅広く国民に知ってもらうことだ」、そして「常識ある国民の裁きを受けてもらうことだ」と思いました。翌年初めの田中大臣更迭後の世論調査の結果を見る限り、国民は依然として田中眞紀子氏の「伏魔殿退治」を支持していたことを示していたことになります。これは、ポピュリズムとの戦いが容易ならざるものであることを示していると言えるでしょう。それはトランプ氏への支持が米国において今でも高いことと共通しているものがあります。

当時、マスメディアの友人何人かが私に対し述べたことをまとめると、以下のようなものになります。

「これは同心円現象だ。一番内側には田中大臣の側にいる人たち、つまり、まず秘書や私人としての田中眞紀子の近くにいる人たちがいる。彼らは人間としての田中眞紀子の実像を知っている。その周りには、外務省で田中大臣と接触のある人たちがいる。これらの人も田中眞紀子のなんであるかが分かっている。次にマスメディア、まずは『霞クラブ』の記者たちが周囲にいる。省内に独自のパイプを持っている雑誌の記者たちも、このカテゴリーに属するかもしれない。彼らは省内の取材で少しずつ分かってくる。

重要なのは、官僚の本能として誰が大臣であろうとも守ろうとすること。したがって大切なことは、この情報の壁を突破して事実が外部に出てくること、特に霞クラブにいる記者たちに伝わってくることだ。この情報の壁が破られなければ、真実は永久に暗闇のなかに隠されることになる（これが田中眞紀子科学技術庁長官の時代に起きたことだ）。霞クラブの記者たちは、この事態を理解すればデスクや政治部長に何が起きているかを説明する、これが次の円に属する人たち。しかし、あまりに常軌を逸したことが起きているため、この人たちは外務省内で取材している人たちのいうことを容易には信じない。

しかし、それでも政治部全体として田中大臣の実態を理解したとすれば、今度は社の全体に納得してもらう必要がある。これがさらに外側の円だ。こうして真実を理解する人たち、特にマスメディアの人たちが少しずつ増えていけば、最終的には国民が目を醒めるところに到達する」

田中眞紀子氏が起こした騒動を理解するうえで、特にマスメディアの役割を理解するうえで、この話は大変参考となりました。川島事務次官や齋木人事課長も、私たちが追い込まれた状況から脱出するためには、マスメディアと、これを通じて常識を備えた世論に訴えていくことが大切であることを十分に理解していたと思います。

しかしながら、外務省（さらに同じような状況になれば、いかなる省庁でも）の大半の職員は、大臣がいかに理不尽なことをしようとも、大臣を守ろうとするものです。すなわち、本能的に真実を隠そうとするのです。これは不思議な役人のメンタリティといえるでしょう。役人のみならず、パワハラ体質のトップの下での民間の企業や団体でも同じかもしれません。

実際、「官房長にいうと、すぐプレスにしゃべっちゃうから話しません」という人すらいました。外務大臣のワイルドな行動は外交機密でもなんでもないということを理解してもらうことだけでも、かなり高いハードルとなったのです。

しかし、そのうちに、田中大臣が大暴れしているところに出くわした国会議員が仰天して仲間の議員たちに伝えたり、彼女が訳の分からないことを大臣室で叫んでいるところをテレビ局の記者がたまたま通りかかり、録音した音声をテレビで流したりするようなことが起こりました。このようにして、外務省の中枢でとんでもないことが起きているということを、国民が少しずつ理解するようになりました。また、現場の記者の方々でも、産経新聞の高橋昌之さん(故人)、日本テレビの西山美樹子さん、テレビ東京の天田昌子さん、フジテレビの青山美保さんなどから、メディアとの関係の作り方などについていろいろな支援やアドバイスをいただいたことを思い出します。ここまで来るには相当な時間がかかりましたが、当時は情報伝達の主要媒体はまだテレビと新聞でした。ソーシャルメディアが発達した現在ならば、恐らく事態はもっと早く、かつ異なる展開をしたでしょう。

田中大臣と外務省員との最初の出会い

ここで、私たち外務省員と田中大臣の出会いについて触れておきましょう。

小泉内閣が組閣された四月二六日の夜、午後一〇時過ぎだったでしょうか。外務省正面玄関で、私は春の夜の柔らかな風に包まれながら、新大臣の到着を待っていました。すでに夕刻、総理大臣官邸で、川島次官や齋木人事課長とともに外務大臣に任命されたばかりの田中大臣に挨拶し、官邸での記者会見のために簡単なブリーフをしていたのですが、田中大臣は外務省での記者会見のために登庁しました。

私の隣には、当時は外務省の記者クラブに所属していた民放の有能な女性記者が立っていました。大臣車が外務省正面玄関に入ってきたとき、彼女が「飯村さん、これから大変ですよ。新大臣は、記者が気に入らないことをすると、首にぶら下げた記者証を引きちぎるくらい激しい気性だと噂がある人ですから」と私に囁いたのを、いまでも覚えています。

少し不安を抱きながらも、私は早速、田中大臣を外務省の局長たちが揃って待っている大臣室まで案内しました。そして直ちに、「霞クラブ」の隣にある会見室で行われることになっていた記者会見の準備打ち合わせが始められました。

記者団からの質問が想定される様々な案件について、楕円形の大きなテーブルを囲んだ局長たちが説明を加えていきました。東郷和彦欧亜局長の順番になったとき、声を張り上げるようにして「お父さまが総理の頃、北方領土問題の解決に尽力されました」と述べ、テーブルの上に置かれた「発言要領」の内容を説明しました。しかし田中大臣から反応はなく、説明をする東郷局長の顔を疑い深そうな顔をして、じっと見ていました。

最後に官房の番が回ってきました。私が「松尾事件」について説明したい旨述べると、「聞く必要はない。予算委員会で聞いていたが、ふざけた話だと思った。再処分が必要だと思う」

との返事。また報償費の上納問題についても、「私、知っているのよ」といいながら、我々が準備した応答要領の上に、赤鉛筆で大きく疑問符を書き込んだのです。

このときは三〇分ほどの短い打ち合わせでしたが、私は田中大臣の関心の所在の輪郭が見えてきたよう気がしました。一つ目は報償費（機密費）問題の追及であり、二つ目はこれに関連して「松尾事件」に関係したと見られる外務省幹部の再処分、三つ目は東郷欧亜局長が進めていた外務省の対ロシア外交に関わる人事です。これらの関心が、田中大臣時代の様々な事件の縦糸になっていたように思います。

さらにいえば、外交政策そのものにはまったく関心がない様子が見てとれました。このような思いは、彼女の独特な性格と常規を逸した行動を通して、外務省を未曾有の混乱状態に放り込んでいきます。

田中大臣から撃ち込まれた最初の砲弾

田中大臣の側から撃ち込まれた最初の砲弾は、人事問題でした。

大臣就任直後の四月末の連休中、田中大臣は、加藤良三外務審議官を外務省の近くにあるホテルに呼び出しました。そして「松尾事件」の再処分を行うこと、これを踏まえて外務省幹部の人事案を作ることを指示しました。

これを受けて、連休中でしたが急遽川島次官、加藤外務審議官、齋木人事課長、河相周夫北米参事官と私は、狸穴の事務次官公邸で協議を行いました。そして加藤外務審議官からは田中大臣に対し、「人事の問題は次官や官房長と話してください。自分は人事を所管するラインには入っていません」と返事をすることになりました。

その後、五月初めの連休中と連休後に、私は田中大臣に二度会って、幹部人事は総理官邸の了承を得る必要があること、また「一事不再理」の原則が適用されるべきことを伝えました。既に「松尾事件」では正式な処分が下されています。それを受けた人物を二重に処分することは考えられないこと、あるとすれば人事刷新であることなど、事務方の考え方を伝えました。すると田中大臣は、「一事不再理」という言葉が耳新しかったのか、秘書官に国語辞典を持ってこさせ、確認していました。

連休後の二度目の会談では、最初はにこやかに談笑していたのですが、そのうち田中大臣から「人事案を作っていないのか」との質問があり、「検討中です」と答えると、にわかに粘土のような顔となり、座の雰囲気が悪くなりました。彼女は、同席していた大臣秘書官に顔を向けると、「ブラックリストを持っていらっしゃい」と言いました。

ブラックリストとは何のことなのか、私には分かりません。怪訝な顔をしていると、松尾克俊氏が報償費を横領していた時期の歴代次官や官房長の名前が記載されたリストを秘書官から手渡されました。田中大臣は、これを目の前に置いてペンを取り、「この人たちは解任よ！」と叫びながら、名前の横に「解任」「解任」……と書き込み始めました。加えて「退職金なし」との発言もありました。

そこで私が、「大臣、法律に則っておやりになる必要があります」と述べたところ、「うるさいわね」という反応がありました。しかし、さらに私が同じ発言を繰り返すと、表情が激変しました。そして、「出て行け、二度と来ないでいい、加藤審議官を呼びなさい！」と大声で叫びました。
私は指示に従って大臣室から退出しましたが、これが田中大臣時代に大臣室に入った最後となりました。当時のマスメディアが囃し立てて有名になった「出入り禁止処分」です。その夜、田中大臣は外務省記者クラブの幹事社の代表を集め、外務省事務方が自分の思う通りに動かないことに対する怒りをぶちまけましたが、記者たちは大臣の感情の起伏に尋常ならざるを感じてか、あるいは圧倒されてか、この場の発言はなかったことにしたと聞いています。

その後何日かして、田中大臣から「謝れば出入り禁止を解除する」とのメッセージが藤崎一郎北米局長と大臣秘書官を通じて伝わってきましたが、私のほうからは「自分は悪いことをやっているわけではないので謝るつもりはありません」と返答したことを覚えています。

第三者から見れば、いかにも些末な小競り合いに見えるかもしれませんが、結果としては、これが田中大臣時代の大臣と外務省幹部との最初の衝突となりました。幹部人事が自分の思う通りにはいかないことを知った田中大臣は、以後興奮状態に陥り、様々な摩擦が山のように積み重なっていき、外務省内に大きな騒動を巻き起こしていきます。その過程で、「外務省は伏魔殿」という、その後有名になった言葉も飛び出しました。

国民が喝采をした大臣がパワハラを

人事問題をめぐるトラブルの第二幕は、小寺次郎前ロシア課長をめぐるものでした。大臣着任前にすでに小寺課長には異動の辞令が出ており、英国に赴任したのですが、これに対して田中大臣からは小寺を即刻帰国させるようにとの指示が事務方に下りてきました。

大臣の頭のなかでは、当時、ロシア外交は東郷欧亜局長が鈴木宗男衆議院議員と協力しながら進めており、これに小寺ロシア課長が抵抗している、その結果小寺課長は意に反してイギリスに追い出されたとなっていたように推測されます。したがって、田中大臣にとっては小寺前課長は帰国してロシア課長のポストに戻るべきだったのです。そこで我々は急遽、ロンドンのヒースロー空港に到着したばかりの小寺氏に連絡を取り、蜻蛉《とんぼ》返りで日本に戻ってもらうこととしました。

しかし、すでに新ロシア課長は着任しており、小寺前課長が帰国後どこのポストに就いてもらうのか……通常の課長レベルの人事とは違い、このときはマスメディアを通じて国民的人気の高い田中大臣が直接的に絡んでいる話です。そのため、福田官房長官、杉浦正健副大臣、川島事務次官などとのあいだで、あれこれ詮議が行われました。

その間、私が杉浦副大臣と二人で協議をしている最中に、大臣秘書官の一人が副大臣室に飛び込んできて、入口の扉に寄りかかるようにして、絞り出すような声で、「血を吐いた、これほど屈辱的な扱いを受けたことはない、これ以上、秘書官を務めることはできないので、やめさせてください」と述べたのです。杉浦副大臣は「君、そんなことを言わずにもう少し頑張りたまえ」と述べましたが、以前からこの秘書官の真面目な性格を知っている私は事態のただ事ならざるを感じ、副大臣の言葉を遮り、「ただちに休養して、医師の診断を受けるように」と述べました。

その後も、二〇〇一年五月に北朝鮮の金正日総書記の長男・金正男氏が出入国管理法に違反して入国したとの報に接した際、事務方の意見を無視して帰国させた事件や、同月の米国の国務副長官リチャード・アーミテージ氏との会談を土壇場でキャンセルするなど、矢継ぎ早に田中大臣は外交上のトラブルを起こしていきました。ちなみに、アーミテージ氏との会談を多忙を理由にキャンセルした田中大臣は、そのあと国会図書館に向かい、議員閲覧室に閉じこもっていたようです。

外務省では、このような非常事態に対応すべく、通常二人の大臣秘書官を増員して五〜六名とし、よくいえば気まぐれ、悪くいえば奇矯な行動を取る田中大臣の補佐をすることになりました。

漫画のようなエピソードもありました。ある時、鈴木敏郎会計課長が突然私の部屋に入ってきて、「官房長、なんとかしてくださいよ。E大臣秘書官が私の後をつけているのですよ。私が報償費（機密費）の出入りを担当しているので彼の行動を見張れと大臣に言われたようです」。E秘書官にしてみれば大臣に言われたので先輩のあとをつけざるを得なかったのでしょう。

その後も田中大臣は、外務省の人事を全面的に凍結したり、自分の気に入らない人事課長を解任するといって人事課に籠城し、タイピストを脅して辞令を作らせようとしたり、はたまた自分の秘書官が大切な指輪を盗んだといって大騒ぎをしたりと、常軌を逸した行動を取り続けます。こうした騒動の数々は、彼女が解任される翌年一月まで続き、大半は記者クラブの記者たちの察知するところとなり、幅広く報道されました。

このように、外務省のトップが部下を敵視し、また猜疑心を丸出しにして、文字通りパワハラを繰り返していくのですから、その間の省員の疲弊には想像を絶するものがありました。どう贔屓目《ひいきめ》に見ても、大臣による部下の外務公務員に対するパワーハラスメントの日々でした。テレビのワイドショーはこれを格好の材料として報道し続けましたが、その多くは田中大臣に好意的な内容でした。まさに、腐敗したエリート外交官を田中大臣が退治しているといった構図でした。

外務省員やOB、国会議員などの反応は？

このような状況の中で、多くの一般省員は身動きのしようがなく、ただただ不安の日々を送っていたのだと思いますが、元気のいい若手二人が私のところにやってきて「晩飯でも食べながら話したい」と言ってきました。何年か後に国会議員になる城内実さんとその部下小林龍一郎さんです。夜、酒を飲み交わしながら彼らは「官房長、決起してください」と訴えました。決起というと二・二六事件の青年将校の行動を思い出しますが、この時代にそのようなことは考えられません。心ある外務省員が連名で抗議声明をだして辞任するとか、大臣を名誉毀損で訴えるとかいろいろ想像はできますが、あまり生産的な結果を生み出すとも思えません。その夜は「君たちは、これ以上僕に何をやって欲しいのだ」との返事で終わりました。私自身は、国会で「伏魔殿」と名指しされたことなどの材料を揃えて名誉毀損で訴えられないかと齋木人事課長とともに弁護士に相談に行ったこともありますが、弁護士は首をかしげるばかりでした。

話はそれますが、私は当時明治神宮の武道場至誠館で稲葉稔館長から毎週末古武道の一つ鹿島神流の剣術の稽古をつけていただいていたのですが、稽古の後あれやこれや日本武道のお話を聞かせていただくのを楽しみにしていました。特に佐藤一斎の「言志四録」にある「一燈を掲げて暗夜を行く。暗夜を憂うことなかれ、只一燈を頼め」という言葉を教えて頂いたときは、当時の自分の気持ちに共鳴するものがあったのでしょう、心に染み渡るものがありました。その稲葉先生が、「飯村さん、この問題では今までの発想（官僚としての発想）ではなく、違う世界に飛び込まれる必要があるのではないですか」との趣旨をチラッと言われたことが思い出されます。その時は稲葉先生の発言の趣旨を理解しかねたのですが、あれから二〇年経て思うに、城内さんや稲葉先生は同じことを言っていたのかもしれないと思い始めました。「狭い世界で戦い続けるのではなく、ともかく飛び出せ。心の向くままに戦え」と。もしかすると、そういう趣旨ではなかったのかもしれませんが、いずれにしても当時の私にはこのような「未知への跳躍」を考える余裕もありませんでした。

幹部はといえば、私の同期生も含め局長クラスの人々は大臣の指示で毎日のように大臣室に集まるようになっていったようです。その場に時々川島次官が呼びつけられることはあったようですが、「出入り禁止処分」になっていた私に声が掛かることはありませんでした。田中大臣にしてみれば多数派工作といったところでしょうか。本意は私にはわかりませんでした。

そのうちに、この場で外務省人事の話をするようになったようで、ある日同期生で親しかった小町恭二君（のちに駐オランダ、タイ大使）が大臣室の集まりの後、官房長室に寄ってくれて、「おい、大臣室で君を解任するとかいった話をしているぞ」と教えてくれ、それで何が起きているかがわかりました。私の人望がないことが大きいのでしょうが、彼一人が同期生の中での相談相手でした。官僚システムの中では同期生会をやって同期生の連帯を確認することがよく行われますが、田中眞紀子事件を経験した後は、退官した今でも同期生会に喜んで出席する気持ちになれないというのが正直なところです。

外務省の先輩もこの騒動の時は大変に心配してくれました。大半の方は官房長室にぶらりと入ってきて、「大変だろうけど頑張れよ」と言ってくれました。それだけでも心安らぐ励ましになり、ありがたく思ったものですが、ひとりの先輩は情熱がありあまっていたのでしょうか、私の部屋に座り込んで「おい、次に次官は誰にするんだ」と詰問されることもあり、閉口したこともありました。その種の話を先輩であってもうっかり口にすると、とんでもない混乱が起きることは十分考えられました。

そうしたなか国会では、米田建三議員、鈴木宗男議員、安住淳議員、小池百合子議員、達増拓也議員などは早い段階から田中大臣に批判的な立場を明らかにし、我々外務省員の多くは力づけられました。特に鈴木議員が衆議院外務委員会で田中大臣を厳しく問い詰め、大臣が動揺していた姿は印象的でした。高村正彦元外務大臣、河野洋平前外相にも随時報告を欠かさないようにいたしましたが、二人ともいつも激励の言葉をかけてくれ、ずいぶんと勇気づけられました。

高村元大臣などは、外務省の混乱についてブリーフを終え彼のオフィスを出ようとする私の背中に向かって、「眞紀子を放り出せ」と叫んでいたのを思い出します。しかし、こういう方々は少数派です。国会議員の大半は旗幟《きし》を鮮明にすることはありませんでした。ご自分の選挙区の方々の多くが田中眞紀子大臣支持であったのでしょう。事情はよく知りませんが、自民党議員数人が田中大臣のファンクラブのようなものを作っていたのには驚かされました。野党でも、田中大臣支持に回った人が大半でした。

一般国民と言えば、その大半は田中大臣を支持している様子でした。他方で、私は東京教育大学附属駒場中学・高校（現在の筑波大附属）の出身ですが、高校時代の担任であった沢登岩尾先生（故人）が励ましの電話をかけてきてくれ、「おい、飯村、頑張れよ」と言って、四十数年ぶりに会話を交わすといったこともありました。嬉しくもあり、またこの騒動は国民的インパクトのある事件なのだなと改めて思いました。

伏魔殿は「この人ですよ」と指さされて

そして、衆議院予算委員会の質疑の際だったと記憶していますが、辻元清美議員が「大臣はよく外務省を伏魔殿といわれますが、伏魔殿とは、具体的には誰を指しているのですか？」と質問しました。田中大臣は、補佐として後ろに控えていた私を指差して、「この人ですよ、この人」と答弁しました。呆れ果てるとは、このことです。

付け加えれば、いわゆる「出入り禁止」は省内だけのことで、国会では側に控えていても良かったようです。それどころか、国会内でテレビカメラが並んでいるところでは、彼女は私を自分が座っている横に座らせて、「官房長、カメラの前では仲が良いところを見せましょうよ」などといって、一生懸命話しかけてきたりするのです。さすがの私も、心底びっくりしたものでした。

なぜ私を伏魔殿として指差したのか。当時私は官房長として外務省の人事、会計等を統括する立場にあり、田中大臣が改革すると宣言したのはまさに官房長の所管事項でした。彼女から見れば私は外務省の「伏魔殿性」（こういう言葉があるのか否か知りません）のシンボルと映った

のかもしれません

田中大臣の外務大臣としての資質の問題が浮上

しかしながら、外務省改革に向けた田中大臣の意気込みは、ただ単に空回りするだけでした。公認会計士を同伴して会計課の報償費関係のファイルがあるところにやってきて、文書をパラパラとめくったりしていたようですが、改革のために何をやったらいいのか分からなかったのでしょう。

本来の使命たる外交活動の分野では、率直に申し上げてあまり機能していたとは言えません。外務大臣は当然のことながら、海外のカウンターパートたる外務大臣などと会談をこなさなくてはなりません。就任直後からこのような外交活動が始まるのですが、田中大臣は、先述したアメリカのアーミテージ国務副長官とのアポイントのドタキャンのほかにも、多くの海外要人との電話会談を直前になってキャンセルしました。また、中国の外交部長・唐家璇氏との電話会談では、歴史教科書や台湾に関する問題発言を行うなど、デビュー時から既に外務大臣としての資質が疑われました。

これらの会談で田中大臣は、会談相手に対し、外務大臣としてではなく、まさに一私人として自由奔放な発言をし始めます。五月末に北京で開かれたアジア・ヨーロッパ会議（ＡＥＭ）外相会合の際に行われたドイツのヨシュカ・フィッシャー外相との会談では、アメリカのミサイル防衛構想に疑念を表明し、さらに日米安保体制に関連して「日本が自立する必要性」にも言及しました。同様なミサイル防衛構想への懸念はイタリアの外相との会談でも飛び出しています。

この頃からマスメディアでも、政治部の人々は「田中眞紀子問題」について問題意識を持つようになり、批判的な記事が出始めますが、外務省改革を推進しようとする姿勢を支持するスタンスと、外交実務面での資質に欠けることが露呈したことを重視する見方、この二つの流れがせめぎ合っていました。ただ、テレビのワイドショーは全面的に田中支持で、ずいぶんと無責任な態度を取っていました。

また、田中大臣の一連の会談に関する公電がプレスにリークされたことが、「機密を漏洩した」として国会で問題になりました。リークしたとされる外務省事務方を批判するグループと、田中大臣の発言のほうがおかしいと批判する二つのグループに分かれ議論になりました。

また、田中大臣の外遊中の会談での発言記録のうち不都合な部分が修正されて公電となり、本省に送られる事例もありました。公電は後世の歴史資料となるものです。勝手に手を加えて良いなどというものではありません。大臣の近くに控えている省員が、何を慮ってか、事実を歪めて伝えるようになる……これでは省員一人ひとりの誠実さ、インテグリティが失われてしまいます。私はこの頃から、「田中大臣には一刻も早く辞めていただく必要がある」と思うようになりました。そして、「川島次官の後任人事も、外務省を正常化するといった観点から考える必要がある」と思い始めました。川島次官やその他の官房課長も、同じような気持ちを抱いていたのではないでしょうか。

大臣に直言できる人物を外務事務次官に

こうした私たちの気持ちは、外務省の人事問題に結びついていきました。当時の外務省人事に関わる省内対立は、現在まで外には出ていません。しかし、いまとなっては一つの歴史上のエピソードとして残しておきたいと考えます。話は細かくなりますが、私が知っている範囲のことを述べていきたいと思います。

まず、私たちのような官房の人事担当者は、常軌を逸した行動に対して大臣自身に直言できる人物を、次の外務省事務方のトップに置く必要があると感じ始めていました。通常であれば、この年の夏には川島裕外務次官が退任するはずでしたので、後任を決めて官邸の了承を得る時期が近づいていました。後任人事は当然、外務省幹部たちの関心事でしたが、誰が後任になるのかは、省内ではC氏に就任してもらうという暗黙のコンセンサスがありました。それを変更するのは、川島事務次官にとって苦渋の決断だったと想像します。

しかし、川島事務次官と齋木人事課長、そして私のあいだでは問題意識が共有され始めていました。私は、この問題に関し、進退をかける気持ちになっていました。

また、私たちは大臣の行動を福田康夫官房長官や安倍晋三官房副長官に頻繁に報告していました。「田中大臣を更迭してほしい」というシグナルです。しかしながら、「もう少し待ってほしい、時宜を見て対応する」というのが、お二人の意向であったように思います。

この頃、外務省内の幹部は、田中大臣への態度を巡って分裂し始めていました。あるとき、A局長が私のオフィスにやってきて、こんなやりとりがありました。

「飯村さん、これ以上官房長を続けると、傷つきますよ。身を引いたらどうですか」

「僕は傷つくとか傷つかないとか気にして官房長をやっているわけではない」

「我々の最大の目標は、既定路線通りCさんが次官になるようにすることです」

「我々の最大の目標は、外務省を守り、外交を守ることだ」

私の言葉を聞いたA局長は、「それでは仕方がないですね」といって、私の部屋を出ていきました。

その後しばらくして、齋木人事課長から、「A局長が、飯村が官房長から外れると、新聞記者たちに触れ回っている」という連絡が入りました。私は、すぐにA局長を官房長室に呼びました。

「君は妙なことを言って回っているそうではないか。君は人事をやっているのか。人事は事務方では次官と官房長がやるというのがルールだ。君はこれを守れないのか」

A局長は色をなして、「私は外務省に良かれと思ってやっているのに、こんな風に思われるのは心外です」と怒り、私の部屋から飛び出していきました。

部屋に残った私にとっても心外な事態の展開でありましたが、彼は彼なりに外務省に良かれと思って行動していたのでしょう。

大臣のパワハラのもとで分裂する外務省

この頃から次第に明らかになったことが何点かあります。

一つ目は、まったくの濡れ衣ではありますが、世間を騒がしていた外務省の公電のリークは、川島、飯村、齋木のラインがやっているとの憶測です。「やりすぎではないか」との批判が、一部に出てきました。このような批判勢力は、同時に「田中大臣との共存が大切だ」という考えを強めていました。つまり外務省内は、田中大臣との対決グループと融和グループに分裂し始めたのです。そして融和派のリーダーは、田中大臣の信頼が厚かったB局長であり、融和派幹部は田中大臣が好意を持つC氏が既定路線通り次官に選出されるように動いていました。

当時、私は自分が進もうとしている路線は正しいと確信していましたが、田中眞紀子氏に寄り添おうとしている人々は、世間の「眞紀子フィーバー」から考えると、大臣と対決して省内を混乱させることは得策ではない、と考えていたのかもしれません。

どちらの路線が正しかったのか、直ちには判断するのは難しいかもしれません。しかし、事務次官、官房長、総務課長、人事課長、会計課長といった「官房ライン」には、世間の人気取りのために人事や会計などに田中大臣が闇雲に手を突っ込んでくることへの強い危機感がありました。こうした点は融和派の人々の頭のなかにはなかったようで、我々は、後のない崖っぷちに立っているような気持ちでした。

省内の対立が深まっていることを憂慮した加藤外務審議官は、私とB局長を赤坂プリンスホテルのバーに誘いました。加藤さんは、「省内が割れるのは百害あって一利なしだ」「仲良くやろう」と、協力するよう勧めました。その場ではB局長も私も同意しましたが、この和解工作は、フォローアップされることなく終わりました。

たとえ私たち二人が協力したいと思っていても、既にできあがっていた省内のダイナミクスがこれを不可能にしていたのかもしれません。

おそらく唯一のコンセンサスがあったとすれば、省内の確執が外部に漏れ、メディアにあれやこれや書かれることは省内の人間関係に禍根を残すので、それだけは避けなくてはいけないというものでした。したがって、私は内部対立については一切口外することはありませんでした。B局長も同様であったと想像します。

二つ目は、田中大臣が頻繁に局長クラスを大臣室に集め、省内人事について話し始めたことです。すでに述べたように、この会合に参加していた小町欧亜局長が、会合後にいつも私の部屋に立ち寄り、議論の様子を教えてくれたため、何が起きているのかを理解することができました。そして一連の会合のなかで、「飯村官房長の解任」という話が出てきたようです。

三つ目。外務省内のほとんどの人々はC氏が次期事務次官になるものと思い込んでおり、大臣室に集まる局長たちの一部は、田中大臣に「早くCさんを次官にしてください」と進言していたようです。

しかし我々は、「当然視されている人物の能力については疑念はないが、今は田中外務大臣と戦うべき危機的な局面であり、事務次官には戦いを恐れない野上義二外務審議官（経済担当）が適任である」と考えていました。川島次官も、少しずつその方向に舵を切り始めていたように思います。

四つ目。当初から田中大臣がこだわっていた歴代四事務次官の処遇です。田中大臣は、途中から柳井俊二駐米大使をそのまま残したいという気持ちになり始めたようです。しかし、「松尾事件」に際して外務省として十分な責任を取っていないという世論は引き続き強く、何らかの対応をする必要がありました。

戦いを恐れない新事務次官へのバトンタッチ

通常国会終了後、八月初めに向かって、川島事務次官と飯島勲総理秘書官の連携が強まるなか、総理官邸、外務省事務方、田中大臣の三者のあいだでは、いわゆる「４プラス１（歴代四次官＋飯村官房長）」退任の線で合意が形成されていきます。

この流れができる前、川島事務次官から私に、「自分は君を守るつもりできたが、現状では無理かもしれない」との発言があり、私のほうからは「私の身は川島さんに預けます」と答えたのを覚えています。

こうして八月一〇日、新旧次官の交代と官房長更迭の辞令が出され、私は官房付きになりました。田中大臣は私に官房長解任の辞令を直接渡したかったようで、私に辞令交付式に出るようにとの働きかけがありました。辞令交付の前日、自民党の外交部会に田中大臣と私は出席したのですが、その席で田中大臣は小声で私に「逃げないでくださいよ」と言ったりしていました。また、川島、野上新旧次官からも「ここは丸く収めたらどうだ」との提案がありましたが、さすがに私はこのような屈辱的な行為をやることはできず、辞令交付式には出ませんでした。

大臣室で辞令交付が行われた後、事務次官室で管理職以上の集まりがありました。辞令の出た新旧次官と私の三人が挨拶をしたのですが、散会直後、幹部のひとりが涙を流しながら私に握手を求め、「ありがとうございました、このご恩は一生忘れません」と言ってくれたことが忘れられません。四か月間の戦いを理解してくれる人がいるのだと思い、心のわだかまりが氷解していくようでした。

もちろん、戦い半ばで官房長を更迭されたのは無念ではありましたが、他方で野上事務次官のもと「田中ポピュリズム」と戦う体制を作ることに貢献できたことは、大いなる慰めでありました。

今でも忘れがたいのは、私が官房長を更迭され、さすがに落ち込んでいるとき、米田建三議員が、「今晩自分のマンションで隅田川の花火大会を鑑賞する夕べをやる。防衛庁の幹部連中に来てもらうが 飯村さんも来ないか」と電話で誘ってくれたことです。米田氏は「田中眞紀子氏を外務大臣として抱え込んでいることは百害あって一利なし」として私たちの闘いを応援してくれていました。

鈴木宗男議員についても、外務省との関係についていろいろ言われていますが、田中眞紀子大臣時代も強力な応援を展開してくれました。また故中川昭一議員は更迭の当日電話で励ましてくれた一人です。森喜朗元総理大臣についてはいろいろな評価がありますが、私が更迭の挨拶に部屋にうかがうと、すっくと立ち上がって最敬礼され、「今回は、まことに相すまないことをした。心からお詫びをする」と言って記念品を頂戴しました。過酷な戦いを強いられている時に応援してくれた人の一言は、議員であろうとなかろうと忘れないものです。

田中眞紀子騒動の教訓

田中眞紀子外務大臣の時代に日本外交に何が起きていたか。松田史朗氏は著書『田中眞紀子研究』の中で次のような興味深い数字をあげています。諸外国の外相及び外相相当ポストにいる人物の訪日は、一九九五年が四五人、九六年が二七人、九七年が三四人、九八年が二八人、九九年が二九人、二〇〇〇年は六四人（沖縄サミットの開催年）であったのに対し、田中大臣時代は在任期間が一年未満だったとはいえ、たった八人だったのです。

国際的に田中大臣の存在感がなかったか、彼女と話しても外交的に意味がないと考えたのか、あるいは日本の外務省が混乱の真っ只中にあるとき訪日しても意味がないと認識されていたか、そんなところでしょう。いかに外交活動が低下していたかを示していると思います。

私は八月一〇日に官房長を更迭され、その後、官房審議官に降格されました。結果として外務省内の中枢から離れたので、翌年一月末に田中大臣と野上事務次官が相討ちのような形で辞任するまで、何が起きていたのかは詳細には知りません。ただ、田中大臣に対して野上次官が毅然として言うべきことをいっている様子は、断片的ですが耳に入っていました。「さすが野上さんだ」と、心のなかで快哉を叫んでいました。

田中眞紀子外務大臣が外務省で巻き起こした騒動は、本書の主題の一つである「外交と世論」を考えていくうえで、格好の題材になると思います。

外務省の先輩、元駐米大使の柳井俊二氏は外交と世論について、五百旗頭真氏、薬師寺克行氏などによるインタビューをまとめた『外交激変』という本の中で、田中大臣に関連した発言ではありませんが、次のように述べています。


「外交と世論」の関係は永遠の課題でしょう。国民を代表する政治が外交を主導するのは当然の民主的原則で、その際、世論を考慮しなければならないのも当然です。ただし、外交は長期的な国益を図る戦略と冷静な判断に基づいて行うべきです。この点で世論というものはとらえ難いものであるほか、正確な事実に基づく判断よりは感情に流されやすいものであることに注意が必要です。最近政治家が世論に乗っかるために外交を人気取りに使っているようなところも見られますので、そういう点が心配です。

歴史が示す通り、冷静で長期的な判断に基づく外交が世論の批判に晒されることは稀ではありませんが、そのような時こそ外交官は信念を貫くべきです。外交官は決して保身を考えてはいけない職業だと思います。


さらに、外交と国防は一国の安全保障の柱であり、外交の任に当たるべき閣僚はそれなりの見識と胆力を持つ人物であるべきです。小泉総理大臣は田中眞紀子氏を外務大臣に任命しましたが、これは小泉氏の大きな間違いでした。多くの人が懸念したように、田中眞紀子氏には外相たるべき資質はなく、一年間にわたって日本外交を混乱に陥れました。

極論すれば、その背景には日本は米国に守られているので、自らの安全保障を真剣に考える必要がないという「平和ボケ」の状況があったと思います。さらに国民の側には、日頃の政府への不満の吐け口として、爆発的人気のある田中眞紀子氏の行動を支持したという側面もあったと思います。

公金の使用において公私混同を許した外務省の体質、そして戦前・戦後を通じてポピュリズムを支えたマスメディアの体質が田中眞紀子現象を作り上げました。ポピュリズムに起因する現象は決して一過性のものではなく、今後も繰り返し起きる可能性があると思います。

2. 外交を生かすも殺すも世論の動き

「危機管理」と「人脈作り」

第１節では極端な世論の形としてのポピュリズムについて私の経験を申し上げましたが、ここでは、外交官の仕事の実態に触れつつ、外交と世論の関係について私の経験をいくつか述べたいと思います。

四〇年の外交官生活のなか、「世論と外交」の関係、「マスメディアと外交」の関係は、常に頭から離れないテーマでした。私自身が国家存亡の危機に関わる問題に携わったことはありませんでしたが（というか、戦後日本には今まではそのような問題はありませんでした）、それでも外交の多くの現場で「世論と外交」の関係について考える機会に恵まれました。外交官の仕事はどのようなものかを説明しつつ、現場で感じたことをお話ししたいと思います。

海外での外交官の仕事を説明するとき、私は、尊敬する先輩の川島裕元次官（その後侍従長）がいつも「第一線の外交官がやるべきことは突き詰めれば、危機管理と人脈作りだ」と言っていたことを思い出します。確かに私たちは、海外に出ると戦争、内乱、暴動、テロ、自然災害、航空機事故、さらには誘拐事件などの犯罪、パンデミックなど数限りない危機に対応しなくてはなりません。

私たちは軍人ではありませんので、武器ではなく、平和的な手段で日本人の生命財産と安全を護ることが任務になります。それも多くの場合迅速かつ細心に行動しなくてはなりません。大切なことは大使館内に精強なメンバーで構成されるチームを作り、館長（大使や総領事）が先頭に立って普段から任地の関係当局との人脈作りに努め、いざという時はどこのボタンを押せば、つまり誰とコンタクトを取れば、何ができるかということを把握しておくことです。事件が起きてから関係者に挨拶するのでは遅いのです。こういったことを川島氏は言ったのだと思います。

「外交官」というと、〃パーティーに出てワイン・グラスを傾けている〃というイメージがあるようですが、これも人脈作りの一環なのです。特にフランス勤務時代は、昼も夜も会食を主催し、場合によっては朝食会も行う日々が続きました。コレステロール値の高い食べ物が続くときなどは辛い思いをしたものです。

大使になると大使公邸の料理人の雇用に国庫から補助金が出ます。優秀な料理人が見つかり、人間関係づくりで大いに助かりました。また、今は世界的に和食ブームで、招待された方々は和食を楽しみにして来られます。従って、公邸での接客は和食が中心で、その上、良いワインを出すとグルメの人が多いフランスではテーブルを囲んだお客様たちから文字通りどよめきが起こります。料理とワインは人脈づくりの最強の武器です。和食のおかげで食事のコレステロール値も下がりました。大使館のナンバー2以下の時は自宅専用の料理人を雇うための補助金は出ませんので、フランス料理のレストランでの接客が中心になります。これが連日続くとやはり体にこたえます。和洋いずれにしても過剰な美食は健康に悪いようで、仕事などのストレスもあってのことだと思いますが、大使としてパリで勤務している時に狭心症となり、ドクター・ストップがかかりました。

また、勤務地の国民に日本外交について理解してもらうことが（これをパブリック・ディプロマシーと呼んでいますが）重要です。「危機管理」と「人脈づくり」に加え「世論との関わり」、これが外交の任に預かる者の仕事の三本柱と言って良いでしょう。

マスメディアと外交：４つのパターン

本省勤務中は、世論との関係で最も気を遣うのがマスメディアとの関係です。今でこそＳＮＳが発達し、国民一人一人が自分の意見を手軽に発信できるようになり、世論形成の担い手は多様化し、様相は変わってきましたが、私の現役時代はマスメディアが我々行政に携わるものと国民の間に介在し、中心的な役割を果たしていました。それが故にジャーナリストは社会的に大きな役割を払う存在として、敬意を払われ、また一部の人から恐れられていたわけです。

国民と政治家・行政の間に介在するマスメディアは、時により異なる役割を果たします。私が経験したいくつかのケースにつき次節以下でお話ししていきたいと思いますが、とりあえずマスメディアが果たす役割にいくつかのパターンがあることを述べて起きたいと思います。

マスメディアの役割については多くの研究者が本を書いておられますが、マスメディアの存在自体はスペインの有名な思想家オルテガ・イ・ガセットの著書『大衆の叛逆』で分析されている「大衆」社会の誕生と関係していると言われます。先ほど申し上げたように、日本では日露戦争終結のためのポーツマス講和条約の内容に不満を抱いた国民が、新聞や学者に煽られて暴動を起こした「日比谷焼き討ち事件」で、初めて「大衆」の存在が認識され、国家と大衆の間に介在する「新聞」の威力を見ることになります。

この事件は、長い戦争の間に多くの犠牲を払い、日本が圧倒的勝利を収めたと信じていた国民が、その成果が反映されるべきポーツマス講和条約で賠償金と沿海州割譲を得ることができなかったことに強い不満と憤りを感じ、都心を中心に暴動を起こしたものです。戦争中は政府の情報統制もあり、国民は日本軍は破竹の勢いで勝っているばかりと思っていたのですが、実態は満州を北上するに伴い、これ以上の戦いは日本の国力、軍事力からも困難になりつつあったのです。したがって、政府首脳は米国の仲介に乗って、講和条約交渉を始めたのですが、小村寿太郎外相が率いる日本の代表団は疲弊した国力に鑑み、国民が最も望んだ賠償金の獲得を断念するとの苦渋の決断をせざるを得ませんでした。これを一部の政治家や大半の新聞は大いに不満とし、国民を反政府暴動に向けていわば煽動します。

ここでは、私が現役外交官である頃経験した、外交とマスメディア・世論との関係についていくつかのパターンをお話ししていきたいと思います。もちろん世論、マスメディアといっても多様ですから、私の分類は単純化のそしりは免れないと思いますので、その辺はおゆるしください。

一つ目は、マスメディア・ポピュリズム合体型と名付けておきましょうか。すでに説明した田中眞紀子騒動の際見られた、マスメディアがポピュリズムを煽りに煽るパターンです。結果は政府の外交機能の麻痺でした。

二つ目は、若王子事件、イラクのクウェート侵攻などに見られるように、政府もマスメディアも世論も未知で不慣れな世界に放り込まれ、三者が共に漂流するパターンです。イラク侵攻のケースでは、マスメディアも政府も遅まきながら、ポスト冷戦時代に日本があるべき姿を模索し始めましたので、結果として日本外交にとってプラスであったと言えるでしょう。

三つ目は、対中援助問題と北朝鮮による日本人拉致問題でした。二つのケースとも国民感情を強く刺激し、マスメディアはこのような世論を代表し政府に圧力をかけるパターンでした。前者のケースでは対中援助中止への道を作ったという意味で日本外交にプラスでした。後者はいまのところ成果は極めて限定的ですが、国民世論に問題の深刻さを認識させ、政府に対する強いプレッシャーとなっています。

四つ目は、これが日本における世論・マスメディアと外交の関係をみる上で最も重要な点ですが、マスメディアの影響もあって、いわゆる戦後平和主義が戦後八〇年経った今も依然として日本の思想空間に対し強い影響力を持っていることです。その結果として、世論は多くの場合国際政治の現実を直視することなく、抽象的な平和論に流れていく傾向があり、外交・安全保障政策の制約要因になってきました。この点については主として最終章で触れたいと思います。

以下、私が直接経験したケースにつき少し詳しく論じていきたいと思いますが、マスメディアが如何なる役割を果たすかは日本外交を左右する重要なポイントです。

例えば、第二次大戦前のマスメディアが本来世論を啓発すべき立場にありながら、時流に流され、日本の国自体を悲劇に導いた一因となったことを見れば、言論人の果たすべき役割は極めて大きいと言わざるを得ないでしょう。大半の主要紙が満州事変を支持し、また満州事変に関する国際連盟のリットン報告書を批判しました。筒井清忠氏は『戦前日本のポピュリズム』の中で、「例えば一九三二年一二月一九日全国の新聞一三二紙がリットン報告書受諾拒否共同宣言を出した。これだけの規模と量を合わせた共同宣言はかつてないものであった。ロンドン海軍条約に賛成で歩調を合わせた新聞・メディアは、それをはるかに上回る対外強硬論で一致したのである」と述べています。さらには一九三五年に国際連盟脱退を宣言して帰国した松岡洋右を熱狂的に迎え入れていますが、第二次大戦後にはこのような動きを煽った多くの新聞が平和憲法歓迎に一八〇度の方向転換をしています。

おそらく多くのジャーナリスト、言論人たちは戦争前も戦争後も自分達は「社会の木鐸」としての役割を果たしてきたと自認しているのでしょうが、世論とマスコミの流れに警鐘を鳴らし続けた清沢洌のようなジャーナリストは例外であり、少数派でもそのような言論人がいたことは日本の民主主義の誇りと言っていいと思います。清沢洌がこのような役割を果たし得たことの背景には、彼が偏狭なナショナリズムにとらわれず、国際社会を幅広く見る目とこれを育てた海外体験があったと思います。戦後のマスメディアは、戦前の経験から多くを学んだと言えるでしょうか。

3. フィリピンで学んだ在外公館の危機管理

フィリピン赴任

もう三〇年以上前の話ですが、一九八六年一一月にマニラ郊外のゴルフ場近くで三井物産の若王子信行支店長が誘拐された事件がありました。日本の大商社の幹部が誘拐されたことで日本中に衝撃が走りました。国外における日本人誘拐事件がまだ珍しかっただけではなく、当時のフィリピンの国内情勢が数年にわたって日本の世論の関心を集め続けてきたこともあると思いますが、日本のマスメディアは連日この事件を大きく報道しました。

　私は事件の一年前の一九八五年にフィリピンの日本大使館に着任しましたが、当時はまだマルコス大統領の戒厳令による独裁政治が続いており、その二年前の一九八四年にはマルコスのライバル、アキノ上院議員が海外亡命先からマニラに戻り国際空港に着陸したところで暗殺されています。これを契機に反マルコス、反独裁の機運が高まり、フィリピン情勢が騒然としていたことや、ＡＳＥＡＮの主要メンバーであり、また日本と同様米国の友好国であることから、日本政府や民間企業が多額の資金を投入し、いわばフィリピン経済を支えていたこと、さらには多くのフィリピン女性がエンタテイナーとして日本に出稼ぎに来ていたことなど、さまざまな点で日本とフィリピンは深い関係にあったことも若王子事件への日本のメディアの熱狂ぶりの背景にあったと思います。

　余談になりますが、私はモスクワとパリでの勤務を一九八一年に終えて東京に戻り、東南アジア担当の課と官房人事課の首席事務官をしており、帰国後四年しか経っていませんでしたが、人事当局者としてそろそろ海外に出なくてはならないと思っていました。当時は私くらいの年齢ですと七、八年東京で勤務し、課長をやってから海外というのが通常でしたが、その頃の人事当局内の暗黙の了解で、人事課首席事務官は、勤務評定がそれなりに良い同期生を全員課長にした上で、自分の人事につき人事課長と相談するのが常道だと前任者（後の国連大使大島賢三氏。故人）に言われていました。計算するとどうしても本省の課長ポストの数が課長候補者の数よりひとつ足りませんでした。そこで私は少し早めでしたが、海外に出れば問題は解決すると考え、福田博人事課長（後の最高裁判事）に海外に出たいと申し出ました。あわせて可能であれば東南アジアのいずれかの国に行きたいと言ったのです。東南アジア諸国連合（ＡＳＥＡＮ）が設立されたのが一九六七年、ベトナム戦争が終結したのが一九七五年。当時はベトナムのカンボジア介入が続いていましたが、東南アジアはこれからの日本外交のフロンティアということで、外務省の若手の中ではそろそろ人気の行き先になり始めていました。ちょうど在フィリピン大使館にポストが空いていましたので、マニラ行きが決まったのでした。

フィリピン勤務は三年弱でしたが、さまざまな事件続きで、それこそ外交官としての危機管理を大いに勉強することができました。総務と政務を兼任する参事官という大使館ナンバー3のポストで、外務省や各省庁から出向してきた優秀な同僚にも恵まれたことは幸運だったと思います。

ピープル・パワー革命

様々な事件があったフィリピン勤務でしたが、歴史的観点から見て、一番大きな事件はマルコス大統領の政治生命に終止符を打つことになる一九八六年二月のピープル・パワー革命でした。

フィリピンは沖縄の南約一五〇〇キロに位置し、東シナ海と南シナ海に面する戦略的要衝です。フィリピンの命運は日本の安全保障に直結するとして、外交・防衛当局者はフィリピンの内政の動きに強い関心を寄せていました。一九八三年のベニグノ・アキノ暗殺事件で反マルコス、コリー・アキノ（アキノ夫人）支持の運動が激しくなり、自らに不利になった政治情勢を挽回しようとして、マルコス大統領は八六年二月七日に大統領選挙に打って出ました。

選挙管理委員会はマルコス勝利と発表しましたが、これに納得しない親アキノの国民は巨大なデモを行います。マニラ郊外の環状線としてエドサ大通りがありますが、この大通り沿いにあるアギナルド基地に、不正選挙を認めないとした国軍改革派の青年将校たちの支持を受けたエンリレ国防大臣とラモス参謀次長が立て籠りました。二月二二日のことです。

話は横道にそれますが、私たち大使館員はフィリピン国内情勢の不安定化にともない、いざという時の在留邦人の安全をどうやって確保するか検討し始めました。緊急事態発生時に館員の間で迅速に連絡を取り合える体制を構築することが何よりも求められていました。大使館員は情報収集や本省などからの来訪者への支援で市内各地に散らばっていることも多く、携帯電話もない時代です。

そんなことを考えている折、労働省からマニラの大使館に出向していた館員から提案がありました。東京に出張した際、秋葉原で自動車に取りつける無線機をいくつか買ってきた、価格も安いのでこれを館員の自動車につけたらどうかというのです。

私はこれだ、これだと思い、館内で相談し、基地局を防衛駐在官と警察庁の出向者の自宅に置き、全館員の車に無線機を取り付けることにしました。また、無線の会話は当然フィリピンの公安当局に傍聴されるため、警察からの出向館員の提案で、館員一人一人が暗号名を持つことにしました。今もそうでしょうが、公共交通機関が未発達なフィリピンでは大使館員のみならず民間企業の駐在員も自家用車を使って移動しており、運転手を雇うことが必須でした。賃金水準が相対的に低いことでそういう贅沢が可能だったのです。運転手が無線当番のような役回りを果たし、緊急連絡が入れば私たち館員を呼び出しにきてくれたのです。

一九八六年の反マルコス革命後も、政情が安定するまで国軍の不満分子によるクーデター未遂事件が何度となく起き、また当時治安が悪かったマニラでは日本人が絡む犯罪も少なくなかったのですが、私たち館員が緊急事態に対応するにあたって、この無線網は大いに威力を発揮しました。

話をエドサ大通りに戻します。アギナルド基地で何か起きているとの情報が館員から入ったのは午後の随分と早い段階でした。早速別の館員に現地を見に行ってもらうと、基地内のゴルフ場で軍人が何人かのんびりとゴルフをやっているだけで特に異常は認めないという無線報告が入ってきましたが、そのまま現場で待機し、事態の推移をフォローしてもらいました。

他方で、反マルコスのシン枢機卿は時来たれりと考えたのでしょう、二月二二日の夕刻、フィリピンの民衆に対してエンリレ国防大臣とラモス参謀次長への支持を表明するためエドサ大通りに集結するようラジオで呼びかけました。国民の大半がカトリック教徒であるフィリピンではシン枢機卿の影響力は大きく、フィリピンの民衆はこの呼びかけに応えます。翌日、マルコスの指示で国軍の戦車部隊がエドサ大通りをアギナルド基地に向かって北上しようとしましたが、大通りを埋め尽くした大群衆にブロックされます。この模様も現地に派遣した館員から無線で刻一刻大使館の本部に伝えられ、本省に報告されました。

その間、私たちはいざという時の緊急避難に備えて、邦人リストアップの作業を進めていましたが、実はこの作業は簡単ではありませんでした。通常、日本人が海外に居住する場合、三か月以上の滞在は大使館に登録するよう求められるのですが、登録しなくても罰則がないので未登録の人も多く、また一旦登録しても届出なしで転居、帰国するケースも多かったのです。

届出の連絡先に確認の電話をしても誰も出なかったり、リスト作りは大変に難航しました。幸い二月二五日にアキノ夫人が大統領に就任し、米国に見放されたマルコス夫妻は米軍のヘリコプターでマラカニアン宮殿を脱出し国外に亡命したので邦人退避にまで事態は発展しませんでした。

大使館員は情勢フォローのためマラカニアン大統領宮殿にも張り付いていました。随時無線で大使館の本部に報告を入れるのですが、時折銃撃戦があり随分と怖い思いをしたようです。この任務を引き受けてくれたのは通産省から出向の寺坂書記官でした。さまざまの省庁の壁を乗り越えて、全館員が一致団結して働いてくれたのは本当にありがたかったと思います。

マルコス夫妻のマニラ脱出で一連の政変劇は終結し、邦人避難などの力仕事をやるような状況は起きませんでしたが、そうなっていれば我々の無線網も大いに活用されていたことでしょう。

緊急時の大使館の行動

今はＩＴの時代になっていますので、館員同士の連絡はスマートフォン、大使館より邦人社会への連絡はホームページを通してと、随分効率的に物事が運ぶようになっています。二〇一一年の東日本大震災、福島原発事故の時、日本に住んでいた外国人の多くがパニック状態になったようですが、私が見ていたいくつかの大使館のホームページはそれぞれ国民に対してさまざまのメッセージを出していました。

ここで、また余談になってしまいますが、私の印象では、パニックに陥っていた自国民の鎮静化に努めていた米、英の大使館と比べると、フランスやドイツの大使館は明らかに動揺していました。英国大使館のホームページには、英国の首相府主席科学顧問が毎日のように福島原発事故のリスク評価を掲載し、日本在留の英国人に冷静な分析を伝え、動揺がパニックに転じないように努めていました。

これに比しフランスは、とりあえず自国民を東京から国外に脱出させる方向で動いていました。例えば、エア・フランスのフライトは日本に飛ばなくなっており、ソウル止まり。したがって日本にいるフランス人の多くはチャーター便でソウルまで行き、そこで欧州便に乗り換えました。在京のフランス大使館員が羽田、成田でフランス人を誘導している姿がテレビのニュースで流れていましたが、後に仏ルモンド紙のインタビューに答えたフランス大使が「フランス大使館は在留フランス人の日本からの帰国を奨励したことはない」と述べていたのを聞いて、一体なんなのだと思いました。チェルノブイリ事件を経験した欧州大陸の国々が原発事故に敏感になるのは無理もないかもしれません。また、フランスを含む世界各地での東日本大震災と原発事故の報道は日本のように自制されたものではなく、無残な画像が流されるなど実に厳しいものであったことも影響していたと思われます。母国フランスにいる家族から、多くのフランス人に早く日本から逃げろとの相当のプレッシャーがかかったと聞いています。このようなフランス国民の気持ちが大使館の行動を左右したものと推測されます。

ただ、パニック下の行動に日本国民を巻き込んだり、事後的に自分達の行動を美化するのはいかがなものか、という思いは強いものがあります。例えば、私の娘はフランス企業の日本法人に勤務していましたが、会社の命令で関西に脱出するように指示を受けました。娘から「会社が大阪のホテルを押さえた。東京から脱出するように指示が出たから、父さん、これから大阪に行くよ」と電話がありました。私は、「東京の人口一二〇〇万人が西に逃げたら大混乱になる。会社の指示になど従わなくていい。フランスは日本社会に与える影響など考えていない。日本にあるフランスの会社にそんなことを日本人社員にやらせる権利はないはずだ。英国大使館は東京から脱出の必要なしとのメッセージをホームページで在留英国人に出している」と言ったのですが、娘の立場からは仕方がないのでしょう、彼女は会社の指示に従い、大阪に向かいました。このあたりは、日本にある大使館や企業として大変判断が難しいところだと思います。恐怖におののく日本人の同僚を置き去りにして逃げるか、彼らを仲間として一緒に行動すべきか。後者を選べば、外国政府や企業の方針で日本人家庭が分断されることになりうるのです。ちょうど私の家庭のように。

さらに言えば、福島原発事故の数週間後に短時間サルコジ仏大統領（当時）が来日したのですが、フランスのルモンド紙電子版が、駐日フランス大使の「私たちは在留フランス人に待避勧告を出さなかった」というインタビュー記事とサルコジ大統領が在日フランス人との会合での「フランス政府としては最悪の場合に備えてみなさんに対して退避勧告を出しました」との発言を並べて載せていましたが、どちらが真実なのでしょうか。さらに、七月の革命記念日の大使主催のレセプションを「日本の友人への連帯の証」と称して福島県で開催し、フランス好きの日本人を感動させましたが、私は真実が語られていないと感じていました。

その後しばらくして、私は日本が危機の中にあった時の愛するフランスの動きに幻滅したことを親しいフランス人の友人に率直に述べたところ、この友人は「フランス人には二種類いる。

ナチス・ドイツの占領下でレジスタンス運動をしたフランス人と、対独融和政権をヴィシーに作ったフランス人だ」と述べました。なるほどそういう見方もあるかと納得したことを思い出します。

将来の大災害のことを考えれば、そしてますます多くの外国人が日本に住み始めていることを考えれば、二〇一一年の各国政府の行動を検証し、在日外国人を含めた被災者救援プランを作っておく必要があるのではないかと思います。

三井物産若王子支店長の誘拐

ベニグノ・アキノ暗殺事件からピープル・パワー革命によるコリー・アキノ政権成立までのフィリピンの内政の動きは日本のマスメディアにより大きく報道され、日本国民の関心を集めました。全体としてマニラからのニュースは、フィリピンがいかにも不安定な国であるとの印象を与えたと思います。

一九八六年二月のアキノ夫人の登場は一抹の希望を与えるものでしたが、国軍の不満分子によるクーデター未遂事件が繰り返し起こり、さらにマルコス疑惑というものもありました。日本のODAに関連し、入札企業からマルコス夫妻に援助の一部がキックバックとして流れていたとされていたとされる事件で、一九八六年四月には国会に「フィリピン経済援助特別小委員会」が設置され、五月には米国下院外交委員会のアジア・太平洋小委員会でもマルコス夫妻の不正蓄財と見做されるものについての調査が始まりました。日本では、国民の血税に関わる話ですから政治的にも強い関心を呼びました。これを機会にODA改革の必要性が改めて叫ばれ始めましたが、同時に日本国内におけるフィリピンの暗いイメージがさらに強まったように思いました。

マルコス疑惑については明確な結論が出ることなくうやむやに終りました。そうこうするうちに若王子三井物産支店長が一九八六年一一月に何者かに誘拐されるのです。海外で起きた誘拐事件で、あの事件ほど日本で大きく報道された事件は少ないのではないでしょうか。犯人から送られてきた指が切り落とされた若王子さんの写真（後で細工された写真と判明しますが）が新聞の一面に掲載されたり、大手のテレビチャンネルのプライムタイムのニュースで若王子さんが解放されたとの誤報が延々と流されるなど、事件のドラマチックな展開もあり、日本人全ての関心が若王子事件に釘付けになった一三七日間でした。

忘れもしない一九八六年一一月一五日土曜日の午後、三井物産の原多慶男マニラ支店次長から私に電話がかかってきた時、私は大使館のオフィスで一人、書類の整理をしていました。電話口で原次長は「飯村さん、大変だ！　カンルバン（註：マニラ郊外の地名でゴルフ場がありま す）でゴルフをした帰り道で、うちの支店長が誘拐された。今近くの警察にきている。終わったら大使館に行って全容を報告します」と言うではありませんか。大使、公使以下館内の関係者に電話で報告したところで、確かAP通信だったと思いますが、外国人記者から電話が入り、「日本の大手商社のマニラ支店のトップが誘拐されたと聞いた。大使館として確認するか」と聞いてきました。そもそも私は警察関係者でもなく、この種の事柄に関係した経験はありませんでしたが、誘拐事件を自ら公にすることは望ましくない、一番大切な事は秘密裏に犯人と交渉することだと聞いたことがあり、他方で嘘をつくわけにはいかないと思いましたので、咄嗟の判断で「ノー・コメントだ」と答えました。電話口の記者は「ノーコメントは確認したことですね」と早口で一方的に言って電話を切りました。それから間も無く、大使館にある通信社の受信機から「日本の大手商社三井物産の支店長がマニラ郊外のカンルバン・ゴルフ場近くで身元不明のグループにより誘拐された」との趣旨の報道が流れ始め、日本や各国のプレスも一斉に動き始めました。

たまたま、在フィリピン大使館で事件直前まで勤務していた前警察アタッシェの西川徹矢さんが、誘拐事件の三週間ほど前に起きたバンコク発マニラ経由大阪空港行きのタイ航空機爆破事件の捜査の一環で大阪府警の関係者数人とマニラに来ていました。ちょっと助けてくれと頼んだところ快く引き受けてくれて、後任の松尾庄一警察庁アタッシェと共に大使館に駆けつけてきました。同じ頃大使館に駆け込んできた三井物産の次長から事件の状況を聴取し、報告書をサラサラと図面入りで書き上げる様子を見ながら、私はやはりプロはすごいなと感心して見ていましたが、この文書を早速外務本省、警察庁にファックスで（当時はメールはありませんでした）送付したのを昨日のことのように思い出します。

大使館ナンバー2の国安公使から今後の館員の役割につき指示があり、公使自身は三井物産へのアドバイス、フィリピンの政権有力者との連絡、本省の担当部長との連絡、協議など若王子支店長釈放に向けた努力に直接関わる事柄は自分一人がやるので、飯村君はプレスとの関係をやってくれ、警察庁より出向の松尾君と三方正行君はフィリピンおよび日本警察との連絡を頼む、若王子支店長宅には犯人から連絡が入る可能性があるので館員数名をローテーションで貼り付けてくれ、三井物産マニラ支店にも館員を派遣してくれ等の指示がとび、大使館は総力で誘拐事件に取り組むことになりました。

三井物産の事件対応は英国のセキュリティー会社コントロール・リスク社のアドバイスを受けて進められ、犯人との間で何が起きていたのか私は部分的にしか知らなかったのですが、私が担当となったプレス対応はなかなか難しいオペレーションでした。本省からは、誘拐事件なので記者へのブリーフィングや会見の類は一切やってはならないとの指示があり、他方でマニラにいる各社特派員や東京から援軍で派遣されてきた記者など、おそらく一〇〇名を超えるプレス関係者は大使館を重要な取材先とみなしているわけです。また、事件の展開如何では当然プレスの協力を必要とすることも考えられるので関係は良好に保つ必要がありました。結局、私は若王子さんが監禁されている間、ほとんど毎日朝から晩まで記者一人一人と対面で話すことになりました。ニュースがなくてもあっても、私が何も言わなくても、私の顔を見ていれば若王子さんが釈放されているのかいないのかわかるというわけです。それだけなのですが、記者にとって何もないよりはマシだったようです。

事件発生直後、犯人の一人と思われる人物から若王子さん宅や三井物産の支店事務所に何回か電話が入りましたが、そのような連絡はすぐに途絶え、その後は脅迫状が入り始めました。また翌年一月に入ってから報道各社に若王子さんの指が切りおとされたかに見える写真と弱々しい声が録音されたテープが送り付けられてきたりしましたが、基本的には膠着状態が続きました。

若王子事件が明らかにした日比間の深い溝

この間、若王子さんに対する国民的な同情も高まり、事態の進展がないことに日本国民はフラストレーションを感じていたようです。私の長女はマニラの日本人小学校の二年生でしたが、担任の先生から「皆さん、若王子さんに頑張ってくださいと手紙を書きましょう」と言われて、手紙を書いたようですが、「先生は子供たちから集めた手紙をどうやって若王子さんに届けるつもりだったのだろう」と今でも言っています。

記者の人々もいつ他社に抜かれるかわからないとの不安もあり、そのうち金目当てのフィリピンの情報屋に振り回され始めました。特に、若王子さん釈放との誤報がＮＨＫテレビのプライムタイムのニュースで現場からの「立ちレポ」つきで流れてからは、各社の不安は高まり、各社記者数を増やして一層細かな取材をやるような体勢を作りました。私の自宅前にも記者が乗った車が一晩中停められ、私が妙な動きをするのではないか見張るようになりました。ほぼすべての幹部館員の家が同様の監視体制に置かれたのです。

フィリピン勤務から帰国後、私は省員に配布された報告書に次のように書いています。

「私はある自民党の代議士から『若王子さんの解放を果たせないフィリピン政府に対し日本国民の一人として心から怒りを感じる』との手紙をもらったこともあった。恐らくこのような感情が日本での一般的な受け止め方かなと感じると共に、日本とフィリピンが隣国でありながらいかにお互いの国のなりわいというか、国情というものを理解して居ないかを改めて認識し、ショックを受けたものである。どこの国に在勤しても外交官は任地と母国の間の無理解、感情の行き違いの間に立って苦労するものと思う。フィリピンにおいてはマルコス疑惑の時も、若王子事件でも、また「じゃぱゆきさん問題」（注：八〇年代前半からフィリピン人女性が合法、非合法に日本に来日し、水商売で働き、また場合によっては売春行為もあったので、一時日本でもフィリピンでも社会問題になった。日本では比女性の不法滞在が問題化し、フィリピンでは自国の女性が日本で虐待されているとして国民的怒りの対象になった）でも彼我の認識のギャップに、こんなに近い国でありながら、どうして共通の理解ができないのかと、時にフラストレーションを感じながら仕事をしてきたような気がする。

フィリピンの警察当局に近代的捜査を期待することが無いものねだりであること、またフィリピンの各地には有力者が私兵を擁しつつ群雄割拠しており、国家権力が触れ得ないところが多数あって、一旦そのようなところに仮に若王子さんが監禁されたとしたらとても見つけられるものではないことを日本の人に実感として理解してもらうのはなかなか難しいことであった」

また次のようにも書いています。当時から四〇年も経っており、フィリピンも相当発展していますので、事情は相当変わっていると思いますが、当時私がどのように感じていたかを知っていただくために引用を続けます。

「フィリピンの国軍は米国植民地政策の手足であった警察軍として始まり、そもそもから国民の支持を受けにくい氏素性がある。更にあくまでも個人主義的かつ組織力の弱い国民性、また強い地域主義もあって統制された一つの組織とはとても言い難い。若王子事件の最中、主たる担当機関としては警察軍犯罪捜査本部が任命されていたものの、国軍情報部、麻薬取締隊、首都圏警察軍司令部を始め政府の数え切れないほどのユニットがお互いの連絡なく捜査を進め、それぞれが大使館には「若王子の居所について手がかりが掴めた」とか「犯人とコンタクトを取れる」とか言ってくるので担当者たちは閉口した。

我が国においてはフィリピン社会の現実が充分認識されていないこともあって、フィリピン政府、警察当局は真面目に若王子支店長解放の努力を行っていないのではないかとの不満が高まり、一部マスメディアにはフィリピンを嘲笑するような記事も乗るようになった。日本政府によるフィリピン旅行自粛勧告も発出され、プライドの高いフィリピンの人々も怒り始めた。日本人はたかだか若王子支店長が一人誘拐されただけで、どうしてそれほど興奮するのか、第二次大戦で多くのフィリピン人を殺し、今『じゃぱゆきさん』を虐待し、搾取している日本人にフィリピン人を馬鹿にしたり脅迫したりする資格はあるのかとの論調が、(特に若王子支店長解放後堰を切ったように)フィリピンのマスメディアを賑わした」

若王子支店長解放

事件の当事者は三井物産ですし、大使館では国安公使が事件そのものを一人で仕切っていましたので、犯人側とのやり取りの詳細は私自身知らないまま、若王子支店長は、誘拐から一三七日目の一九八七年三月三一日マニラ郊外のケソン市の教会のそばで解放されました。その後若王子さんはＪＡＬのチャーター機で帰国しました。私自身一三七日間文字通り長いトンネルの中を歩いていた後に、パッと眩しい光の中に出されたような感じで、本当にホッと致しました。当然のことながら若王子さんはそのような感じをもっと、もっと強烈に感じたのではないかと思います。

私は、若王子さん解放後数か月して帰国し、経済協力局技術協力課というＪＩＣＡを担当する課で勤務するようになったので、その後の事件捜査がどうなったか、真犯人が捕まったのかなど全くフォローしていません。ただ、事件の最中、犯人から三井物産に届いた英文の手紙について印象を聞かれたことがありました。子供の頃から英語の環境で育ち英語が堪能だった妻に見てもらうと、彼女は「こんな英語を書くのは日本人以外あり得ない」と断定したのが印象に残っています。また、タイ航空機爆破事件捜査で大阪府警からきたチームの中にＸという特殊班のメンバーが入っていたらしく、犯人から来た手紙の中に「Ｘ、ここは大阪ではない」と書いてありましたので、犯人グループには特殊班の捜査の対象となる日本人が絡んでいるなと思ったものでした。

三井物産の八尋俊邦社長が若王子さん解放後の記者会見で身代金を支払ったことを認め、これに後藤田正晴官房長官が激怒し、八尋社長を官邸に呼び厳しく注意したことを本省の担当者から聞いたのはよく覚えています。日本企業が身代金を払うことが公になれば、今後日本企業を狙う誘拐犯が多数出てきてしまうではないか、自分の会社のことだけでなく大きくものを考えよとの趣旨だったと聞いています。私も同じように思いました。

このような世論の興奮も次第に沈静化し、やがて経済協力ミッションや倉成正外相（当時）の来訪、さらには経団連ミッションの訪問等が行われ、日・比関係は平常化していきました。

若王子事件は「世論と外交」という観点から何を私たちに語っているか

「近くて遠い隣人」という言葉はよく使われますが、まさにフィリピンと日本の関係についても当てはまると思いました。

日本が明治維新以降の先人たちの努力で近代的な主権国家としての道を歩みつつあったのに対して、フィリピンは一六世紀半ばから一九世紀末まではスペイン、一九世紀末から二〇世紀半ばまでは米国に植民地化されており、見かけは別として本当の意味での民主主義的かつ中央集権的な主権国家として育っていく時間もチャンスもなかったのではないかと思います。その間に出来上がったのは、大土地所有者が富を独占し、少数の富裕層と多数の貧困層にはっきりと分断された国でした。また、国民性も宗教も国の成り立ちも大きく違います。

この点を最初に気づかせてくれたのは、マニラに赴任する前に聞いた外務省の先輩の一言です。

「飯村君、フィリピンを東南アジアの国と思ったら間違えるよ。長い間スペインの支配下にあり、カトリックが多数派だし、貧富の格差も大きい。音楽とダンスが好きで、楽天的な気質の国民だ。南米の国と考えた方がいい。フィリピンの山岳地帯でゲリラを展開しているフィリピン人民軍も南米で広がった『解放の神学』の影響を受けている」

日本とフィリピンという異なる二つの社会の間に若王子事件が放り込まれたわけで、政府もマスメディアも事件の成り行きに翻弄されたというのが率直なところではないでしょうか。

世論と外交の接点にマスメディアが介在する訳ですが、これらがバランスよく機能していくためには国際問題を深く理解する有識者の層が必要だと思います。それが、この事件で私が学んだというか、肌で実感したことです。
私は先ほど引用した外務省内向けの報告書の中で、次のように述べました。

「異なる国民の間で相互理解が成立しないことがよくあるのは当たり前のことかもしれない。私が残念に思うのはこのギャップの橋渡しをする知日派あるいは知比派の人々がいかに少ないかということである。フィリピンと日本は地理的に極めて近い。また両国間の交流は極めて深い。しかし両国ともに相手の国のことを自国民に向かって説明し、相互理解を促進する人をほとんど有していない」

現在、ウクライナ戦争についてマスメディアには連日のように専門家が出てきて戦争の状況、ウクライナとロシアの関係等について話していますが、ことフィリピンに関する限り我々にわかりやすく状況を説明してくれる人は当時ほとんどいなかったのです。従って世論とメディアは方向感覚なく漂流するにまかされてしまいました。

4．外務省報道課長は日本外交と日本のマスメディアとの接点

外務省報道課長とは？

私はマニラ勤務を終え、経済協力局技術協力課長を務めた後、一九九〇年から九二年まで外務省の報道課長に任命されました。もう三〇年ほど前のことで、当時毎日のように顔を合わせ

ていた記者の方々も引退されたり、本を書かれていたり、テレビなどでコメンテーターをやっておられたり、大学で教えておられたり、あるいは系列のテレビ会社の社長をやっておられたりしています。鬼籍に入られた方もいます。わずか二年とはいえ濃密な時間でしたので本当に懐かしく、今でも時々お会いしたりしています。

また、海外にいるときは特派員の方々と親しくお付き合いしていました。外交関係の記事は、多くの場合は東京では外務省や官邸等の担当の記者や編集委員、論説委員、海外では主要国に派遣されている特派員によって書かれます。報道課長の主たるカウンターパートは外務省の記者クラブ（霞クラブ）です。

ジャーナリストと外交官は同じように内外の情勢を観察するのが仕事ですから、何か不思議と気が合うのです。それに記者たちは議論するのが好きで、官僚より社交的なように思われました。私が報道課長となり、霞クラブ、官邸クラブの記者たちと付き合うようになった時の最初の印象は「官僚より気が合うな」というものでした。もちろん、利害が対立する場面も多いし、喧嘩もしましたが、濃密な付き合いがあったせいか、この歳になっても時々一杯やる人が少なくないのです。

外務省で外交関係を取材している記者は「霞クラブ」に属しています。報道課長の仕事は主として、外務省と霞クラブとの関係がスムーズにいくようにすること、そしてできれば外務省に好意的な記事を書いてもらうこと、また総理大臣が外遊するときは官邸クラブの記者が同行する場合が多く、その場合は外務省報道課長と報道課員が同行記者団を支える役をしました。特にG7首脳会議などは、これはもう修羅場ですから、ともかくタイミングよく記者団に情報を流して、取材がスムーズに流れるようにするのです。そういう実務的なことで揉めると、相手も人間ですから往々にして報道ぶりもきついものになりがちです。

霞クラブの記者たちは外務省内の部屋に席を置いており、そこを拠点に、省内外や永田町のあちこち取材に行ったり、社に戻って同僚と情報交換をやったり、いわばノーマッド的な仕事のスタイルで毎日を過ごしています。報道課の仕事は、プレスに対しては大臣や外務省幹部と記者との接点（会見や懇談）をアレンジすること、また例えば湾岸戦争のように刻々事態が変化し、情勢を理解するためには専門的な知識を必要とするような場合は、担当部局の専門家に連日記者ブリーフィングに来てもらいました。湾岸戦争の時の森本敏さん（当時情報調査局にいて、のちに民間人初の防衛大臣になる）のブリーフィングは、軍事についてほとんど知識がなく、中東地域にもそれまで無縁だった記者たちにとっては実に論旨明快で好評で、ブリーフィングルームはいつも満室でした。事態は刻々動いていたので、多いときは一日に二回ぐらいやってもらいました。

外務省の同僚たちに、プレスがどういうことに関心を持っているかをインプットするのも一つの任務です。当時は毎朝一〇時に外務事務次官室でプレス・ブリーフィングと称する会議を行っており、報道課長がその日の新聞の朝刊とテレビの朝のニュースの外交関係の報道を中心に出席の外務省幹部にブリーフをするのです。これはいうは易しく、やるはなかなか厄介な作業でした。

朝刊の最終締め切りが午前一時一五分で、締切時間ギリギリに入ってくるニュースが時々あるので、その時間まで少なくとも一部の記者たちは何もなくても霞クラブにいるか、霞ヶ関界隈の飲み屋で時間を潰して、いざという時に記者クラブに戻ってこられるような体制をとっていました。私も朝起きてびっくりということは避けたかったので、大体の場合は記者の人たちと深夜まで飲食を共にしていました。

それから家に戻り、朝五時頃起きて主要紙全部に目を通し、必要な記事は切り抜いたりして一〇時からの会議に間に合うようにブリーフィング資料を作るのです。これは何故か報道課長の仕事で、当時は下請けにも出していませんでした。結果として睡眠時間は短くなり、肉体的にも精神的にも本当にまいりました。時々精魂尽き果てて、首席事務官（当初は、その後東大教授に転身した小原雅博さん、任期後半はスリランカ大使になった粗信仁《ほぼ》さんという有能な補佐に恵まれました）に代わってもらうこともありました。朝の会議では、必要に応じプレスにどう発信するかが議論されます。昼は昼で緊急事態対応があることが少なくなく過酷な仕事でした。特に目が覚めてすぐ新聞を大量に読むと、てきめんに目が悪くなります。報道課長時代の二年間に視力が相当落ちました。

報道課長はコウモリか？

要するに、報道課長の仕事はプレスに便宜を図ると同時に、省内の人にとってはアンテナの役割を果たすことでした。いわばプレスと外務省の関係のマネージメントをするわけで、スポークスマンではないのです。スポークスマンは報道課長よりシニアな局長クラスの外務報道官がやります。また、外務省では広報は別に国内広報課、海外広報課が担当し、外国プレスへの対応は国際報道課がやっていました。霞クラブの記者の大半は政治部で、あとは経済部の記者が少々でした。勢い政治部記者との付き合いが多くなるので、日常的会話の中で内政関係の話を聞くことも多くなり、省内幹部も知っておいた方がいいと思われる情報は関係者に知らせたりもしていました。

報道課長の立ち位置は、省内の大半の人にとってはいわば「コウモリ」のような存在と見られていたようです。外務省員のクセにプレスの味方をしているという訳です。報道課長に言うとプレスに漏らしてしまうと思い込む猜疑心の深い者もいて、悲しい思いもしました。私が省内各課の部屋に入っていくと、課員たちが机の上の書類をさりげなく裏返しにする、そんなこともありました。また当然のことかもしれませんが、外務省にとっていい話は報道してもらいたいが、都合の悪い話は隠したいという傾向が幹部にはありました。何故こんないい話を新聞、テレビは報道してくれないのか、何とかならないのかとか、報道課長が真面目に仕事してないから外務省に好意的な報道がされないのだという人もあり、とんだとばっちりを受けることもありました。

私は、報道課長の役目は外務省の部局や担当課と霞クラブをはじめとするメディアとの間の橋渡しをして、できるだけ意思疎通を助けるのが仕事だと考えていたので、外務省内に向かっては、「あなたたちは何でもひた隠しにするけれど、出来る限りオープンにしていかないとメディアの支持、ひいては国民の支持を得られない」、「記者の人たちも一生懸命走っているのだから一緒にマラソンをやるつもりでいかないといけない。同じサラリーマンとして連帯感を持ってやることが肝心だ」、「最後に結論だけ持ってきて、さあこれを支持してくれといってもそうはいかない。プロセスも見せないとだめだ」、「プロセスを共有できる信頼関係を作るのが重要だ」と言い続けました。これを「報道課長から気づきのコメント」というペーパーにして省内に知ってもらうようにもしました。同僚たちがわかってくれたかはわかりません。

記者クラブ制度は外国特派員から見れば日本の閉鎖性のシンボル！

ここまで申し上げてきたことは、主として外務省と記者クラブの関係についてですが、この記者クラブなるものは、主要官庁、国会、各政党、大手の経済団体などに存在しています。プレスと取材先の関係を調整するためのものですが、極めて日本的な制度でしょう。

記者クラブ制度は、国の内外、特に欧米のマスメディアと国内の雑誌社から批判的な目で見られていました。記者クラブの大半が外国プレスや雑誌を会員として受け入れず、日本のメインストリーム・メディアによる取材先独占のシステムになっているという訳です。

特に、私が報道課長の頃は日米経済摩擦の時代で、日本の政治・経済システムが欧米のプレスの槍玉に上がっていました。政治は一国平和主義、経済・社会は鎖国・膨張主義であり、外務省にある記者クラブすら外国の特派員を入れないのは鎖国主義の一例だというのです。

グローバル化時代を生き抜くためには、内政・外交政策は国内のみならず国外からも理解されなければならないことは言うまでもありません。特に、東京にいる英米系の新聞・通信社やテレビの特派員が書く記事は海外における日本のイメージづくりに大きな影響を与えます。それは一般の日本人が想像する以上なのですが、ときどき何故か偏見に満ちた記事が出てきます。「あなたの国はそんな偉そうなことを言う資格があるのか」と言ってやりたい気持ちになることすらあるのですが、それはともかくとして、外国メディアの日本理解を少しでも改善するためには、日本の国・社会の仕組みや国民のメンタリティがもっと外に開かれたものになる必要があると感じていました。

東南アジアも含め途上国のメディアで日本に特派員を置いているところはほとんどありませんので、欧米、特に英米の特派員が書く記事がこれら諸国にも流れていくわけで、東京にいるアングロサクソン系のプレスの特派員が世界の対日世論を左右していると言っても過言ではない状況でした。おそらく今でもそういう状況に変わりはないと思いますが、唯一違うのが米国の覇権を揺るがすのがもはや日本ではなく中国に代わったという点です。マスメディアの敵対感情の主要な対象が代わったということだと思います。

私が報道課長をやっていた頃、まさに日本のメディアをめぐるシステムの閉鎖性が問題になっていました。経済問題ではありませんが、外国メディアによる記者クラブ制度批判もそのような摩擦の一環ともいうべき点かもしれません。ニューヨーク・タイムスの東京特派員のデーヴィド・サンガーが日本の閉鎖性の一つとして記者クラブ制度をあげ、詳細な批判を展開しました。要は、日本の政府と主要メディアが特別な関係を形成し、ニュース・ソースを日本メディアが独占しているというのです。

これは事実でもあるのですが、米国を始め諸外国でも政権とメディアの間で特別な、場合によっては隠微とも言えるような癒着の関係が作られています。例えば米国では、ごく一部の主要テレビ局と新聞社が大統領府にニュースのアクセスで特別扱いをされています。しかし、日本のように官庁の中にメディア各社がオフィスを置き、ここまできめ細かい取材支援を受けているところはないだろうとも思っていました。

そこで霞クラブの幹事会社と相談し（記者クラブは記者を置いているプレス各社によって運営されています）、官邸クラブと霞クラブについては外国プレスも会員として認め、会見、懇談に参加できるように頼み込みました。メディアの方も当時の海外メディアの対日論調が厳しいとの認識を共有し、強い抵抗もなく我々の提案を受け入れてくれました。ところが、デーヴィッド・サンガーから意外な反応がありました。「記者クラブに入って、そのルールに縛られるのは嫌だから、外にいて批判を続ける」というのです。つまり、記者クラブと外務省や官邸の間には細かなルールがあります。例えば外務大臣の記者会見であれば「外務大臣」の発言として引用できるが、「懇談」の時は「外務省高官」の発言とするといった具合です。そういうルールに縛られて自由な報道活動ができなくなるのはいやだという気持ちのようでした。

その時は、そうか、これがアメリカの連中の魂胆なのだと思ったものです。あの時の不愉快な気持ちは忘れられません。日本のシステムをあくまでも外から批判するが、システムの中に入ると日本のルールに縛られるからそれは避けたいというわけです。

記者クラブ制度に対する批判は国内からもありました。雑誌協会からの批判がそれです。この問題が提起されたとき私は報道課長のポストを離れ、米国のハーバード大学国際関係研究所の研究員で転出し、それこそ「日米関係とメディアの役割」というテーマで論文を書いている最中でしたので、雑誌協会との関係がその後どうなったのかフォローしていません。雑誌を出版している会社もクラブのメンバーになれるようになったと聞きましたが、どういう形でオープンになったのか詳細は承知していません。

イラクのクウェート侵攻と国際危機の始まり

私は、一九九〇年八月一日に報道課長に就任したのですが、その翌日にイラク軍がクウェートに侵攻しました。ちょうど中山太郎外務大臣、栗山尚一外務事務次官の頃です。私は報道課長就任二日目でしたので、こういう時に何をすればよいのか皆目検討がつきませんでした。当時中山外務大臣は東南アジア訪問中で、小原雅博報道課首席事務官も同行していましたが、彼から電話がかかってきました。「課長、このようなときは外務大臣談話を出します。こちらで作りましたから」「談話は現地で同行記者に配ります。また霞クラブにも張り出します」と手際よく対応してくれました。

さあ、それからが大変です。イラク軍がクウェートを占領し、米国は冷戦終了後最初の国際危機に直面し、そのリーダーシップに真正面から挑戦されたわけです。イラクは規範的には国家主権と国際法を踏みにじり、また戦略的には中東に覇権を確立しようとしました。また、その地域からの石油資源の安定的供給が危殆に瀕したわけで、ブッシュ大統領がよく言っていた米国主導の新国際秩序が確立されうるか否かの分かれ道に立った形となりました。この時点から翌年一月一七日に米国軍を主体とした多国籍軍がイラクに対し開戦するまで、戦争準備のための外交活動の時期に入ります。国連においていくつかの安全保障理事会決議が採択され、また、米国は多国籍軍結成に向けて各国への働きかけを行いました。

日本はといえば、米国との経済摩擦の真最中でした。安全保障面では、米国の庇護のもとで軍事的な国際貢献も求められることなく冷戦の日々を過ごしてきたわけですが、突然自衛隊の多国籍軍への参加を求められることになりました。これは私の思い込みかもしれませんが、米国は経済面で日本と揉めていたので、今度はホームグラウンドの安全保障面で思いっきり叩かせてもらおうとでも考えていたのかもしれません。とにかく今までの日本ではポスト冷戦時代の良きパートナーたりえないと考えていたのでしょう。まさに戦後日本の対外政策の大きな転換点の始まりでした。そこで、日本はいわば立ちすくんでしまうのです。

在留邦人がイラクの「人間の盾」に！

イラク軍がクウェートに攻め込んできた時、クウェートの在留邦人二〇〇人余りが大使館の中に匿われました。ウイーン外交条約で外国公館には他の国の官憲は入ることができないことになっていましたから、在留邦人も大使館の中なら安全との判断です。これだけ多数の日本人がいることをイラク占領軍に知られると何をされるかわからないので、外に対しても秘密にしていました。その後八月下旬だったでしょうか、イラク側がクウェートにある外国大使館の建物は一般家屋と同じ処遇を受けることになる旨通告してきたため、日本人たちはバグダッドに移動することになり、現地に到着するや、そのままホテルや各地の戦略的に重要とみられる地点に配置されました。二一三人の日本人が、これから起こるかもしれない米国主導の多国籍軍のイラク攻撃を牽制するための「人間の盾」にされてしまったのです。

また、イラク在住邦人約二〇〇名も出国できなくなっていました。この段階で、これだけの数の日本人がいわば「人間の盾」となっているということが表沙汰になったのです。おそらく歴史上未曾有の事件であったと思います。

その後、日本政府、国会、民間等の様々なチャンネルを使ってイラク側に人質解放が働きかけられるのですが（民間人では例えばアントニオ猪木がバグダッドに乗り込みました）、最初の突破口になったのは一一月三日から七日の中曽根元総理のイラク訪問、特に四日のフセイン大統領との四時間にわたる会談でした。これにより七四人が解放され、その後もさまざまな試みが行われ、最終的には日本人全員が解放されています。多国籍軍イラク攻撃開始までに間に合ったのです。中曽根元総理のこの時のイラク訪問の詳細は二〇二一年末の外交文書の公開で明らかになりました。

多国籍軍への自衛隊参加を求める米国と迷走する日本

話を元に戻します。イラク軍のクウェート侵攻が八月二日。海部総理大臣は八月に予定されていた中東訪問を延期し、中山外相が代わってサウジアラビア、オマーン、ヨルダン、エジプト、トルコを訪問、一〇月に海部総理がエジプト、ヨルダン、トルコ、サウジアラビア、オマーンを、中山外相がシリア等を訪問しました。私は報道課長として総理大臣、外相双方の訪問に同行しました。当時の日本の基本的スタンスは平和解決・外交努力の二本柱ですが、日本政府の具体的対応は米国のみならず西側主要国に比しても大変に出遅れていました。

私は報道課長ですから重要な政策決定の場にいないことは大いにありうることなのですが、スポークスマンの渡辺泰造外務報道官も大半の場合は参加していませんでした。米国などでは概して大統領府や国務省のスポークスマンは政策決定の場への参加を求められます。メディアをミスリードしないためにも、スポークスマンは政策決定プロセスの中に身を置いておくことが必要との考えに基づいていると思います。日本では、報道陣との接点にいる人からのリークの可能性が懸念されていたのかもしれません。私は何度となく外務報道官の重要会議への出席を求めましたが、進展はありませんでした。

従って、今申し上げることの一部は事後的に知ったことです。海部総理大臣は中東訪問を延期して多国籍軍支援策策定のため日本国内に残るわけですが、ブッシュ大統領はその間八月一四日には海部総理への電話で自衛隊の後方支援を求めました。二二日にはキミット国務次官が村田駐米大使に、電話会談後一〇日も経つのに何の措置の決定も発表されないのは理解し難いと催促するのです。海部総理は二九日に「国連平和協力法案」を策定すること、四〇億ドルを供出することをニューヨークでの日米首脳会談で表明します。しかしこれだけの決定にあまりに時間をかけたため、日米両国間にはすでに険悪な雰囲気が漂っていました。

国連平和協力法は一〇月一六日に国会に提出されますが、中身が決まるまで外務省内のみならず、外務省、法制局、防衛庁、官邸、自民党の間で激しい議論が展開されるわけです。この辺の様子は五百旗頭真、伊藤元重、薬師寺克行氏による柳井元外務次官へのインタビューをまとめた『外交激変』(朝日新聞社)に詳しいのですが、例えば外務省においては、基本的には自衛隊の海外派遣に拒否反応を示した栗山事務次官と、後方支援であっても自衛隊に担ってもらう以外方法はないではないかとした柳井条約局長他大多数の外務省関係者の間で議論に決着がつかず、事態はダラダラと長引いてしまいました。栗山次官と同じような考えを持っていた海部総理は自民党三役に説得されて早い段階で自分の主張を取り下げたようですが、外務省内では栗山次官が自説に固執して連日深夜、明け方まで次官室で議論が続けられました。その間、霞クラブの記者たちはひたすら待たされていたわけで、プレスの雰囲気も悪くなっていきました。

イラクで多数の日本人が「人間の盾」となるなか、湾岸戦争そのものに対する日本の立場もぐらぐらし、国際社会からの冷笑の対象になりました。日本外交は危機的な状況にあったとしか言いようがないと思います。法案自体は、参議院では与党は少数派でしたので承認される見込みはなく、予想通り廃案になりました。

このような状況の中で一貫して外務省でリーダーシップを取ったのは柳井条約局長で、日本外交をポスト冷戦時代にふさわしいものにする努力をした最大の功労者ではないかと思われます。

国連平和協力法案が廃案になると同時に「ＰＫＯに関する三党合意」ができました。湾岸戦争自体に自衛隊を派遣することはできませんでしたが、この三党合意がベースとなり、一九九二年六月にＰＫＯ協力法が成立します。こうして日本の国際貢献の形が少しずつ出来上がっていきます。イラクのクウェート侵攻後の霞ヶ関、永田町界隈の混乱は生みの苦しみであったと言ってもいいかもしれません。

週刊誌と外務省

その間、週刊誌などで、日本人が人間の盾にされるような事態を招いたのは外務省の責任だと、随分とひどいことを書かれました。雑誌に外務省、もしくは省内の特定の人物に対する批判記事が掲載されたときの対処は報道課長の仕事でした。

今でも記憶しているのは、週刊文春の編集部に乗り込んで編集長の花田紀凱さんに直接訂正を申し入れに行ったことです。花田さんが覚えておられるかどうかは知りませんが、「それでは外務省の言い分を担当者のインタヴューにして掲載しましょう」と即答してくれました。当時の領事移住部内藤昌平参事官にインタヴューを受けてもらいました。

随分と後になりますが、私がインドネシア大使時代、「巨額津波支援金が消えた。外務省飯村大使の疑惑」という表題の記事が週刊現代に出ました。アチェ大地震に関連して、私がインドネシアに対する援助資金を横領したという、全く根も葉もない出鱈目記事でした。その時は当時の外務省報道課長が週刊現代に訂正記事を要求したようですが、拒否され、結局外務省がホームページに反論を掲載しました。さらに、ＪＩＣＡの杉下恒雄専門調査員がＪＩＣＡのホームページで、援助のシステムからして週刊現代が言うように援助資金を大使が自分の懐に入れるようなことは不可能であることを説明する形になりました。

メディアが根拠のない記事を流しトラブルになった時、報道課長が事態を収拾することが期待されるのですが、報道課長も普段は週刊誌とあまり付き合いがなく、手がかりがなく困ったものです。ジャーナリストの歳川隆雄さんが週刊誌主要四誌の編集長との昼食会を毎月アレンジしてくれて大変に助かったことを記憶しています。

他方で、日本の大手プレスが躊躇して報道しないことを週刊誌、特に週刊新潮や週刊文春が率先して明らかにすることがよくあります。それに大手プレスが追随します。その間、特に外国プレスが報道すると日本プレスも書きやすいようです。田中眞紀子大臣騒動の時、日本の世論の田中眞紀子贔屓の傾向を変えていくのに週刊新潮や週刊文春が果たした役割は大きかったと思います。

報道課長は外務省幹部と記者団の間に置かれたサンドバッグ

湾岸戦争の最中、迷走する日本政府とメディアの間に立って報道課長、さらには外務省スポークスマンたる外務報道官は政策決定に関与することなく、ボクシングのサンドバッグのように叩かれ続ける損な脇役を演じていたわけですが、まだ四〇代半ばで元気でしたので、こんなこともあるかという感じで霞クラブの記者たちと毎晩飲み歩いていました。その一〇年後の官房長時代の田中眞紀子大臣騒動の時にに比べると気楽なものでした。共に汗を流した記者の方々とは三〇年経った今でも学校時代の同窓生のように時々お会いして飲み会をやっていますから、人生の貴重な時期であったと言えるのではないでしょうか。

その他、報道課長としてエネルギーを注ぐ必要があったのは、総理大臣の外遊に記者団のサポートで同行することです。事前記者ブリーフから始まって、官房副長官の記者ブリーフの準備、外遊締めくくりの総理の記者会見と一連の仕事が終わり、帰国するとカラオケを借り切って同行記者団と打ち上げをやりました。当初は総理の特別機がない時代でしたので、ＪＡＬの飛行機をチャーターしていました。独身の記者とＣＡの女性が結ばれ、結婚することもありました。

霞クラブのためのさまざまなサービス、総理・外相の外遊のアレンジに加え、私が課長をやっていた時には平成天皇・皇后両陛下が初の外遊としてタイ、マレーシア、インドネシアを訪問されました。この場合は宮内庁のクラブの記者が同行します。宮内庁の記者団にとっても滅多にない両陛下の外国ご訪問でしたのでみなさん緊張されていて、記者団長からは膨大な資料の作成を要求されました。

こういう一連のことをアレンジするには報道課に熟練のプロがいることが必要で、私はそういう人材に恵まれ幸運だったと思います。どの世界でも同じですが、記者の中にも身勝手な人やあれやこれや要求がきつい人がいますので、こういう人たちとはガチンコ勝負ではなく、上手にこなす担当者も必要です。それにしても著名な記者で身勝手な振る舞いをする人がいるのにはおどろかされたこともあります。

少しばかり話がそれますが、私が外務省の研修生としてフランスに留学していた一九七一年夏のことですが、昭和天皇・皇后両陛下が欧州を訪問されました。どこの大使館も準備でてんやわんやの騒ぎになり、緊張の極に達するのですが、この時は英国、オランダ、ベルギーが公式のご訪問、フランスは非公式訪問でした。私はフランスの大学の夏休みでしたので、ベルギーとフランスのご訪問の手伝いで動員されました。ベルギーは公式のご訪問でしたので先方政府も完璧な受け入れ態勢をとり、スムーズに行事は取り進められたのですが、パリのご滞在は非公式ということで、いろいろハプニングがあり大変でした。私は下っ端のプレス担当補助ということで現場で走り回りました。

大半のことは忘れてしまったのですが、一つ忘れられないことは、両陛下が夜のパリの街を展望されるために、サクレ・クール寺院が聳え立つ、パリ市北の外れのモンマルトルの丘に来られたときのことです。両陛下のお車がごく短時間止められる所にロープが何本か張られて、警官が何人か立ち、両陛下のご到着をお待ちしたのですが、群衆が次第に集まり始め、そのうち群衆の中に「戦争犯罪人がくる」と叫ぶものがあり、雰囲気が悪くなってきました。

両陛下がお着きになる頃には、多数の群衆の圧力でロープはあってなきが如きになり、結局モンマルトルの丘から夜のパリの街をゆっくりと見ていただくという悠長な話は消し飛んでしまいました。この頃は第二次大戦後三〇年も経っておらず、ベルギーは別にして、欧州諸国の中で自らの植民地を喪失し、日本への恨みが深かった英国やオランダではお車に卵を投げられたりして、決して歓迎一色ではなかったと聞いています。

モンマルトルの丘での混乱については後日譚があります。それから三〇年後、私が大使としてパリで勤務していた頃、フランス警察のトップたちを食事に招いたことがあるのですが、会食の最中フランス側の一人が「自分は昭和天皇が来られたときにモンマルトルの丘で警備の任に当たっていたが、警備のラインが崩壊してしまった。今考えてもフランス警察として誠に恥ずかしいことだった。お詫びしたい」というのです。私は、「その事件はよく覚えている、私は現場でなすすべもなく立っていた」と応じたのです。全く偶然ではありますが、二人は同時刻に群衆の中ですぐ近くにいて、思わぬ事態の展開に仰天していたのです。

ポスト冷戦の日本の姿は？　漂流する世論・外交・メディア

私が報道課長をやっていた第一次湾岸戦争の頃は、メディアも外交を司る側も漂流し、共に学んだ時代と言えるのではないかと思います。この中から、時間はかかり、また中途半端な形ではありますが、我が国の「第三の開国」の姿が生まれてきました。国際的な平和を維持するための自衛隊の海外派遣などがそれです。グローバルに見れば、ちょうど冷戦が終わり米国主導型でポスト冷戦の秩序の模索が始まった頃であり、また日本は冷戦秩序にどっぷりと浸かって「一国平和主義」の世界からまだ目覚め始める前の頃でしたから、新時代のチャレンジに政治の世界も、官僚も、メディアも、また世論一般も振り回されていました。

5．ＯＤＡ批判と対中援助終焉への道

中国の大国化と対中ＯＤＡ

政府が途上国に対して供与する援助は政府開発援助（ＯＤＡ）と呼ばれており、世界中の先進国が国際的な貢献として行っています。ＯＤＡ自体様々な課題を抱えており、章を改めてお話ししたいと思いますが、ＯＤＡの中でも対中援助は我が国の対中政策の重要な柱で、中国との関係でも、国内世論との関係でも、通常のＯＤＡを超えた固有の問題を抱えていました。そこで「世論と外交」との視点から対中援助を論じてみたいと思います。対中援助は経済的観点も去ることながら政治的、外交的な考えから開始され、最後は世論の支持が離れて、止めることになったのです。世論が対外政策を動かす重要なケースであり、その中でマスメディアは大きな役割を果たしたのではないかと思っています。

ただ、当時の在北京日本大使館の担当者が書き残したものを読むと、日本の援助について日中間に多くの行き違いもあったようで、これらが十分に改められる時間がないままに日本国内の対中援助批判が激しくなっていった側面もあるようです。

大局的に見ると、中国が発展し大国化する中で、日本と中国が援助国と被援助国の関係にあるのは不自然になったと言えるでしょう。遅かれ早かれどこかの時点で、方向転換のスイッチを押さなければならなかったのです。

米国は日本のような援助を行っていたわけではありませんが、オバマ政権第二期に入ってから、対中関係はそれまでの関与政策と戦略的競争政策が時により入れ替わる時代から、後者の比重が圧倒的になるように変化してきました。メルケル政権下で親中路線を続けたドイツを除く欧州主要国も、次第に大国化する中国が突きつけた地政学的チャレンジや人権問題、香港問題、ウイグル問題などをめぐり中国に対する不信感を強め、対中政策を硬化させていきます。アジアから遠い地にある欧州がアジア情勢に対する感性が鈍くなってしまうのはやむを得ないかもしれませんが、二〇〇〇年代後半フランス大使の任にある頃、中国の大国化がアジア情勢の緊張要因になりつつあることにフランスの指導者や知識人が無関心であることに驚いたものです。

あるシンポジウムで、中国の大国化がアジア・太平洋地域の地政学的情勢に大きな変化をもたらしていると言いましたら、ドミニック・モイジというフランスの著名な国際政治評論家が「日本人は口をひらけば中国の大国化の話だ。中国パラノイアだ」と言ったのを今でも思い出します。モイジは今頃どんな顔をして中国問題を論じているのでしょうか。

対中ODAの原点

さて、対中援助の話に戻ります。これが始められた背景には、一つには一九六九年に中国・ソ連の国境での大規模な武力衝突が発生したことで中ソ対立が激化し国際政治の構造が変わってきたことがあります。つまり、それまでの米ソ冷戦の時代から中国が西側にとって対ソ牽制のカードとなりうる三極構造の時代になったこと、そしてニクソン米大統領訪中、日中国交樹立、西側諸国と中国との一連の和解などがあり、日本としても中国との関係強化が望まれる時代になってきていました。

また、中国にとっては文化大革命の混乱を克服し、経済発展を軸に国の近代化を図ることが喫緊の課題となっていました。復権した指導者鄧小平は「改革・開放」の旗印のもと近代化を推し進める意志を示していました。世界第二の経済大国となったものの、冷戦下でソ連の脅威にさらされていた日本は、中国の近代化支援は自国の安全保障に寄与するものであること、そして中国が国際社会に参加し、より開かれた国になることは世界全体の安定に貢献し、日本の国益に叶うと考えたのです。

つまり、対中援助は単なる途上国への援助ではなく、グローバルに見て安定的な勢力均衡実現のためにも重要と考えたのです。それに加えて、経済界の期待も大きなものがありました。これは日本だけではなく米国を含む先進国全体に言えることですが、人口が一〇億を超える中国が経済的に近代化すれば各国の経済界にとっても巨大なマーケットが出現すると予想されるわけですから、当然のことでしょう。

一九七八年に中国との平和友好条約を結んだ日本は、このような考えに基づき対中援助を始めます。二国間のODAは有償資金協力（円借款）、無償資金協力、技術協力によって構成されていますが（そのほかに多国間協力として国際機関への拠出があります）、日本の巨額の援助を中国は喉から手が出るほど欲しがっていました。第二次大戦後共産党が政権をとって以降も、計画経済システムの非効率性に加え、革命戦争や内乱、国内政治の不安定もあって中国の経済・社会は全くと言っていいほど発展していませんでした。その間日本に続き韓国や一部東南アジア諸国は経済的に発展していきました。これを追いかけるようにして、鄧小平に率いられた中国は「改革開放」のスローガンのもとで海外の技術と資本を導入しつつ急速な近代化を進めようとしていました。この決定が行われたのが一九七八年です。翌年の一九七九年に日本は対中援助を始めます。中国が膨大なインフラ需要を抱えていたことから言って、巨額な資金を供与しうる円借款が援助の大半を占めるのは当然の成り行きでした。

裏切られた中国民主化への期待とODA批判の高まり

改革開放政策と経済発展が中国の政治システムに民主化をもたらすことへの内外の期待を裏切り、中国共産党が中国国民を弾圧した天安門事件が発生したのが一九八九年。ソ連が崩壊したのが一九九一年。中国にとって北方の脅威が消え去った一九九〇年代には中国は米国にそれまでのように依存する必要がなくなり、米中関係も徐々に変質しはじめる時期でした。その九〇年代を通じ、中国は経済的にも軍事的にも大国化していきました。対中援助を取り巻く国際政治情勢がガラリと変わったのです。そうした変化の中でも日本が依然として巨大な対中援助を続けていたことに対して、日本国内でも批判が高まってきました。一九九九年、私はODA全体を企画立案するべき立場の外務省経済協力局長になりましたが、まさに対中援助を取り巻く状況の転換期でした。

この時期、中国への援助だけでなくODA全般に対する批判も非常に強くなっていました。

日本のODAはもともとは第二次大戦後の戦後賠償から始まるのですが、一九五四年にコロンボ・プランに加盟して技術協力を開始し、また一九五八年に輸出促進を目的にインドに対する円借款を開始、次第にＯＤＡの体裁を整え、量的にも拡大していきました。外務省でも当初のアジア局賠償部などが経済協力局に統合されます。私が経済協力局長の仕事を終えた数年後、国際社会協力部と合体して国際協力局と名前を改め、組織も再編されています。ＯＤＡは、経済だけではなく公衆衛生や教育など幅広い分野での二国間と多国間の途上国援助で、総合的に見る必要がありますから、当然のことだと思います。

一九八〇年代、日本経済はバブルに突入し、八九年には世界最大の援助供与国になります。九〇年を除いて二〇〇〇年まで米国、フランス、英国等より大きな援助量を途上国に供与するトップ・ドナーでした。

顧みれば一九七六年に戦後賠償を完了すると、七八年から政府は一定期間内にＯＤＡを倍増する中期目標を数次にわたって設定し、またＯＤＡのＧＮＰ比も他の先進諸国並みに引き上げる努力も行いました。このようなＯＤＡの量的拡大の努力の背景には、基本的には国際社会の安定と発展への貢献は軍事力ではなく平和的手段で行うという戦後の平和憲法の思想が反映されていると思います。

それぞれの時代の要請もあり、援助の重点も変化しました。例えば、当初は輸出促進を目的に円借款のほとんどを日本からの資機材の調達に使うようにする、いわゆる「ひも付き援助」を盛んに行いましたし、ベトナム戦争の最中や戦後は東南アジアの経済発展を支えて地域の安定を図るインフラを中心とした援助、七〇年代の石油ショック当時は中東地域の国々との経済協力、さらに八〇年代の貿易収支の黒字拡大の際は黒字環流を目的とした援助が重視され、また環境問題への対応が国際的なテーマになると環境関連の援助プロジェクトの拡大といった具合です。さらに、冷戦直後のいわば米国一極体制時代は地域紛争や復興支援に対する同盟国としての貢献が問われ、九・一一同時多発テロ以降は特にアフガニスタンやイラク、またその周辺国への支援が強化されています。

対中援助の継続が日本のODA政策全体にダメージを与える危険性が増大

このようなＯＤＡも、一九九〇年代の日本経済の低迷がボディ・ブローのように効き始め、ＯＤＡ予算は削減期に入ります。ＯＤＡを積極的に支持する世論も減少し始め、二〇〇〇年代に入ると支持率はこれまでの最低を記録するようになります。ＯＤＡに対する批判の論点は多様です。例えば、①大規模なインフラ・プロジェクトがもたらす環境破壊や住民の強制移転に対する怒り、②相手国の国民ではなく日本企業だけを利しているとの批判、③借款が多すぎる、④米国従属型である、⑤相手国の国民に感謝されていない、⑥日本経済が不況の時になぜ他国まで助けなくてはならないのか、⑦援助プロジェクトが有効に活用されていない等々です。批判する人の立場によって重視するポイントは異なりますが、論点は大体同じです。私がＪＩＣＡ担当の課長であった一九八〇年代終わりにも、経済協力局長になった一九九九年にもほぼ同様な批判が寄せられていました。

大きな違いは、私が局長になってＯＤＡの舵取りをする頃には、ＯＤＡ批判の中核が中国への援助に対する批判になっていたことです。当時の中国は、改革・開放政策が成功し経済大国化が進んでいました。そして中国自身が途上国に対する援助国になっていました。さらに軍事力の拡張も進めており、天安門事件により中国が徐々に民主化していくという日本や西側諸国の期待が根拠のないものであったことも明らかになってきました。

そして、過去の問題を振り回して日本に政治的圧力をかけ続けるという姿勢も相変わらずでした。ＯＤＡについては、日本は主に沿海部で膨大な額のインフラ構築支援を行っていたにもかかわらず、中国政府はその事実をほとんど国民に知らせていませんでした。中国国民は何も知らされていなかったのですから感謝を表しようもなかったわけですが、こうした様々な要素が混ざり合い、中国への援助を進める日本政府への批判が大きなうねりとなっていました。当時、産経新聞の北京特派員だった古森義久記者などのＯＤＡ批判の記事は、このような国民世論を作る上で大きな役割を果たしていました。国会や自民党の外交関係の部会でも頻繁に批判されるようになりました。

こうした状況について私が懸念したのは、中国に対する援助そのもののみならず、ＰＫＯの分野ではまだよちよち歩きであった日本にとって最大の国際貢献の武器であるＯＤＡ全体が、対中ＯＤＡ批判に引っ張られて国民の支持を失ってしまうことでした。

対中援助終焉をソフトランディングで

ちょうどその頃、北京の日本大使館には私と外務省同期入省の宮本雄二君（後に中国大使）が次席公使として在勤しており、経済班長は旧知の故杉本信行公使でしたので、中国援助批判の世論のうねりにいかに対応するか、頻繁に連絡を取り合っていました。

経済協力局の駒野欽一調査計画課長（後にイラン大使）らとも議論を重ねた結果、私たちは次のような結論を引き出しました。一つは、対中ＯＤＡとＯＤＡ全般を切り離して対処する必要があり、早急に対中ＯＤＡの欠点を是正し、また対中ＯＤＡの総額を徐々に縮小していく。さもないと日本のＯＤＡ政策に計り知れないダメージを与えかねない。二つ目に、対中ＯＤＡ縮小が既に様々な懸案を抱える日中関係のさらなる悪化をまねかないようソフトランディング方式で対応していくこと。三つ目に、日本の国民が納得のいく援助内容にすること。四つ目は、経済協力局長の下に各界の有識者を集めた私的懇談会を置き、ここでの議論をベースに中国に対する国別援助計画を作成すること、懇談会の座長には中国側、特に朱鎔基首相（当時）が信頼していた宮崎勇元経済企画庁長官に就任していただくこと等でした。

そして駒野課長と宮崎先生の事務所を訪ね、懇談会座長への就任をお願いしました。私が「中国側に耳が痛いことを言わなくてはならないからこそ宮崎先生にお願いすることにしたのです」と申し上げましたが、その日はしばらく考えさせてくださいとの返事しかもらえませんでした。何日か経って「引き受けます」との連絡をいただき、ほっとしたのを思い出します。

中国側に日本の協力が十分認識されておらず、感謝もされていないとの批判を受けて、中国政府の対応にも変化がありました。例えば、円借款案件だった北京国際空港に「日本の円借款の貢献を示す」広告塔を急遽設置したり、朱鎔基総理が訪日前の日本人記者との記者会見や経済協力二〇周年記念式典（一九九九年一〇月）に参加した日本代表団との会談の際、「今後日本からのＯＤＡについて中国国内において広報努力に努めていく」と発言しました。

中国指導部にも徐々に危機感が生まれてきたと言えますが、日本国内における対中ＯＤＡ批判を和らげるまでには至りませんでした。

なぜこのような事態になったのか。その背景には、中国が改革開放路線に成功し、急速に経済的・軍事的大国になったにもかかわらず、日本の援助をあたかも既得権のように考え依存していたことがあったと思います。中国の官民が日本の援助の存在を十分に認識していなかったのには、援助の案件形成の方式にも問題があったように思われます。

日本の援助は「要請主義」といって、被援助国の主体性を重んずるとの考えからこれら政府にどのような案件を望むか要請させ、これを受けて援助をしていました。案件形成の能力のない政府は、そのプロセスで日本側の支援を頼りにするのですが、中国のようなレベルの高い国では、とかく中央政府が地方政府などから案件を提出させ、多くの候補プロジェクトから日本側に要請をするものを選ぶという形が出来上がっていました。その結果、援助を受ける地方政府などからは日本の顔が見えなくなってしまい、日本の資金供与から利益を受けているとの認識がほとんどなくなってしまうという状況が出来上がっていたのです。

さらに対中援助を取り巻く環境がこれほどまでに悪化した背景を理解するためには、もう少し中国側の心理の深層に入っていく必要があると思います。当時在北京日本大使館の経済担当公使の任にあり、この問題で日中の狭間で大変に苦労をした故杉本信行氏は彼の遺書ともいうべき著書『大地の咆哮』で次のように述べています。

「円借款に対して中国側がどうしても素直になれない最大の理由は中国側の根底に常に流れている激しい思い込みにあるのだと思う。八七年六月訪中した我が国国会議員に対して語った鄧小平の言葉がそれを如実に示している。

『率直に言うと、日本は世界のどの国よりも中国に対する借りが一番多い国であると思う。

国交回復のとき我々は戦争賠償の要求を出さなかった。両国の長い利益を考えて、このような政策決定を行なった。東洋人の観点から言うと情理を重んじているのであって、日本は中国を助けるためにもっと多くの貢献をすべきだと思う。この点に不満を持っている。』

そうした気持が中国側指導者、要人の底意として存在している。面と向かっては言わないが、『中国は戦争賠償を放棄しているのだ。日本の対中援助は賠償の代わりであり、まだまだ足りない』という気持ちがある。だからこれまでの援助でも、彼らの気持ちの上では全然追いついていないわけである。

そしてさらにより根本的なところではやはり中国の一種の自尊心が彼らを素直にさせないのであろう。他国からお金を借りて国づくりを行っていることを認めたくない気持ちが強いのだと思う」

対中援助政策策定のための懇談会の提言

先ほど申し上げた懇談会は「二一世紀に向けた対中経済協力のあり方に関する懇談会」という名称で、外務省経済協力局長の私的懇談会として二〇〇〇年七月に第一回会合が開かれ、以来九回にわたり会合を重ね、同じ年の一二月に提言を提出しています。提言は同年度中に策定される予定の「対中・国別援助計画」に反映されることになっていましたが、松尾事件、田中眞紀子外務大臣騒動のため作業の延期を余儀なくされ、国別援助計画が発表されたのは二〇〇一年一〇月にずれ込みました。私は二〇〇一年二月に松尾事件に対応するため急遽官房長となったので、一二月の提言の完成まで見守ることができたものの、国別援助計画の作成には関与できませんでしたが、基本ラインの形成には貢献できましたので、幸運だったと思っています。ちなみに、この提言を踏まえ対中援助が内容的にも手法的にも大きく変わり、援助量は徐々に縮小され、援助事業の全てが二〇二二年三月に終了しました。

提言では、まず対中ODAの成果について簡単に触れています。円借款による協力を通じ全体として中国の沿海部のインフラのボトルネック解消およびマクロ経済の安定に貢献し、また無償資金協力や技術協力を通じ、主に保健・医療といった基礎的生活分野や環境分野、人づくりなどの事業に寄与してきたとして、中国の改革・開放政策を支援する上で大きな役割を果たしてきたと言えると述べています。

その上で、近年の中国の国力の増大、すなわち経済力・軍事力の進展やビジネスの競争相手としての存在感の増大といった変化があるため　対中ODAに対する批判はODA一般に対する批判より厳しいものになっていること、また円借款の供与額を多年度にわたり約束するとの手法の結果、中国はこれを一種の既得権益と捉えているのではないか、我が国の援助が中国国内において知られておらず、また感謝もされていないのではないかとの批判があるとしています。他方で、援助が必要な分野は近年変化してきており、環境保全、貧困緩和、地域間格差の是正、内陸部開発支援などに対する需要が増えてきており、また国際経済への一体化のために不可欠な制度づくりや法制度整備あるいは人材の育成といった、資金の投入だけでは解決が困難な、いわばソフト面での開発需要が高まっていることも指摘しています。

さらに、具体的にとるべき措置についても提言していますが、全てを申し上げていると話が長くなってしまいますので、ポイントのみ申し上げたいと思います。

一つは対中援助の手法です。例えば円借款でいえば、一番縁の薄い国には必要に応じ単発で円借款の約束をする、つまりある年には約束するが、しない年もあるという具合です。日本との関係が深くなり、また日本としてもその国の開発を継続的に支援をすることが重要とみなされるようになると、年次供与国というカテゴリーに入ります。一年に何件か恒常的に円借款供与の約束をするというのがこのカテゴリーです。

中国には例外的にその上の特別待遇を与えてきました。おおよそ五年分、つまり中国の五ヵ年計画に合わせて、多年度にわたる供与額を約束するといった具合です。一九九八年の日中首脳会談で、この方式は二〇〇〇年度をもって終了し単年度供与方式にするということで合意していたのですが、この提言では円借款、無償資金協力、技術協力のＯＤＡ全般について、まず支援額があるという考えではなく、支援需要に応じて個別に具体的に案件を審査し、各年度ごとに案件を選択する「案件積み上げ方式」に移行することを提言しました。

そして第二には、これからの対中ＯＤＡの重点は、日本の国民や企業にとっても直接の利益となる分野や国際社会全体として協力して取り組んでいる分野に置くべきとの観点に立ち、従来型の沿海部中心のインフラ整備から、①環境問題など地球的規模の問題解決のための協力、②約二億人を超える人々が絶対的貧困の中で生きているとされる内陸部を中心に民生向上や社会開発への支援、③日本企業の活動の促進に資するような投資環境整備支援などに転換していくべきとの提言をしました。特に環境問題などは酸性雨の防止、ごみ対策など放置しておけば日本に大きな実害をもたらしかねない待ったなしの状況にあったわけで、こういった分野であれば日本国内の支持を得られるだろうとの認識がありました。

第三には、プロジェクトが実施されるのは中国の各地方ですが、既に述べたようにこれまでは地方政府の希望案件を中央政府が取捨選択して日本側に提出していました。この方式だと地方からは日本の顔があまり見えず、あたかも中央政府が資金供与をしているように見えてしまいます。そこで案件の形成過程で日本側も地方政府と直接の話し合いを深め、今まで以上に積極的に関わり、共同で案件形成を行う方式を工夫すべきであるとしました。いわば日本の顔が一層良く見える援助方式とすべきと提言したのです。

対中援助政策転換においてメディアが果たした役割

これらの提言が国別援助計画に盛り込まれ、当初の想定通り対中援助は徐々に減らされ、二〇二二年三月に完全に終了します。本章のテーマである「世論と外交」という観点からは、次のような教訓を引き出すことができるのではないかと考えます。

私がハーバード大学国際関係研究所のフェローをやっていた頃のことですが、ジョセフ・ナイ教授が講義の中で「如何なる時代でも大国が勃興する時には周辺地域で必然的に国際関係の再調整が起こる」と述べていたことをよく思い出します。文化大革命が終わり、改革・開放のスローガンのもと国の近代化が進められ、やがて超大国化する中国の場合もそうでした。巨大な国であるだけに、周辺国のみならず世界全般にわたる国際関係に大きな影響を与えました。

日本はこの国の大国化の影響を最も強く受けた国の一つであり、政府や経済界の中国とのしがらみが大きいだけに中国政策の転換には時間がかかりました。ただ、それでも中国に対する政策の転換は米国や欧州諸国に比べれば早かったと思います。領土問題など権益が真っ向から対立する場面や、歴史問題を利用した日本バッシングが日本の国民感情を刺激する局面が少なくなかったのですから当然かもしれません。

そして、こうした時代の変化に最も早く反応したのが言論界やマスメディアの一部だったように思います。ＯＤＡ問題はその一つでした。遅かれ早かれ日本の対中ＯＤＡの見直しは行われたでしょうが、マスメディアの批判は政府の背中を一押しも二押しもしたように思います。世論と外交の関係がマスメディアの影響で健全に機能した例ではないでしょうか。

第2章
＊
相互批判と協力が交錯する日米欧関係

1．フランスの「自主独立外交」を学んだ研修生時代

外務省の研修制度

さて私の外務省生活の原点に戻りたいと思います。

一九六九年に入省して初めの一年は条約局条約課で、いわゆる実務研修をやり、七〇年夏から二年ほどフランスの大学に語学留学しました。外務省では、新入生を入省後最初の二年か三年海外の大学に留学させて外国語を学ばせます。総合職（当時は上級職と言われていました）の人々は英、独、仏、スペイン、露、中、アラビア、韓国語の中からいずれかの言語を指定され、専門職の人たちはこれらの言語に加え、ペルシア語、インドネシア語ほか何十という言語の中から自らが専門とする言語を学ぶように決められます。

同じ言葉を学んだ人たちが派閥のようなものを作っていると外部の方々からよく言われますが、派閥とまではとても言えません。同じ専門語学を共有する仲間といったところでしょうか。中国語、ロシア語の人たちが総称して「チャイナ・スクール」、「ロシアン・スクール」と呼ばれ、比較的緊密な人間関係を形成しているのは別にして、他の言葉ではそのような現象はありません。

「飯村さんはフレンチ・スクールだから云々」と言われることは時々ありましたが、フランス語の人々だけで集まって何かしようなどということは全くありませんでした。「飯村さんはフレンチ・スクールだからグルメだ」とか、「フレンチ・スクールの連中は格好をつけている」といった程度の話でした。

ただ、言葉を学んだ国の文化や思想に影響されることは当然で、フレンチ・スクールの外交官はフランスの外交思想に一定の影響を受けていることはあると思います。いわゆるチャイナ・スクールの人々は日中関係が悪くなるにつれ、永田町や一部マスコミから中国に近すぎると批判されたことはよく知られていますが、チャイナ・スクールの外交官の多くは、一生をかけて中国の政治・経済・文化などを観察しているという点では英国外務省に比べても遜色がない、あるいはそれ以上に優秀な専門家集団だと言ってもよいと思います。

ロシア語の人たちについても同様なことが言えます。他方で、チャイナ・スクールの外交官が中国に親近感を持っているのとは反対に、ロシア語の人達は冷戦や領土問題の影響もあって、ロシアには厳しい視線を向けており、その頂点にはドンのような人がしばしばいました。私がモスクワに勤務していた冷戦時代は、ロシアン・スクールの人々は北方領土については「四島返還」の主張で団結していたように思います。飲み会も、最後は「知床旅情」を合唱して終わっていました。私は二〇〇九年にフランス大使を終えた後は中東・欧州担当の政府代表をやっていたのですが、ある日当時のロシア語のドンともいうべき丹波実元駐露大使（故人）から電話がかかってきました。「飯村君、最近の中東情勢について教えてくれ。昼メシでも食べながら話そう」とのことでした。当時の丹波大使は大病をした後で、歩くのも辛そうでしたが、中東問題には全く関心はなく、一つの質問もありませんでした。私は日・ロ関係に全く関係していなかったのですが、初めから終わりまで「飯村君、北方領土問題でロシアに譲歩してはダメだ。ともかく四島返還を貫き通せ」と魂の底から搾り出すような声で語り続けました。そこまで「四島返還」への思いが強かったのです。

自分が何語を専門にするのかは、入省前に人事課首席事務官に一人一人呼び出され教えられるのですが、人事課に提出した調査票に希望言語を書く欄があり、私は「フランス語を希望」としていたので、「お前はフランス語をやれ」と言われた時に特に抵抗感はなく「わかりました」と言ったことを記憶しています。今はだいぶ変わってきたようですが、私が入省した頃はやはり欧米系の言語が人気があり、アラビア語とか中国語には抵抗感を覚える人がいたようです。

入省直後の三ヶ月間、当時茗荷谷にあった外務省研修所で指定された言語の授業を中心に、外交問題や外交官として心得ておくべきマナーやエチケット、日本文化や内政などについて研修を受けます。また外交官の大先輩の話を聞きに行ったりしました。なかでも大先輩のひとりに「君、まかり間違ってもフランスかぶれだけにはなるな」と言われたのは忘れられません。

これとは別に、我々フランス語新入生四人には、フランス語の若手の先輩ということで、当時条約課事務官をやっていた柳井俊二氏（のちの外務次官、駐米大使）の話を聞く機会もアレンジされていました。新入生にとっては翌年から始まる海外研修をどこの大学でやるのがいいのか、どういう勉強をすべきかが最大の関心事でしたから、あれやこれや質問を浴びせかけたものです。特に四人のうち二人はフランス語をすでに学校で勉強していましたが、私ともう一人の研修生は全くのゼロからのスタートでしたので、聞きたいことは山のようにありました。

半世紀も昔のことですので話の内容はほぼ忘れてしまいましたが、唯一覚えているのは、フランス女性のガールフレンドを持つとフランス語は上達するぞと言われたことです。頑張れ、日本男性は面白いほどもてるぞとも言われ、四人ともその気になりました。翌年からフランスの大学に行き、もてるという話は全くの冗談であったことが分かりました。ガールフレンドを持った方がいいという話は間違いないのですが、私はもともと女性にもてるタイプでもなく、カタコトのフランス語でいくら努力してもそう簡単にはいかず、結局二年間の留学生活は机に向かう勉強で終わりました。フランス語の上手な同期の研修生が早々と可愛いフランス女性をガールフレンドにしている姿を見て羨ましく思ったものです。

入省早々に、やはりフランス語の先輩の青木盛久さん（註：のちにペルー大使。大使公邸で天皇誕生日のレセプションを主催している最中に左翼ゲリラの一団の攻撃を受け、公邸を占拠され多くの招待客が人質にされた。最終的にはフジモリ大統領の指揮のもと公邸は解放された）が夫婦で、私たち四人を自宅での夕食に招いてくれたのも忘れられない思い出です。フランス料理やワインのことを知らない若い連中に社交のイロハを教育しようとの趣旨であったように思います。まず、アペリティーフから始まって、前菜は白アスパラガスでした。メイン料理は忘れてしまいましたが、青木さんが、今日は料理は家内が作ったが、ワインの選択やメニューは自分が決めた、特にこの白アスパラガスは自分が買ってきたものだと言っていました。オランダ風ソースをかけたもので、当時はアスパラガスは稀で、生まれて初めてアスパラガスを食べました。感動したので今でもその時の味を覚えています。

フランスでの家庭での客のもてなしかたもいろいろ教えてもらいました。私は当時どこの大学を希望するのか迷っていたのですが、青木さんはそれなら自分が留学していたディジョン（パリ南東三〇〇キロくらいにある、ブルゴーニュ地方の古都）に行け、下宿先は自分がいたところがいい、下宿の主人はブルゴーニュ・ワインの名産地の一つニュイ・サンジョルジュのワインの仲買人の娘さんで未亡人、料理の腕がよく、いいワインセラーも持っている、フランス文化の勉強ができるぞ、歴代の外務省研修生が世話になっている、君も行け、自分が連絡しておくと、言葉を挟む余地もなく決まってしまいました。

フランス第五共和制を作ったド・ゴール将軍

私たちが行った頃のフランスは、一九六八年五月の学生運動が一応収束し、六九年にはド・ゴール大統領は地方行政制度の改革の是否を国民投票に付し、敗北していました。この国民投票はド・ゴールとしては仏国民に対し、自分に引き続き国政を付託する意思があるのか否かを聞くのが目的であったと言われており、敗北は辞任することを意味していました。そしてド・ゴールのもとで首相をやっていたジョルジュ・ポンピドウが大統領になりました。

ド・ゴールは第二次大戦のレジスタンスの英雄で、戦後フランスがアルジェリア独立戦争の泥沼にはまり、亡国の危機に瀕する中、一九五八年に政権に復帰しました。当時は実に多くの政党が乱立していましたが（ド・ゴールは、フランスにはチーズの種類と同じくらいの数の政党があると言ったとされています）、ド・ゴールはそれまでの外交・内政の混乱を克服すべく、強力な大統領制である「第五共和制」を作ります。

ド・ゴールが敷いた自主独立の国防・外交路線は、以降の歴代フランス大統領の基本的な政策となり、今でも国民の支持を受けています。とくに核兵器に対する態度は、保有も含め国民的コンセンサスがある点は、被爆国として非核政策でほぼ国民的なコンセンサスがある日本とは対極にあると言えるでしょう。

一九七〇年夏、フランスについた私たちフランス語研修生四人は、到着日の夜、若手の先輩の二人の書記官に連れられてセーヌ左岸にあるフレンチ・レストランで夕食をご馳走になりました。フランスで初めてのレストランです。料理の注文の仕方やウェイターの呼び方などＡＢＣから学びました。二人の先輩はアルファ・ロメオとランチャに乗っていました。お上りさんの私たちには全てが格好良く、我々もしばらくしたらこんなになれるのかなあ、と思ったものです。

翌日の昼は研修指導官である本野盛幸参事官（後のフランス大使。祖父の代から三代に渡りフランスと縁が深く、フランスの支配階級の人々への人脈は最も深いと言われた）の招きで、大使館に近いテルン広場にあるレストランで昼食をとりつつ、研修の心得やフランスの歴史や政治、経済の見方について話を聞きました。

パリに三日ほど滞在して大使館でブリーフを受けた後、我々四人はロワール河沿いにあるトゥール市に向かいました。この地方は最も美しいフランス語を話すと言われ、多くの外国人学生がフランス語を学びにきていました。私たちもこの夏三ヶ月フランス語学校に通ったのち、夏の終わりにそれぞれの研修先に散っていきました。私は青木先輩指定のディジョンで最初の一年を過ごし、二年目はストラスブール大学政治学部に入学しました。他の三人はそれぞれリヨン、ブザンソン、トゥルーズに散らばります。当時はともかくフランス語をしっかり勉強しろ、そのためには日本人がたくさんいて日本人同士の付き合いが増えるパリでの研修は最初の一年は認めないという研修方針があり、皆地方の大学に行かされました。

私は、フランスでの研修では現代フランスの対外政策の根幹を築いたド・ゴールの思想と人生を学ぶことが大切と考え、フランス語の勉強を兼ねて、辞書と首っぴきで彼の回顧録や著書、ド・ゴールの下で外務大臣を務めたクーヴ・ド・ミュルヴィルの回顧録などを読みました。

フランスの外交政策については追ってお話ししたいと思いますが、ド・ゴールの世界観をこの時期学んだことは今でも無駄ではなかったと思っています。フランスは大国ではありませんが、西側世界の雄の一つであり、ドイツと並び欧州共同体の指導国家です。アングロサクソンの国である米、英とは同じ民主主義国家といってもいわばライバルのような関係にあり、第二次大戦後も国益はぶつかり合ってきました。

ド・ゴールの世界観の基本は、自主独立とフランスの栄光を求めるという自尊心です。大戦回顧録においても、ロンドン亡命政権の指導者としてチャーチルやルーズベルトとのやりとりの中で、彼の自主独立への執念とフランス人としての強い自尊心が如実に現れているのが印象的です。そして、ナチス・ドイツに敗れたフランスを自分たちの思い通りにさせようとする同盟国米、英に対する怒りと不信感です。

強力な大統領を持つ第五共和制を創り、ド・ゴールはその初代の大統領になりました。第二次大戦中と行動原理は同じです。大国フランスの復活を夢見ていました。当時はソ連が巨大な影響力をふるっている時代でしたから、欧州諸国は米国の軍事力に頼らざるを得なかったのですが、ド・ゴールは西側の軍事同盟（NATO）に入っていながらも、フランスの自主性をギリギリまで発揮しようとしました。例えばNATOの軍事機構から脱退したり、独自の核兵力を保有したりしたのもそのあらわれです。

またドイツと和解し、この独仏和解を基礎に欧州の統合を図ったのも、このような思想のなせる業です。また、一九六四年にはアメリカの反対を押し切って中華人民共和国を承認したり、ベトナム戦争はベトナム民族主義の現れであるとし、米国が当時言っていたような共産主義勢力の民主主義国への侵略というような見方を否定していました。

米国はこのようなフランスの振る舞いを決して快く思っていませんでしたが、例えばキューバ危機の時にド・ゴール大統領が真っ先に米国を支持する立場を表明したことに示されるように、西側の連帯が試される時はフランスは米国の同盟国であることを先頭を切って明らかにしていました。

自主独立のフランス外交は、同じ米国の同盟国でも日本とは立ち位置が違います。日本は第二次世界大戦の敗戦国であり、フランスはナチス・ドイツに敗北したのにもかかわらず、結局は米英との協力によって戦勝国になったことで、第二次大戦後の両国の立ち場は異なるものになりました。

フランスの対外政策は「フランスの偉大さ」の追求というド・ゴールの思いに結びつけられています。彼は回顧録で、「フランス人はフランスの国家に偉大さを求める。偉大さが失われた時はフランスはフランスでなくなる」といった趣旨のことを言っています。ド・ゴール死後五〇年以上経った今でも、まさにフランスの大統領は「フランスの偉大さ」、あるいはそういった表現が時代にそぐわない時でも「フランスの大国性」へのフランス人の思い（夢もしくは幻想と言ってもいいかも知れません）を意識して行動をします。今度のロシアによるウクライナ侵略に際しても、マクロン大統領はプーチンと直接接触し、フランスの独自性を基礎に外交的成果を上げようとしましたが、当然このような行動は少なからぬ西側諸国からは「また例のフランス流外交か」とか「亜流のド・ゴール主義外交か」と見られていたことでしょう。しかし、フランス大統領としてはこうでもしないとフランス国民の心が自分から離れていくと懸念したのではないかと想像します。

ド・ゴールは私がフランスでの学生生活を始めた直後の一九七〇年一一月に亡くなりました。直前までド・ゴール政権に反対して学生運動に没頭していた学生たちも含め、フランス人の心に大きな喪失感を与えたことが留学中の私にもわかりました。まさに「国父の死」であったのです。さらにド・ゴールの死去後二週間の一一月二五日には三島由紀夫自決の報が入り、私のフランス留学生活が二つの大きな死とともに始まったのを思い出します。異なる評価はあり得るでしょうが、二人とも自国の歴史的・文化的伝統を心の中心においた愛国者として亡くなったのです。

日本とフランスを結ぶもの

ここで二つほど、フランス語を学んだディジョンに纏わる話をしたいと思います。一つはディジョンで私が滞在していた下宿に、私より一〇年ほど前にいた外務省の先輩瀬戸川さんという方のことです。私はお会いしたこともないのですが、下宿のおばさんから「ユタカの先輩セトガワはこのアパルトマンにいる頃、この街で年上の既婚者のフランス女性と恋に落ちた。研修を終えてから外務省を辞め、彼女と結婚した。彼女はフランスを去るつもりはなかったので、今はセトガワはパリで仕事をしているはずだ。本当に好青年だったので、日本外務省も彼を失うのは辛かったと思う」という話を聞きました。まだ二〇代の前半だった私は、同じ下宿にいた外務省の先輩がディジョンの街で出会った人妻と駆け落ちをした！との話になぜか感動してしまいました。もっとも、実際に駆け落ちかどうかは知りませんが、イメージとしてはそんな感じでした。

彼は定年までパリの三菱商事に勤め、何度か彼の才能を評価した本社から日本への転勤の話が出たようですが、夫人がどうしてもフランスを離れたがらず、結局なくなるまでパリに住んでいました。私が大使としてフランスに着任する何年か前に夫人が亡くなり、数ヶ月後瀬戸川さんは夫人を追いかけるようにして亡くなったと聞きました。子供も生まれず、夫人との愛に生きた人でした。

私がパリに勤務している間に、彼の外務省の同期生佐藤嘉恭さん（故人・元駐中国大使）から手紙があり、「自分達同期生は歳もとり、なかなかフランスまで瀬戸川の墓参りに行くことはできない。確か、ブルゴーニュ地方の夫人の故郷の村にある小さな教会の墓地に埋葬されているはずだ。飯村君、同期生に代わって墓参りしてくれないか」との手紙をもらいました。同じ下宿に住んでいた先輩であり、これもご縁と思い、墓地の住所をフランス三菱に聞き、車で墓参りに向かいました。ブルゴーニュの丘陵地帯の奥深いところにある小さな村でした。午後にパリを出発し、また当日は雨であったため辺りは暗くなり、教会に着く頃には日も暮れかけていました。到着する前には墓地は暗闇に包まれてしまうかもしれないと心は焦りましたが、幸い雨も止み、雲の切れ目から薄い日差しが教会を包んでいました。夫妻のお墓は教会の裏にひっそりと佇んでおり、いかにも愛に生きた二人の人生を偲ばせるかのようであったのを思い出します。私自身会ったことはありませんでしたが、パリで買ってきた花束を墓標の前におき、外務省とフランス、そしてディジョンの下宿のおばさんを通ずる縁で結ばれた瀬戸川夫妻を偲びました。

もう一つは、中世のブルゴーニュ公国時代の面影を強く残したディジョンの街角にあるシャポー・ルージュ（赤い帽子）という名の小さなホテル（むしろ旅籠と言った方がいいかもしれません）に関わる話です。ホテルの中にある、こじんまりとしたレストランはミシュランに掲載されている、名の通ったレストランでしたが、貧しい研修生の頃は行ったことはありませんでした。その後、一九八〇年代はじめパリの大使館で一等書記官として勤務している頃、思い出深い街にあるレストランを一度は訪れてみたいと思い、当時新婚であった妻とシャポー・ルージュに宿泊旁々夕食を取りに出かけました。

その十数年後、大使館の次席公使のとき、シャポー・ルージュを再び訪れ、レストランで食事をしました。繁盛しているお店ですので事前に予約をしていましたが、私達夫婦を迎えに出た給仕長が片隅にあるテーブルに案内してこう言ったのです。

「前回、お二人が来られたときはこの席に座られました」

そこまでは「よく覚えているなぁ」、あるいは「客が座ったところをメモしているのか」とぐらいに思っていたのですが、料理を注文し、ワインを選ぶ段になって「どんなワインがお勧めですか」と聞くと、「前回はニュイ・サンジョルジュの何年もののワインを召し上がりました」というのには驚きました。推測するに、接待したお客さんについては全てメモにしているのでしょう。職人気質の接客ぶりというのでしょうか、日本人の客のもてなしぶりに共通するものを見出し、感動したことを思い出します。

さらに一〇年後の二〇〇六年大使としてパリに着任した私は、ブルゴーニュ州知事主催の昼食会に招かれました。挨拶のスピーチでシャポー・ルージュでの経験を話し、フランスの食文化の偉大さが、単に料理やワインの味だけではなく、レストランの給仕やソムリエの心のこもったもてなしにも支えられているのではないかと思う、それは職人芸のレベルにまで洗練されており、日本人が大切にしている職人気質に共通するものがあるような気がすると述べました。ここで、私は再び驚かされるのですが、スピーチを終えて着席した私に知事からメモが渡されました。

「あなたの話を聞いて、私の秘書官にすぐ調べさせた。給仕長の名はピエールといい、シャポー・ルージュに長い間勤め、もう引退している。給仕長として、ディジョンでは名の知れた人物だ」

フランスの大国主義的幻想やエリート主義、そして欧州の文化の中心地であることを鼻にかけた傲慢さなどには辟易することが多く、また、東日本大震災の時に見せつけられた偽善には不愉快な思いをしたのですが、長い歴史と古い文化の中で磨き上げられたものを大切にする点では日本人とフランス人には共通するものがあるように思います。おそらく多くのフランス人が日本の芸術や精神的伝統を評価していること、例えば一九世紀には印象派の絵画などを通していわゆるジャポニズムが開花し、また日本の武術が広範に普及し、さらにはその精神である武士道が評価されているのも故なしとしないのではないかと思われます。

ちなみにトム・クルーズ主演の映画「ラスト・サムライ」の主人公は、南北戦争で戦った後、日本の近代的軍隊の育成にあたり、日本の武士道に共感し、最後は滅亡していく徳川幕府の侍たちと命運を共にするのですが、トム・クルーズが演じる人物のモデルは米国人ではなく、ナポレオン三世が幕府に派遣したフランス軍事顧問団の一員ジュール・ブリュネ大尉であることはあまり知られていません。官軍に敗れた幕府軍の一部は北に逃れ五稜郭に立て籠りますが、ブリュネは「日本にいる軍事顧問団は帰国すべし」との本国からの命令に応ぜず、何人かの同僚と共に榎本武揚率いる幕軍に合流し、共に官軍と戦います。その後、幕軍の降伏と共に、ブリュネはフランスに帰国、普仏戦争で活躍するようです。最終的には軍人として上り詰め、将官となっています。日本の武士道とフランスの騎士道には共鳴するものがあったのでしょう。

2. ロシア人の欧米警戒心と恐怖心を学んだソ連勤務

非ロシア語の私がソ連勤務に

今まで申し上げてきたように、私はフランス語研修の出身ですが、最初の海外勤務はモスクワでした。フランス留学後本省に戻り、西欧との関係の仕事を中心に国内勤務を四年ほどやり、一九七七年にモスクワ勤務を命ぜられます。

政務班所属となり、私以外は全員ロシア語の人たちでした。人事課の方針として、政務班員の一人を非ロシア語にして、大使館政務班がロシア的感性に影響されすぎないようバランスをとるのだということでした。あるいは非ロシア語の外交官にソ連を経験するチャンスを与えるという人事課の方針だったのかも知れません。私の前任は中国語、後任は英語、さらにドイツ語といった具合です。必ず一人の非ロシア語の人が政務斑にいました。ただ、北方領土問題など二国間関係はロシアン・スクールの中枢をいく人たちがやっており、私のような門外漢は触れてはならないような雰囲気がありました。もっとも、ロシア語もろくにできないので領土問題にはとても手が届きませんでしたし、やらせて欲しいなどとも思いませんでした。私の仕事は米ソ関係や欧州の東西関係、中東、アフリカに対するソ連の政策をフォローすることで、主に各国の大使館がカウンターパートでした。特に中国と米国の大使館の担当官とは緊密な接触を保っていました。

秘密警察の監視のもとに置かれた外交官の生活

私がモスクワにいたのは一九七七年から七九年までですが、一九六三年のフルシチョフ失脚後に権力を掌握したブレジネフ書記長の時代で、冷戦の真只中でした。米国との軍拡競争もあって経済は疲弊し、国民の生活も秘密警察の監視下にあり、街は暗い雰囲気に覆われていました。私たち外国人は外国人専用のアパートに入れられ、居住者、訪問者はチェックされ、大使館のオフィスも含め盗聴されていました。

モスクワ転勤前に先輩たちにハニートラップには絶対に引っかかるなと言われ、いろいろな注意事項を教えられました。例えば、仮に夫婦関係が悪くなっても絶対に気づかれないようにせよ、夫婦喧嘩は筆談でやれ、あるいは風呂場で水道の水をジャージャー流しながらやれと言われました。モスクワ生活二年目で妻が妊娠しましたので、両親のいる東京でお産をさせるため空港まで送って行ってアパートに戻ると、早速若い女性から電話がかかってきて、今晩あいているなら一緒に食事しないかと誘われたのにはあまりにシナリオ通りの動きで呆れました。

また、私はロシア語があまりできなかったので、これでは仕事にならないと考え、外交団世話部にロシア語の教師の手配を依頼したのですが、待てども暮らせども教師を探してくれません。ある日、政務斑の部屋（七、八人が入る大部屋でしたが）で皆で雑談していた時、「いつまでたってもロシア語教師を探してくれないのでもうロシア語の勉強は諦める」と言ったところ、翌日外交団世話部から教師を送り込んできました。盗聴されているのも便利なものだと思ったものです。

こんなこともありました。私が頻繁に情報交換していた米国大使館の外交官が、「いやー、監視されるというのは時に便利なものだね、昨日の深夜、就寝中に入口の扉をどんどん叩く男がいるものだから、何だと思って入り口まで行ったら貴方のアパートが火事になっていると言われた。慌てて扉を開けたらロシア人が二、三人入ってきて消火してくれた」と言っていました。

政務班の情報分析担当者として

当時は米中、日中接近の時代で、ソ連は孤立感を深めていました。私がモスクワで勤務する数年前には中ソ国境で軍事衝突があり、さらにニクソン大統領の訪中と、国際関係は米ソ二極の冷戦時代から米中接近の時代に動いていました。

日中関係も、一九七二年の田中角栄総理大臣の訪中、共同声明の発出から一九七八年の平和友好条約の締結に進んでいました。

私は新米の外交官でしたが、ソ連の出版物をフォローし、各国の大使館やシンクタンクの関係者と意見交換し、ソ連と中東の関係や日米中対ソ連・ベトナム枢軸の対立で動くアジア情勢の中でのソ連外交を観察し、本省への報告書を起案する役割を負っていました。外交官の仕事の一つに、新聞・テレビの特派員のような国際情勢の観察・分析があります。野村一成政務班長（のちに駐ロシア大使）、孫崎享政務班次席（のちに駐イラン大使）等ロシア語専門の先輩・同僚からいろいろ教えてもらいながら必死でした。

ソ連外務省の担当者にもよく会いに行きましたが、彼らは公式論に終始して、あまり参考にはなりませんでした。一度だけ印象に残った出会いは、朝鮮担当の課長との意見交換でした。

先方の発言内容は面白くもない公式論でしたが、興味深かったのはそれを話すときの彼の「もう北朝鮮の話はうんざりだ」という感じがひしひしと肌で伝わってきたことです。ソ連外務省は入省した時から日本外務省のように自分の専門の外国語が決まってしまい、それも日本以上に徹底しており、外交官としてのキャリアのほとんど全てをモスクワと専門としている国の行き来で終わってしまうようで、この人物はピョンヤンとモスクワの行き来で、人生の大半を過ごしていたようでした（当時はソ連と韓国の間には外交関係はありませんでした）。つくづくうんざりだという表情をしており、公式論しか言わないソ連の役人もやはり人間なんだ、ということがよく分かりました。

私の情報元は主として米国、中国や西欧の大使館の政務担当者でした。ソ連の公式情報を話のネタにしながら頻繁に意見交換をやったものです。特に、この時期はベトナム戦争の終結を受けてカンボジアにおいて中国とベトナムの影響力争いが激しくなっており、一九七八年一一月にはソ連・ベトナム友好協力条約が締結され、他方中国は鄧小平の訪米（一九七九年初頭）を受ける形で、ベトナムのカンボジア侵攻を懲罰すると称してベトナムに軍事侵攻しました。私ども各国外交官の関心はベトナムと友好協力条約を結んだソ連が中国に対してどう出るかでしたが、ソ連が軍事的に動くことはありませんでした。核の威嚇もありませんでした。理由はよくわかりませんが、米中の連携が抑止力になったのではないでしょうか。政務班の部屋で、ブレジネフ書記長が荘重ともいうべき低音の声でソ連の政策を読みあげるのをラジオで聞き、「そうか、これで戦争はないな」と思ったのを昨日のように思い出します。

中国の外交官たちは当時日本を準同盟国のように見做しており、私たち日本大使館員は中国大使館でよく中国料理の接待にあずかったものです。その後何回も海外勤務をしましたが、中国大使館の方々とあれほど仲良く付き合ったことはありませんでした。今はどうなっているか知りませんが、当時は中国の外交官は子供を北京において赴任してきており、夫婦共働きで大使館で働いていました。大きなコンパウンドに館員全員が住み、庭に野菜などを植えていました。

ロシア人の深層心理を流れる対外恐怖心

当時のソ連では、一般市民が許可なく外国人と接触することは基本的に禁じられていました。特にロシア語の会話力が不十分な私にとって一般ロシア人との接触は稀でした。

そのような中で比較的自由な会話を楽しめたのは、苦労して探したロシア語の教師との間でした。モスクワ大学の若い先生で、いくつかの外国語を話す相当なインテリでした。もともとロシア語を私に教える気はあまりなかったようで、いつもあれやこれやのお喋りでした。それも英語の会話ですから、本来のロシア語の勉強には全くなりませんでした。

大使館の上司からはロシア人と付き合うと必ず本を貸してくれと言ってくるから気をつけろ、貸すとしばらくして違う筋から、「あなたはソ連で禁じられている本をソ連市民に渡した云々」と必ず言ってきて、ソ連の公安関係機関と泥沼の関係になっていくからと言われていましたが、まさにその通りのことが起こったのです。彼から、「米国のジャーナリストでモスクワで長い間特派員をやっていたヘドリック・スミスという人の書いた『ロシア人』という本を貸してくれ」と言ってきたのです。鉄のカーテンの向こう側の事情を相当突っ込んで書いた本として当時西側では評判でした。私は当然この先生の要望を断りましたが、この種の働きかけは何度となくありましたが、ロシア語のレッスンならぬ彼との対話は続きました。

私達外交官にとって大切なことの一つは、自分が勤務している国の対外政策の特質を理解することです。例えば、日本については孤立主義的な傾向を見落としては日本の対外行動を理解できないでしょう。米国については、世界を白黒に分ける倫理的な見方や孤立主義はその対外政策の重要な特質だと思います。ロシアについては、二年足らずの滞在でしたし、アカデミックな研究をする時間的な余裕もありませんでしたので大雑把な印象ですが、ロシア人は大国意識が非常に強い反面、被害者意識というか、あるいは敵に包囲されている意識というのか、そういう二面性があるような印象を持ちました。

ロシア専門家にとっては当たり前のことでしょうが、私のロシア語の先生であるモスクワ大学講師が、ロシア人が持つ対外恐怖感と劣等感について雑談の中で説明してくれたことが今でも思い出されます。二点あって二つとも西欧とロシアの関係にかかわるものです。要旨次のようなものでした。

第一点は、プーチンのウクライナ政策にも関係するロシア人の深層心理にかかわるもので、ロシア人の対外的な、特に西に向けられた恐怖感、不安感についてです。

「ロシアの対外政策を知るためにはロシアの置かれた地理的環境に由来する恐怖感を理解する必要があると思う。東ヨーロッパからモスクワまで大平原が続いており、外敵が侵入してきたとき、これに対する自然の障害物は全く存在しない。一挙にモスクワまで蹂躙される。例えばナポレオンの軍隊はロシアを侵略し、一時はモスクワを制圧した。またナチス・ドイツもモスクワ近郊まで迫った。最終的には侵略軍は広大なロシアの大地と厳しい冬の寒さの中で身動きできなくなるが、それまでにロシア人が払う犠牲は巨大なものだ。ロシアが国境の西側に緩衝地帯としての衛星国群を持ちたがるのはごく自然のことだと思う」

もう一つは、ロシア人の西欧文化に対する劣等感と憧れについてです。彼が言うには、ロシアが近代化する中でトルストイなどの文豪が多く生まれ、またボリショイ・バレエ団が作られ、多彩な文化の華が咲いた。これはロシア人の心の奥深くにロシア人でも西欧のレベルに達する芸術を作りだすことができるのだということを示したいとの願望があるからだということでした。

ヨーロッパを知らない日本人は西欧も東欧も区別なくひとくくりにして考えてしまいますが、ロシアの対外関係を理解するためには彼の言うような西欧との地政学的・文化的な確執がロシアの政治や思想の底流を流れていることを認識しておくことは必要なことだと思います。ロシアの思想的伝統においても、一方で西欧の影響を色濃く持つ流れと、他方でスラヴ主義的な流れがあることはよく言われるところです。

モスクワからパリへの転勤

一九七九年の夏、ソ連からフランスへの転勤の辞令が出ます。

モスクワの生活をそれなりに楽しみ始めていたので残念でしたが、フランス語を専門にしているので内示を当然のことと受け止めました。当時モスクワには日本人が六〇〇人ぐらい住んでおり、日本人会の活動も活発に行われていました。私はレクリエーション委員をやっており、運動会や遠足のアレンジ役でしたが、最後の仕事は転勤前に実現したキエフ旅行でした。二〇人くらいの団体旅行ですが、今にして思うとウクライナを見ておいて良かったと思います。

自分の仕事とは直接に関係のない話ですが、いつも脳裏から離れないのは、私がモスクワにいた二年の間に二人の親しい友人が悲劇的な死を迎えたことです。本書の本筋からは離れますが、外交に深く関連し、またモスクワでの生活において最も辛い思いをした事件ですので、一言触れさせていただきます。

一つは、私の外務省の同期生で、また中学・高校の同窓生であり、私と同じ時期フランスで研修をした無二の親友杉江清一君が一九七七年一二月に勤務先のラオスの首都ビエンチャンで新婚の夫人と共に殺害されたことです。

私はクリスマスの朝、東京の父からの電話で知りました。父の話を聞きながら震えが止まりませんでした。外交官として友人として他人事とは思えなかったのです。当時ラオスは内戦後の混乱で治安が極めて悪く、その中で大使が不在中、若手ではありましたが大使館の次席でしたので臨時代理大使として大任を担っていました。ラオスの当局はこれが犯人だという何人かを逮捕しましたが、本当の犯人なのかは分かりませんでした。アジア政治・経済の専門誌『ファー・イースタン・エコノミック・レビュー』誌は、杉江君が大使館の仕事の一環として東南アジアの麻薬売買ルートの調査をしていたため関係者に殺害されたと報道しましたが、真相は明らかになりませんでした。何人もの外務省員やその家族が海外勤務中に殉職しています。杉江夫妻をはじめ殉職した人々の冥福を祈って、外務省正面玄関に碑が建てられました。

その翌年の春には、大学時代からの友人で新聞記者のスウェーデン人カーレ・ベルイマン君が三人の欧米のジャーナリストとともにビクトリア湖を渡りウガンダに上陸したところで、当時のウガンダの独裁者イディ・アミンの軍隊の兵士に捕まり現場で射殺されました。

この事件は欧米のマスメディアで大きく報道されたので、私は彼の死を知り、葬儀に参列するためモスクワからストックホルムに飛びました。彼の遺体はストックホルム郊外サルチェバーデンの入江のそばにある墓地に埋葬されましたが、葬儀の後、両親は自宅に我々参列者をアフタヌーンティーに招き一人一人に丁寧に礼を述べていました。悲しみの中にも物静かな雰囲気を漂わせておられたのが印象的でした。

この悲劇から八年前の一九七〇年、私は先ほど申し上げた杉江清一君と共にカーレ・ベルイマン君の両親の自宅にクリスマスの夕食に招かれ、カーレと共に五人で北欧風の静謐なクリスマス・イブを過ごしたことがありました。その時カーレが教えてくれたことですが、父君は一九三九年冬、フィンランドに侵攻してきたソ連軍と戦うために多くの北欧の人々と共に義勇兵として戦線に出て負傷し、野戦病院に送り込まれたそうです。その病院で出会ったのがスウェーデン系のフィンランド人で、看護師としてボランティアで働いていた母君で、恋に落ち結婚したとのことでした。

フィンランドは数百万の人口の小国ですが、冬戦争での勇敢な戦いは世界中に大きな反響を呼びました。現在ロシアの侵略と戦うウクライナ兵の勇敢な戦闘ぶりを報道で見るたびに冬戦争を思い起こします。フィンランド軍の勇猛な戦いぶりで手痛い思いをしたことが、ソ連が第二次大戦後中立国フィンランドに手を出さなかったことの背景にあるとの話をフィンランドやスウェーデンではよく聞きました。

カーレ・ベルイマン君は義勇兵として冬戦争に参加した父親の血筋をひいていたのでしょうか、正義感と冒険心が強く、ジャーナリストとしても危険な取材を厭いませんでした。一九六〇年代末から七〇年にかけてのナイジェリア内戦（ビアフラ戦争）も現地に入り込んで取材をしていました。私たち外務省員は邦人保護の義務がありますので、ジャーナリストなどに危険な地域への渡航をしないように勧告をしばしば出しますが、実際問題として多くのジャーナリストが命がけで取材しているおかげで、例えば現在ウクライナで起きていることも私たちは現場感覚をもって知ることができるのです。

3. フランス勤務で米国がよく見えた

フランスの自主独立外交と大国幻想

モスクワ勤務後の一九七九年夏、パリの大使館に着任、いわば自分のテリトリーに戻ってきました。外交官の先輩で、多くの著書を出した岡崎久彦氏は、かってその著書の中で「フランスからアメリカがよく見える」と言われました。私は合計で一〇年フランスで勤務しましたが、岡崎さんと同じような思いを持ちました。

留学以来一〇年ぶりのフランスです。暗い共産圏のモスクワから抜け出してきた私には、パリの街は眩いばかりに光り輝いていました。制約の多いモスクワの生活と違い、フランスの自由な雰囲気を思い切り味わいました。この時のパリ勤務はモスクワと同様二年間の短いものでしたが、フランス生活はその後一九九〇年代半ばの次席公使時代と二〇〇〇年代後半の大使時代の三回にわたるので、これらの勤務を通じて感じたフランス外交についてお話ししたいと思います。

まず、フランスと米国の関係ですが、私が米国で勤務したのは一九九二年から九五年の三年間です。私がいた頃の米国は冷戦に勝利し、第一次湾岸戦争で多国籍軍を率いてイラクを打ち破ったばかりでした。ソ連は崩壊し、米国一極時代と言われていました。

しかしながら二〇〇一年に同時多発テロで震撼し、テロリズムとの戦いをスローガンに中東での冒険に乗り出していきます。しかし戦争は思うようにいかず、中東での泥沼にはまってしまいました。国力を消耗した米国は冷戦直後とは違った顔を見せ始めました。孤立主義的傾向が強まり、オバマ大統領の時代にはアメリカは世界の警察官ではないと言い始めます。

このように米国は自らの立ち位置について常に模索しており、アメリカ像を一概に論ずることは難しいのですが、米国との間に距離を置き、批判的に見るフランスの視点には一貫したものがあります。フランス人の多くは、世界の安定のためには民主主義国家である米国が大国として存在することは不可欠だが、その米国が国際舞台に登場したのはほんの一世紀前であり、自らの立ち位置がまだよくわからずブレの大きい不安定な国であり、無批判に追随していくのは余りにリスクが大きいという気持ちを持っています。

我々は米国に戦争で負けたせいでしょうか、どうしても米国の考え方や見方に過剰に影響されがちです。その意味で、フランスの対米観を折りに触れ参考にして日米関係を考えるのは意味あることだと思っています。何もフランス外交を真似しろと言っているのではなく、岡崎久彦氏のいうように「フランスを通してアメリカを見る」ことは、時には有意義ではないかということです。

この二つの国は西側文明に属していますが、大きく異なる性格を持っています。この点を話し始めるとキリがないので詳細には述べませんが、アメリカ独立戦争とフランス革命を成し遂げた国として、米仏は自分たちは西側諸国の間でも特に普遍的価値を代表する国であると自負しており、国際社会の中で特別の使命を有していると考えているように見られます。それが故に、競争意識も強く、お互いに畏敬と侮蔑の入り混じった感情というか、アンビバレントな感情を持っているように思われます。世界を見るときには米国とは異なる世界観を持った民主主義国フランスの考え方を念頭に置いておくのは悪いことではないと思います。

例えば、すでに申し上げたように、ベトナム戦争が始まって、西側の国々で最初に「これはベトナム民族主義の戦いだ」と言ったのはフランスのド・ゴール大統領でした。また、ジョージ・W・ブッシュ大統領が二〇〇三年にイラク侵攻を行った時、正面から米国の決定に反対したのはフランスのシラク大統領でした。米国が何か言い始めた時に、「ちょっと待てよ、それは違うのではないか」という批判的な視点を持っているのです。フランス外交にも多くの欠点がありますが、国際関係の本質を見る力とアメリカに正面から反論することを恐れないという長所を有していると思います。

フランスは国力からいえば中級国家ですが、自主独立の気概に満ちた対外政策を展開しています。欠点は自分の国は大国であるとの思い込みが強すぎるということでしょう。フランスの外交力の基盤はいくつかあります。一つは国連安全保障理事会の常任理事国であること、核兵器保有国であり、通常兵力においても一定のパワープロジェクション能力を有していること、

ＥＵの創設国の一つであり、ドイツとともに指導的な立場にあること、アフリカ、中東におけるかつての植民地であるフランス語圏の国々と現在でも緊密な関係を有しており、一定の勢力圏を有していることなどが挙げられるでしょう。

同時に、人口的にも経済的にも超大国ではありませんから、ＥＵなくして外交力を発揮はできません。また、既得権への執着心の強い国民を抱えているため年金制度や定年制、国有企業の民営化など経済的なシステムの改革に難渋しており、ＥＵの中でも経済力においてドイツに引き離されてきました。日本よりはマシかもしれませんが、グローバル経済の中で最も苦労している先進国の一つであるように思われます。フランス人は自国が世界から大国として尊敬されないと納得しないのですが、大国の地位を保持するための十分な改革努力を行っていませんし、また他のＥＵ加盟国とグループにならないと大国としての影響力を発揮できないのです。

ミッテラン大統領時代に大統領府事務総長を務め、のちに外務大臣になったユベール・ヴェドリーヌ氏はこのようなフランス人を「大国幻想」を見ていると言いました。もっとも、多くの国が幻想を見ています。果たして我々日本人は幻想を見ていないと言えるでしょうか。私は、日本人は戦前は大国幻想、戦後は平和幻想を見ていると思っています。

シラク元大統領のアメリカ批判

シラク元大統領と付き合いがあったのは、私が三回目のパリ勤務で大使をしていた頃ですが、在勤中最初の二年はシラク大統領、後半二年はサルコジ大統領でした。サルコジ大統領は日本にさしたる関心もなく、会うのは経団連のミッションが来仏した際昼食会を主催してもらったり、そういう特別の機会でした。大統領に伝えるべきメッセージがある時は大統領の外交補佐官であったグルドー・モンターニュ氏およびその後任のレヴィット氏に会っていました。閣僚クラスとの接触は特に障害はありませんでした。フランスは外交政策における大統領の関与が大きいので、外務省よりはレヴィット補佐官との接触が頻繁でした。

他方で、シラク元大統領は親日家、さらには和食が好きであることもあったと思いますが、現役の大統領の頃も時々大使公邸に昼食に来てくれました。シラク大統領の下で日本との関係でこまめに補佐役を務めてくれたヴァレリー・テラノヴァ女史がこのような時には橋渡し役をやってくれました。

二〇〇九年フランス大使としての勤務を終え日本に帰国する直前、パリ勤務中日本との関係に大変に気を配ってくれたことに礼を言いたいと思い、セーヌ川沿いにあった彼のオフィスを訪ねました。シラク大統領は日本では親日家として有名でしたが、同時に中国や中東、アフリカの国々にも強い関心を寄せ、これら第三世界の国々の歴史や美術についても玄人はだしの知識を持っていました。日本については特に埴輪に詳しく、かつて親交を結んだ橋本龍太郎首相(故人)は「シラクとは埴輪の話はできない。その該博な知識には圧倒されてしまうからだ」と苦笑しながら述べておられました。

当日、元大統領のオフィスに入ると、よく来てくれたとサロンに通され、いつものようにまず相撲の話から始まりました。二〇〇六年フランスに赴任してシラク大統領に信任状を奉呈した時、型通りの儀式を終えると別室に招きいれられ、最初にシラク大統領が持ち出したのが相撲の話であったことを思い出したものです。「日本人の横綱が少なくなって残念だ」というのが彼の最初の一言でした。

離任の挨拶の後、シラク氏に請われるままに、私はアジア情勢について説明を始めました。私が「東アジアには不安定要因が二つある。一つは中国の台頭、もう一つは北朝鮮の核開発問題である。米国のアジア太平洋におけるプレゼンスが地域の安定を維持している」と述べ始めたところ、それまでうなずきながら私の話を聞いていたシラク氏の表情がにわかに厳しくなり、「私は大使の意見に賛成することができない。米国は好戦的な国であり、世界のトラブル要因である。戦争を起こすのはいつも米国だ」と述べたのです。

私は、「中国は覇権主義的傾向を強めており、これに対抗してアジアで安定を保っているのは米国である」と反論しました。シラク氏は「中国は平和愛好国である。戦争を自ら仕掛けたことは無い」と述べたので、私より「然らば一九七九年の中国のベトナム侵攻はどう思われるか」と問いましたが、シラク大統領の返事は「あれは小さなことだ」というものでした。

つい二年前までフランスの大統領をしていた人物がここまでＮＡＴＯの同盟国たる米国に批判的なのかと驚きましたが、思えばイラク戦争開戦をめぐる米国と独仏との激しいやりとりはつい最近のことであり、確かに当時の米国は中東で民主主義を広めると言いながら好戦的とも言える政策をとっていました。

シラク氏はまた、米国のフランスに対する嫌がらせに強い怒りを感じていたと推測されます。二〇〇三年六月にフランスが主催したＧ８エビアン・サミットにジョージ・Ｗ・ブッシュ米大統領がわずか一日の参加で帰ってしまったのも、シラクにとっては侮辱以外の何ものでもなかったのかもしれません。

さらに言えば、全くの推測ですが、シラク氏には日本が米国に無批判に追随しているように見え、私の発言に挑戦してみたくなったのかもしれません。

私がシラク元大統領とこのような会話を交わしたのは一〇年以上前のことであり、その後中国の覇権主義的な対外政策が激しくなり、またロシアのウクライナに対する軍事侵攻がありました。これに伴いヨーロッパ諸国も米国との同盟関係を従来以上に重視するようになっていますので、フランスの指導者たちの米国観にも変化が見られることと思いますが、基本的にフランスの米国に対する自立心には変化はないと思います。これを象徴的に表しているのが、マクロン大統領がEUの戦略的自律性を重視するとの考えをしばしば口にしていることです。また心の底では、米国はブレの多い国だから気をつけなくてはならないとの気持ちをやはり持っていることでしょう。トランプの登場によってアメリカの分断が激化しているだけに尚更です。

不安と恐怖心が世界を覆うこのような時代にあって、フランスの自主独立の姿勢を支えるのは、やはりいざとなれば自らの核兵器で自国を守ることができるというド・ゴール主義の伝統と、ドイツをはじめとするEU諸国との連携なのです。同時に、EUなくして自主独立外交を主張できないことに無力感を感じていることでしょう。ヴェドリーヌ元外相は、この「まぼろし」のような考えを「大国幻想」と言っています。

フランスはなぜ核武装したのか

唯一の被爆国である日本では、非核政策は国民的なコンセンサスになっています。他方でフランスでは、核保有政策は共産党を含むほとんどの政党に支持されています。核をめぐって日仏は対極に位置する路線を取っているのです。

日本人の多くは、このような破滅的兵器の保有を国民の大半が支持しているというのは理解に苦しむようですが、核不拡散条約で核保有を認められている米、英、仏、中、露に加え、条約に入っていないインド、パキスタン、北朝鮮、それに保有しているとは言わないが実際には保有していると見られているイスラエルなどは、自らの核保有を放棄する意思は全くないでしょう。自国を守るためにはどうしても核兵器を持たなくてはいけないと確信しているのです。

フランスも同じです。三回のフランス勤務中、依頼を受けてフランスの各地で日本外交やアジア情勢について講演をしましたが、しばしば聞かれる質問の一つは、日本は周囲を中国やロシア、北朝鮮などの核兵器国に囲まれていてよく平気でいられるなというものでした。私の返事は、外交官としてこれ以外の返事はあり得ないもので、「唯一の被爆国としての国民感情から言って、核武装するとの選択はありえない、むしろ核のない世界を目指すことが自らの安全を確保することにつながると考えており、目前の核の脅威に対しては米国との同盟関係による抑止が安全保障の道であると考えている」というものでしたが、日本の外交官への遠慮もあるのでしょう、それ以上追及されることはあまりなく、むしろ日本人はのんきだなあという表情をしている人が多かったのが印象的でした。フランス人にしてみれば、アメリカがいざという時どこまで同盟国を守るのか確信できないから自ら核武装しているのだというのが一般の人々の常識なのでしょう。

二回目のパリ勤務中、すなわち一九九五年にワシントンの日本大使館から在フランス大使館の次席公使として着任早々の九月、フランスはシラク大統領のもとで南太平洋のムルロア環礁で地下核実験を再開しました。これに対して日本では激しい反発が起きました。当時日本は自社さ連立の村山富市内閣で、大蔵大臣の武村正義氏は閣僚在任中ながらフランスの核実験再開に反対する仏領タヒチでの抗議デモに参加しました。日本国内ではこの武村氏の行動は比較的好意的に受け止められたようですが、フランス政府の反発は激しいものでした。

当時の外務大臣ド・シャレット氏は抗議のため日本大使をフランス外務省に呼びつけました。たまたま松浦晃一郎大使が出張中で不在だったので、臨時代理大使として私が外務省の大臣室に向かいました。私はちょうど良いチャンスだと思っていたので、ド・シャレット外務大臣が口を開く前に、日本国民と日本政府は唯一の被爆国としての国民感情から言って、フランスの核実験を容認することはできない旨述べましたが、ド・シャレット外務大臣はすでに相当に興奮していました。

「あなた方はフランスの閣僚が日本の国内で日本政府の政策に反対するデモに参加したらどう思うのか、ご存知の通りタヒチ島はフランス領ポリネシアに属している、武村氏の行動は明らかに国際的礼儀に反する」

さらに大臣はこう続けました。

「フランスは過去百年余りの間に国土を三回外国の軍隊に蹂躙された。第一回目は普仏戦争、二回目は第一次世界大戦、三回目は第二次世界大戦であり、その時どこの国がフランスを守るために駆けつけてくれたであろうか。もちろん両大戦の際には米軍は参戦したが、それは戦争が起きてから数年後のことである。それまでにはおびただしい犠牲者が既に出ていたのだ。このような悲劇から、フランスは自分の国は自分の力でしか守れないということを骨の髄まで理解することになった。現在フランスを守るには核武装は必須である。日本には日本の国民感情があるであろうが、フランスにもまた歴史的な経験に基づいた国民感情がある。日本政府・日本国民にはぜひともこのフランス国民の感情を理解していただきたい」

日本とフランスは友好的関係にあり、人的・文化的な繋がりは深いのですが、この時ほど日仏間の距離を感じたことはありません。そして、その根本には米国との同盟関係をどう見るかという視点の違いがあると思われました。フランスは北大西洋条約機構の加盟国として米国と同盟関係にありますが、米国が同盟国を守るために自らの国土、国民を敵の核攻撃の犠牲にしてまで核兵器を使うのかという根本的な疑問を払拭できないでいます。日本は米国に対して、例えば尖閣諸島が中国に攻撃された場合、米国は安保条約第五条に基づいて行動するかとの質問を何度となく繰り返し、米国はそれは当然のことという返事をしています。しかし一〇〇〇年にわたる戦乱の歴史を生き抜いてきたフランスは、国と国の約束事の軽さを身にしみて感じているのです。自分の国が核戦争を始めることにより、無理矢理にでも米国を核戦争に引きずり込む以外方法はないと思っているように見られます。

4. 日本の地政学的重要性を理解しなかった欧州

紆余曲折をたどった日欧関係

私は、海外や本省双方で長い間ヨーロッパとの関係を担当してきました。特に一九七〇年代から八〇年代の日欧経済摩擦の時代から始まって、G7の一員として日米欧関係の強化を目指した時代、冷戦終結を受けた欧州の地殻変動、特に中国の台頭を前に腰の定まらなかった欧州の外交を現場で見てきました。その欧州は今やロシアのウクライナ侵略に見られるようなプーチンの復讐主義・失地回復主義の時代を迎え、先の見えない時代に入りました。日本はそういった欧州とどのような関係を結ぶべきでしょうか。

明治維新以来日本と欧州の関係は随分と変わりました。一九世紀は欧州の帝国主義の時代であり、そもそも欧州列強は日本の独立に対する脅威でした。同時に幕末・明治時代には日本は自国の独立を守るため国の近代化は不可欠と考え、米国のほか英、独、仏などの欧州諸国からいろいろと学びながら自立の道を模索し成功します。この時代の欧州は、日本にとって脅威であるとともに、近代化の先生として大変に近い存在であったと思います。多くのお雇い外国人も日本にやってきました。憲法から始まって、刑法、民法、裁判制度、警察制度、軍事制度、資本主義制度、教育制度などのソフト面、鉄道や橋梁、近代建築などのインフラ面でも日本は欧州から数多くのことを学びました。

安全保障面でも、ロシアと戦うために日英同盟は決定的に重要な役割を果たしました。フランスでもストラスブールのユダヤ人銀行家アルベール・カーンが日本がロシアと戦うために必要なお金集めに走り回ってくれました。

余談になりますが、先ほど触れた本野元駐仏大使の祖父はアルベール・カーンと親しく付き合っていました。カーンは外国の文化に強い関心を持っており、パリ郊外に彼が作った公園の中には英国式庭園の隣に見事な日本庭園があります。

そのヨーロッパが二つの世界大戦で疲弊し、世界の覇権を米国とソ連に譲り渡しました。一九五〇年代にフランスがインドシナから、また英国がマレー半島から去ったのを機会に、香港を除きヨーロッパはアジアからほとんど去りました。香港が中国に返還された今では太平洋にごくわずかの仏領の島々を残しているだけです。一九世紀前半のフランスの政治家であり歴史家であったトックヴィルが名著『アメリカの民主主義』で、「いずれ世界にはアメリカとロシアの時代が来る」と予言した通りになったわけです。アジアでも言語や文化などの遺産を除き、欧州の政治的プレゼンスがほとんど存在しない時代を迎えました。

他方で、戦争に負けた日本も、欧州にとってその地政学的意義が極小化してしまいました。極論すれば第二次大戦後は僅かな経済関係だけが日欧を結びつけていました。かろうじて独特の魅力を持った日本の文化・芸術が一部の欧州の人々を魅了し続け、また欧州の哲学や芸術が日本人の知性や感性を磨き続けたということでしょうか。黒澤明監督の「羅生門」がヴェネツィア国際映画祭で金獅子賞を受賞したのが終戦直後の一九五一年のことです。象徴的な出来事だったと思います。

このように戦後の日欧関係は文化・芸術と経済、それも貿易関係から始まり、次第に政治も含めたパートナーに成長し、中国の台頭に伴い欧州がインド・太平洋への関心を示しはじめたところで、ロシアのウクライナ侵略が起きました。その結果、インド・太平洋と欧州大陸の安全保障のための協力も含めたパートナーシップを具体的に築こうという敷居のところまで来たといったところではないでしょうか。

中国とロシアが侵略主義的、覇権主義的な振る舞いをする中で、国際的なルールと規範の尊重を対外政策の根本に置く日本と欧州は、同じような考えを持つ米国他の国々と協力して世界大のスケールのパートナーシップを構築しなくてはならない時代が到来したということです。長い間の紆余曲折をへて、日本とヨーロッパは日英同盟以来初めて地政学的利益を共有するに至っているのだと思います。

欧州とアジアの安全は不可分であると、日本は繰り返し述べてきましたが、ヨーロッパの国々はこの点をあまり真剣に理解しようとはしませんでした。例えば一九八〇年代に米国とソ連が中距離核戦力全廃条約の交渉を行ったとき、ヨーロッパは欧州配備のソ連のミサイルをアジア正面に移動することで良しとするスタンスを一時とりましたが、欧州とアジアの安全保障は不可分と言って反対したのは当時の中曽根康弘総理大臣でした。欧州は植民地を放棄して以来アジアの安全保障には鈍感とも言える姿勢を示してきましたが、中国の台頭によりこのような姿勢に変化の兆候が見られます。

日本を政治的パートナーとして見ていなかった欧州

私が初めて欧州との関係に携わった一九七〇年代初め、外務省での私の仕事は経済関係、それも主として貿易に関わる問題だけでした。フランスは核兵器を保有する国連安保理常任理事国として大国の仲間入りし、一九六〇年代初めに中国を承認、また米国のベトナム戦争に批判的立場をとるなど、ド・ゴール大統領以来の自主独立外交で気を吐いていましたが、日本に関する限り、欧州にとっての主要な関心事は当時急速に経済大国化し、貿易黒字を蓄積しつつあった対日貿易赤字を解決することであり、政治的パートナーとして日本を見てはいませんでした。

一般論としても、フランスをはじめ欧州諸国は、伝統的に中国は大国であり、政治的カウンターパートナーとしてみなしますが、日本は米国に負けて以来小国、よくて中級国家で、政治・外交面ではカウントしない傾向があったように思われます。

この頃の経済摩擦は電気製品、鉄鋼、ボールベアリングなどの輸出の急増から始まり、その後一九八〇年代には工作機械、VTR、自動車、半導体等の対欧輸出に広がっていきます。ヨーロッパ側は国内特定産業の保護を口実に貿易制限措置やアンチ・ダンピング課税を実施し始めた時代でした。ことの真偽は知りませんが、ド・ゴール大統領が訪仏した池田勇人総理大臣を「トランジスター商人」と呼んだとの話がまことしやかに言われたり、また、欧州委員会の内部文書が日本人を「ウサギ小屋に住む仕事中毒」とよび、こういう日本人とは競争できないと述べたり、いわば「日本異質論」が横行していました。そういえばしばらく後の一九九〇年代ですが、ミッテラン大統領時代の女性首相エディット・クレッソンが日本人を「黄色い蟻」と呼び物議を醸したことがありました。

私の最初の本省でのヨーロッパ関係の仕事はそういう雰囲気のうちに過ぎていき、あまり愉快なものではありませんでした。

第二次大戦後の経済オンリーの日欧関係は、日本の経済力が大きくなるにつれ、次第に政治協力も加えた文字通りのパートナーシップになっていきますが、それにはやはり時間がかかりました。欧州の国々、特に英仏独といった主要国が、国際的に重要な問題の解決には日本との協力が必要であることを本当の意味で認識する必要があったからです。

日本の経済力が強化されるのに伴い、また日米欧が先進国として協調すべき問題（例えば石油ショック、それに続く世界不況や南北問題、通貨問題等）が起きてきたことに伴い、フランスの提唱でパリ郊外ランブイエで第一回主要先進国サミットが開かれ、日本も招かれたのが一九七五年でした。また民間の識者の間でも日米欧のトライラテラリズム（日米欧三者の間での協力関係強化を重視する考え方）が語られるようになり、その一環として日欧間の政治的対話・協調の重要性が少しずつ認識されるようになりました。

ただ、まだまだ日欧関係の重要性の認識は日本の片思いのようなところもありました。欧州側は都合の良いときだけ日本を利用してやろうという感じで、日本を同じ志を持つ国というようには見ていませんでした。一九七八年に福田赳夫首相がブラッセルで日欧関係について演説を行い、「日欧が共通の利害、価値観を有している」こと、「連帯と協調」の重要性を訴えましたが、反応は肯定的なものではなかったようです。スピーチ作成に携わった小和田恒氏（当時総理秘書官）はその著書の中で「質疑応答になると、出てきた質問は一問の例外なくすべて貿易分野における日本批判でした」と述べています。

5．漂流する日米同盟関係

一九九〇年代初めの日米関係―不信と不安

私は一九九二年から一年間、ハーバード大学で客員研究員として過ごしたのち、ワシントンの在米日本大使館で約二年政務公使兼班長を務めました。対米関係を専門にやってきた外務省の同僚たちにとっては、私のようなフレンチスクールの外交官が政務担当のヘッドとしてまぎれこんできたのは迷惑だったかもしれません。日米安保屋さんの後輩たちの冷ややかな視線を背中に感じながらの毎日でしたが、私にとっては得難い経験をさせてもらいました。

冷戦が終結し、ジョージ・ブッシュ政権下の米国が第一次湾岸戦争で勝利を収めた直後の頃でしたが、米国民の関心は急速に国内経済に向けられ始めていました。ブッシュ政権は一期で終わり、経済重視をスローガンに掲げたクリントンが大統領に就任しました。同時に孤立主義的な雰囲気が米国内を支配していきました。日本と米国はソ連という共通の脅威を失い、日米同盟は漂流していると言われ始めていました。日米経済摩擦が続く中で、当時北東アジアでの安全保障システムとしての日米同盟関係を辛うじて結びつけていたのは北朝鮮の核開発の問題であったように思います。

私がボストンからワシントンに移る直前の一九九三年七月、宮沢喜一首相により解散総選挙が行われ、自民党は敗北、「五五年体制」は終焉を迎えます。その直前の同年三月には北朝鮮がＮＰＴ（核拡散防止条約）からの脱退を表明し、五月には能登半島沖に向けて中距離弾道ミサイル「ノドン1号」の発射実験を行います。いわゆる第一次北朝鮮核危機の始まりです。

北朝鮮核危機の中で、細川護煕内閣は防衛問題懇談会（樋口廣太郎座長）を発足させ、冷戦後の日本の防衛政策の検討にあたらせました。その結果は同年八月に細川内閣を継いだ村山内閣の下で発表されました。日本の国内政治の観点からは、社会党が与党となった村山内閣が安保条約を堅持し、自衛隊の存在を容認したことは大きな意義を持っていたと思いますが、米国防省の担当部局の中には、報告書の中の「多角的安全保障協力」という言葉に日本が同盟離れをする予兆があると述べる人々もあり、日米関係の底流を流れる不信を感じさせました。当時私は、この「多角的安全保障協力」なる言葉は全く意味のない、空っぽな言葉という気持ちを持ちましたが、不必要に米国の関係者の一部を刺激したようでした。また、懇談会の検討状況につき十分なブリーフがないとしてクレームをつけてきたこともありました。

細川総理は一九九四年二月に訪米しましたが、訪米準備のプロセスで米国行政府内の安全保障関係者と経済問題担当者たちの間のコミュニケーション不足というか権限争い、政治的な対立がありました。当然のことながらこの訪米は経済摩擦が主要なテーマでしたが、訪問の受け入れから始まってテーマ設定まで経済関係省庁が所管し、国防省は全く外されていたようです。米政権内で安全保障問題を担当する人達は日米関係の重要性を理解していましたので、経済問題が主要なテーマになる細川総理訪米で日米関係が極端に悪化するのではないかと懸念していたようです。総理訪米中の夜、ペリー国防長官が細川総理滞在先のブレアハウスを非公式に来訪し、米国政府は日本との関係を重要視しているとのメッセージを伝えてきました。米国防省関係者が経済摩擦が日米同盟関係を壊すことを懸念していることを肌で感じた一幕でした。

そもそも日米同盟と言っても、つい数十年前には戦火を交え、日本の大都市に原子爆弾まで落とされています。さらに言えば、日本が経済的に強くなると日本叩きが燎原の火の如く広がるポテンシャルを秘めている日米関係ですから、両国間の関係は双方が細心の注意を払って扱う必要がありました。お二人とも故人となられましたが石原慎太郎氏と盛田昭夫氏の対談『ノーと言える日本』はタイトルだけが一人歩きし、日本の反米感情を表すものとして米国内で受け止められたことが思いだされます。

また、これは中国が超大国化した今では少し変化していると思いますが、米政府の日本関係者何人かと夕食を共にした時、米国務省員の一人が、「米政府には日本の防衛力について三つの考え方がある。一つは、日本には最小限の軍事力の保有のみが認められるべきという考え。二つ目の考え方は、日本に認められるべきは米第七艦隊の補助部隊として米軍の弱いところを補強する能力、例えば米国海軍だけでは不十分な対潜水艦戦遂行能力。パワー・プロジェクションの保有は、日本の軍事力の自立性につながるので反対する。三つ目の考え方は、より自立した防衛力、例えばNATOレベルの軍事力を持たせるという考え。現在の主流は二番目の考え方である」と述べていたことを思い出します。同じような発想の流れで、当時米シンクタンクの中に日本が偵察衛星を保有することに強く反対することを売り物にする人たちもいました。

こうした中で、日米同盟関係の漂流を危惧する米政府内外の知日派と呼ばれる人々が当時国防次官補の任にあったジョセフ・ナイを中心に「東アジア戦略報告」を一九九五年二月に発表し、東アジアに一〇万人規模の米軍駐留させるとともに、日米安保関係の再定義を求めました。この再定義はガイドラインの改訂に結びついていきます。

日米同盟を支えた政治協力

当時在米大使館政務班長として最も大きなエネルギーを注いだのは北朝鮮の核開発問題でした。政務班次席の横井裕公使（後に駐中国大使）と共に多くの時間を北朝鮮の核開発問題への対応、特に米韓との情報・意見交換に当てていました。本省からも竹内行夫総合外交政策局審議官や田中均アジア局審議官が米側との協議のためワシントンに頻繁に顔を出していました。

当時韓国の大使館ではバン・ギムン次席公使（のちの国連事務総長）、米国務省ではガルーチ特使とハバード国務次官補代理（後の駐比、駐韓国大使）が私たちのカウンターパートでした。横井公使が本省や国務省の担当者と議論を重ねた結果、ＫＥＤＯ（朝鮮半島エネルギー開発機構）設立のアイディアを編み出しました。

中国問題は一九九一年にキッシンジャーと共に訪中したウィンストン・ロード東アジア担当国務次官補が見ていましたが、当時の米国の対中関係は天安門事件で世論が衝撃を受けた後で、追って申し上げるように日米関係に似て漂流中といったところでした。さらに言えば、当時イランとの経済的関係、特に巨大な資源開発プロジェクトの推進を重視していた日本は、脆弱な対米関係を安定化させるために日イラン関係で相当米国に譲歩し、中東和平問題ではオスロ合意を受けて、将来成立されるべきパレスチナ国家とイスラエルが共存しうる条件づくりを目指す「二国家解決」のため米国や欧州と共にパレスチナ自治政府に対する経済協力を行う方向で動いていました。経済摩擦でともすれば漂流しがちな日米関係を、いくつかの重要な政治的な分野での協力で支えようとしていた時代でした。

日米関係は飛行機の操縦に似ている

あるとき、米国防省の知人が述べた一言がまだ記憶に鮮明に残っています。彼は次のように言いました。

「自分は海軍の対潜哨戒機のパイロットだが、日米関係のマネージメントは飛行機の操縦によく似ていると思う。飛行機が飛ぶということを当然視してはいけない。常に数え切れないほどの計器に気を配り、一つでもおかしい所があればこれを手当てしなくてはならない。放置すれば飛行機は墜落する。日米関係は繊細な飛行機のようなもので、そのマネージメントに最大限の注意を払わなくては、この飛行機は墜落する」

ワシントンを去るにあたって記した私のメモには次のような一文があります。

「ワシントンの大使館に来るまで何やかや言っても、アメリカは大国であり、日米関係は盤石であると思い込んでいたが、実はこの関係は両国の多くの関係者が細心の注意をもって運営して行かねばと思いがけぬほどの弱さを露呈し得るものであることを学んだ。日米摩擦の最大の要因である経済問題もさることながら、私が担当していた政治分野でも両国間の協力・協調関係も大きな脆弱性を内包しているというのが偽らざる実感であった。率直に言って、ロシア、中国との関係から始まって、アジア、中東等の地域の問題についても大半において日米間の利害は食い違っており、現在表面的には、日米関係が『経済対立・政治安保協調』とみなされているのはほとんど奇跡に近い。このような政治協調の背後には多くの日米両国の関係者の匿名の努力があると思う。不覚にも自分はワシントンに来るまでこれを十分に認識していなかった」

思い出すに、クリントン政権下の日米関係は、日本経済が隆盛を極め、米国内に日本脅威論が台頭し、両国関係が緊張した一九八〇年代と比べると、質的に異なる厳しさを内包していたように思います。

その一つの理由は、冷戦の終結によりソ連という共通の敵が消えたことにありました。同盟の存在意義がはっきりしなくなったのです。さらに、第一次湾岸戦争において日本が自衛隊を派遣しなかったため、米国には日本が果たして信頼に足る同盟国なのか確信を持てないという雰囲気がありました。

第二に、そもそも冷戦後の世界は、米国民にとってわかりにくい世界であったと思われます。スコークロフト元大統領安全保障補佐官（ブッシュ政権）は、「米国人は高い理想をもち、また実務的な国民でもあるが、戦略を作ることは苦手だ」と述べていましたが、私はこれを、冷戦時代はソ連＝悪、米＝善と理解できたが、中国が米国の戦略的競争者としての姿をはっきり見せ始める前の、白黒で割り切れない新たな局面において、敵でも味方でもない新しいタイプの野心的な大国を、国際関係に組み入れていくことが困難であることへの危惧を示したものと理解しました。当時の米国に見られた「国際主義離れ」には、国内経済の再建を望む米国民の気持ちに加え、世界の分かりにくさからの逃避的な側面もあったような気がします。

言い換えれば、大国として台頭しつつあった中国に対して関与政策をとるのか封じ込め政策をとるのか、米国の考え方は定まっていませんでした。したがって　アジア政策も包括的かつ一貫性のあるものとは言えませんでした。私の当時のメモを見ると、米国防次官補であったチャス・フリーマン元サウジアラビア大使（ニクソン・毛沢東会談の中国語の通訳を務めた）は、米中関係が不安定になった根本的な理由の一つは、米国民の世界観にあると述べていました。同大使によれば、アメリカ人にとっては、世界は友邦と敵国と無関係な国々の三つの範疇に分類されており、現在の中国はそのいずれにも入らず、どう付き合って良いのか分からない、そのために対中政策にぶれを生じているとのことでした。フリーマン大使は対日関係についても同様の問題があるとして、日米関係も競争と協力の二面性を備えており、白黒で分け難いのでアメリカ人にとってこの関係をマネージするのは容易ではないと述べていました。

第三に、米国の対日世論の流れを指摘しておきたいと思います。私がワシントンにいた一九九五年は第二次世界大戦終結五〇周年の年でしたが、両国のメディアの論調は、日本政府が掲げた「日米国民が一つの歴史に幕を閉じ、新しい時代の協力関係を目指す」という単純な図式には合致するものではないことを示していました。

日本では原爆投下の記憶は依然として生々しく、また米国の対日経済交渉の強引とも見える手法に反発が強かったのです。一方米国では、戦争に由来する対日不信感が依然として世論の底流にあり、折りあれば吹き出してくる危険性を秘めていたように思われます。同盟関係を支える共通の基盤が見えにくくなっていたため、このような相互不信感が経済交渉が難航したりすると、歯止めなく世論に影響を与える可能性が生まれつつあったように思われます。さらに言えば、協力と競争の二つの側面を包含する日米関係が、フリーマン大使のいうように世界をどちらかと言うと白黒に分けてしか認識しない米国世論にも、また対米関係を相変わらず「依存の関係」としてしか見ていない日本の世論にとっても、把握しにくいものになっていたことがあると思います。

6．ポスト冷戦時代の欧州と日欧協力

「日欧パートナーシップ」のめざめに向けて

アメリカで三年経った頃、栗山駐米大使（当時）に、そろそろ君の専門のヨーロッパ関係をやったらどうかと言われてパリ転勤を内示され、一九九五年にパリの大使館の次席公使として着任しました。その後本省に戻って欧亜局審議官としてヨーロッパ担当の仕事をしますから、

一九九〇年代後半はベルリンの壁崩壊後の欧州に関係する仕事をやることになります。ソ連圏の崩壊後、欧州では、ＮＡＴＯとＥＵの東方拡大プロセスが始まりつつありました。総じて楽観論というか、ユーフォリアが西欧の「時代の精神」になっていました。ＥＵの「拡大と深化」の時代です。同時に、社会主義圏が消失した結果、文字通り世界経済のグローバル化が進み、欧州各国はグローバル化のプロセスの中で生き残るための厳しい国内改革の努力も求められていました。グローバル化は世界大の競争の激化であり、世界レベルでも、各国内でも、いわば「勝ち組」と「負け組」の二極化現象が生まれ始めていました。反グローバル化運動も起こり始めます。

一九九五年に次席公使として着任した当時のフランスでは、グローバル化時代のメガコンペティションで敗者とならないためには改革は待ったなしとする政府と、既得権を絶対に離さないという国民、特に公務員との駆け引きが始まっていました。この時は一部の公務員に認められていた早期退職制度を廃止するか否かといった話でスタートしましたが、フランスではよくあることですが、論争はあっという間に政府批判の大デモ、さらには交通機関のゼネストになってしまいました。パリの大通りは通勤する歩行者で溢れていました。フランスの有力紙『ル・モンド』が一面トップに「モンディアリザシオンに対する最初の反乱」という見出しをつけたのをよく覚えています。〝モンディアリザシオン〟とは仏語で〝グローバリゼーション〟のことです。一九九五年一〇月のことです。日本にはまだ〝グローバリゼーション〟を新しい時代を動かすエンジンと見る認識はありませんでした。

米国のシアトルで開かれたＷＴＯ閣僚会議が反グローバリズムを掲げる市民団体の反対デモ

で混乱のうちに中断されたのは一九九九年暮れですが、フランスのゼネストは、それより遡ること四年前です。フランスには良かれ悪しかれこのように時代を先取りする感性があります。一九六〇年代終わり頃の学生運動が一挙に世界に広がったのもパリ大学ナンテール校からカルチエ・ラタンに広がった暴動がきっかけでした。

同時に、ソ連のみならず東欧諸国も市場化・民主化への移行期で混乱の時代であり、新しい秩序を模索する時代でもありました。特に多民族・多宗教をチトーの強権で束ねてきたユーゴスラヴィアは解体しつつありました。アメリカの関与なしにはユーゴスラヴィアの混乱に対応できないとの無力感が欧州の冷戦勝利の楽観論の中に混在しているように見受けられました。

欧州統合の将来についての楽観論の論客の代表格は欧州委員会の高官ロバート・クーパーでした。彼の著作『国家の崩壊』は、世界を三つに分けて、先頭を切っているのが国家主権の壁を乗り越えつつあるポスト・モダンの世界に属する欧州共同体だというのです。ヨーロッパは国家主権の克服の模範を世界に示していると。日本でも田中明彦東大教授は同じようなテーマの著書（『新しい中世―二一世紀の世界システム』）で有名になりました。二つ目に主権国家の枠にとどまっているアジアなどの国々。三つ目に主権国家をまだ作り得ていない多くの途上国といった具合です。

同じ頃、米国ではフランシス・フクヤマが『歴史の終焉』という著作を出し、民主主義と自由経済が最終的に勝利したと論じていました。ロシアのウクライナ侵略は、冷戦に勝利した頃の西側に見られたユーフォリアを遠い夢のように思い出させます。

冷戦が終了し、グローバル化が加速化する中で、久しぶりに見る欧州ではそのような楽観主義が広がっていました。米国では一極支配、ＥＵでは「拡大と深化」の時代でした。

しかしそのような時代は長くは続かなかったのです。

ちなみに官僚の世界では、ある一定の問題で分析と解決策に誤りがあることが後で判明すれば、当然のことながら批判の対象になるのですが、アカデミズムの世界ではロバート・クーパーにしても、フランシス・フクヤマにしても、世界の流れについて認識上の顕著な過ちを犯しても誰も何も言わないようです。官僚生活を去り、アカデミズムの生活に半身ながら関係した私としては誠に不可思議に感じることでした。それは終戦直後のいわゆる「進歩的」思想家にもよく見られたことのようで、一世を風靡した丸山眞男は思想上の責任を取らずに消えていったのでした。

一方で、日本においては経済のバブルの崩壊とデフレがあり、欧州における対日脅威感が低下したこともあり、欧州の人々も日本人が自分たちを取って食うことはないと理解し始めたのでしょう、日欧関係をめぐる雰囲気が変ってきていました。より大局的見地から政治協力も含めて日欧間の協力的関係を構築すべしとの雰囲気が少しずつ生まれてきていた時代とも言えましょう。

日欧協力の具体化の始まり

私は、当時の松浦晃一郎駐仏大使の指示で、一九九六年一一月シラク大統領が国賓として訪日する機会に両国が「二一世紀に向けての日仏協力二〇の措置」という共同文書を発表する準備作業をしました。日仏首脳の年次協議の開催、政治・経済協力の強化等につき具体的な行動計画を列挙したものです。すでに一九九〇年に日欧関係強化をうたった「ハーグ宣言」が発表されていましたが、各国レベルでも関係強化のための文書が作成されつつありました。

実体面でも、日本とヨーロッパの間で国際的な問題で具体的な協力が行われる局面が増えてきました。例えば、北朝鮮の核開発問題の解決を目指して作られたＫＥＤＯ（朝鮮半島エネルギー開発機構）へのＥＵの参加、日本による旧ユーゴ復興援助、旧ソ連圏諸国の市場経済化・民主化支援、中東和平援助などでの具体的な日欧協力が積み上げられていきました。

ただ、政治的な協力はまだまだ初期の段階だったからでしょう、お互いの息が合っていないところもありました。外交も人間関係と同じです。お見合いをして婚約をしたからといって急に心を許しあうわけではありません。イランの核開発問題に対処するために出来た「Ｐ５プラス１」（米英仏独中露六ヵ国協議）や中東和平支援のための「カルテット」（米国、国連、ロシア、ＥＵで構成）は度重なる日本の申し入れにかかわらず、欧州は日本を断固として排除する姿勢を貫きました。のちに私が中東・欧州担当政府代表の任にあった頃も（二〇〇九〜二〇一四年）「中東カルテット」に入れるよう随分働きかけたのですが、なぜか欧州が頑として反対しました。日本がパレスチナに対するトップ・ドナーであったにも拘らずです。自分達の縄張りを新参者の日本に犯されるとでも思ったのでしょうか。

当時米国のケリー国務長官は「二国家解決」の実現に大変に熱心であり、そのためにはパレスチナ自治政府が国家として経済力をつける重要性を認識していたので、パレスチナに対する日本の経済援助、日本がイニシアティヴをとって立ち上げた「東アジア諸国によるパレスチナ経済発展のための国際会議（ＣＥＡＰＡＤ）」、さらに、「ジェリコ工業団地建設計画」を高く評価していました。このような日本の努力があったためだと思いますが、当時のマーティン・インディック中東特使は私との会談では「日本がカルテットに加わるために、私としては関係国に働きかけるつもりだ」とは言っていましたが、ＥＵは相変わらず聞く耳を持たないとのスタンスのようでした。

他方で、東欧の民主化・市場経済化支援については、欧州側は自分たちだけでは手が回らないと考えたのか、日本の支援に歓迎の姿勢を示しました。むしろ日本の中に、なぜ遠隔地の国々に援助をするのかという気持ちがあったように思われます。欧亜局審議官時代、町村信孝政務次官のお供で東欧に行ったのですが、外遊の途中、町村政務次官から「なんでこんなに遠いところの国々に援助をやらなければいけないのだ」と詰問されたことがありました。町村氏は東欧支援を目的として外遊に来ていたのですが、この外遊の目的に割り切れない気持ちを持っていたようです。ましてや、外交に直接関係のない一般の方々は税金の無駄使いとの意見が多かったかもしれません。

私たち欧州を担当している官僚は、冷戦後の移行期の中で混乱状態にある東欧を安定させる努力を欧州の国々と協力してやるのは日本の国際的影響力を強化するために重要と思っていたのですが、こういう考えを有する人達は少数派で、我々は世論と外交実務担当者の間のギャップを埋める努力を十分やっていなかったと反省しました。なにしろ、肝心の政治家に「なんで、こんなことをやらなければならないのだ」と言われる始末ですから。

ロシアのウクライナ軍事侵攻を受けて、自らの身を切ってロシアに対する経済制裁を日本が行っている姿を見ると、日本国内の支持のレベルも、欧州での受け止め方も、ポスト冷戦時代の日欧協力とは今昔の感があります。

ただ本音を申し上げれば、革命や戦争、内乱の歴史を生き抜いてきた百戦錬磨の欧州の連中は、今は侵略主義的ロシアを前に、経済制裁に参加する日本に感謝の言葉を浴びせかけてきていますが、これはどうしてもギヴ・アンド・テークにしなくてはならないなと感じます。

共通の価値観を持っている欧州諸国との連帯は必要ですが、同時にリアル・ポリティクスの世界に我々が住んでいるとの冷めた意識の維持も必要だと思います。きれいな言葉ではありませんが、ジャングルの掟が支配するこの世界では食い逃げされないように注意しなくてはなりません。インド太平洋の安全保障の枠組みに欧州、特に英仏独さらにＮＡＴＯを組み込んでおく必要があるでしょう。つまり対中政策で日本と協調してもらうことが重要です。メルケル前ドイツ首相のような中国べッタリの政策は卒業してもらわなくてはいけません。

欧州はもはやかつてのような世界の「極」を構成する力はありませんが、「ノー」という力は持っているのです。日清戦争後の下関条約で定められた、清からの遼東半島割譲を仏、独、露の三国がいわゆる「三国干渉」でブロックしたことは日本人にとって今でも苦い思い出です。かつての日英同盟のような「日欧同盟」を作るのは不可能でしょうが、日欧関係を限りなく「同盟」関係に近いものに持っていけたらと思います。

それにしても、当時は日欧政治協力が日本の国益に貢献するという考えを説得力を持って説明するのは容易ではありませんでした。あれから二〇年以上経って、ロシアがウクライナを侵略する悲惨な映像が家庭の中に侵入してきている中では、ウクライナを助けたいという気持ちは国民の心の中から自然に湧き上がり、それが同じような気持ちを持ったヨーロッパの人々との協力に結びついていくのですが、当時はそういう状況ではありませんでした。

実際、一九九九年のコソボ紛争やさらにはその前のボスニア・ヘルツェゴビナ紛争の悲惨な状況を自らの目で見れば「何故このように遠いところまで日本は関与しなくてはいけないのだ」という疑問は出なかったかもしれません。グローバル化は人々が体験を共有し、また一つのところの事件が地球の遠いところに大きな影響を与える状況を作り出しています。そういう意味で、日欧が政治的に協力するようになってきたのも時代の必然のような気もします。今後の日欧関係のあるべき姿について私の考えは、最終章において述べたいと思います。

世界で活躍する日本女性

欧亜局でソ連圏から自由主義の世界への移行期にある東欧を担当していた当時のことで印象深かったのは一九九八年に始まったコソボ紛争です。冷戦後ユーゴスラヴィアが崩壊する過程で、セルビアによる支配からの独立を目指し、コソボのアルバニア人が蜂起しました。難民支援や復興支援などで日本がどのような国際貢献をできるかを探るため、私はＪＩＣＡやＮＧＯの関係者と現地に入りました。まだセルビアの砲撃が続いている頃で、ＵＮＨＣＲに勤めていた上野さんという青年協力隊出身でハワイ大学で難民心理学を学んだ女性が同行してくれました。

砲弾の音が聞こえる田園地帯をジープで先行するセキュリティの人が、戦闘の様子を見ながらウォーキー・トーキーで我々の車を誘導してくれるのですが、上野さんが私を振り返って、「飯村さん、セルビア軍が略奪行為を働いたコソボ住民の家を見ませんか」と言って、道を曲がって奥にある比較的大きな家に案内してくれました。アルバニア人は大家族主義とのことで、壁に囲まれた敷地の中に何軒か家が立っていました。中年の女性とそのお母さんらしき人が洗濯物を干していましたが、そのうちのおばあさんが上野さんに二階を見てくれと言っているらしく、わたしも上野さんの後をついて二階に上がりました。そこは略奪が行われた後で、あらゆるものが壊され、ひっくり返されていました。おばあさんは上野さんに抱きつき、わあわあと泣きながら何かを訴えていました。

上野さんは、三、四〇分彼女に話しかけながら、一緒に泣いていました。車に戻った私は上野さんにおばあさんは何を訴えていたのか質問しましたところ、何を壊された、何を略奪されたという説明を受けていたということでした。私の印象に残っているのは、上野さんの次のような言葉です。

「戦争の被害者など衝撃的な事件に遭った人と話すとき大切なことは、相手の心に入り、相手と一緒に悲しみ、一緒に泣くことです。それがヒーリングのプロセスになります。私は、この地の前にスーダンの難民キャンプにいましたが、そこでも同様でした。毎日難民の人たちと向きあっていると心身ともに疲れきります。私も休養が必要になっているようで、近々一時帰国して一年ほど休み、それからまた今の仕事に戻るつもりです」

大規模で残虐なエスニック・クリンジング（民族浄化）が行われたこの頃のユーゴスラヴィア紛争において、日本ができることは少なかったのですが、それでも旧ユーゴ問題担当国連事務総長特別代表を務めた明石康氏をはじめ国際機関で働いた日本人は少なくありませんでした。上野さんはひとつの例です。私は男性よりはるかに多くの日本女性が戦乱の地で人道支援に携わっていることに強い印象を受けました。当時ボスニア・ヘルツェゴビナやコソボに行くたびにこのような方々のお話を聞きました。日本は無論資金拠出も惜しみませんでしたが、遠隔の地であっても国際的な協力に資金のみならず人的にも貢献していくことは、やはり日本という国の品格に関わる大切なことだと思います。

現在では、少し変わってきているのかもしれませんが、当時は男性は日本社会の終身雇用のシステムにはめこまれ　若い女性たちが男性優位のシステムに息苦しさを感じ世界に羽ばたいていたように思われました。このように海外で活躍する女性が増えていけば、いずれ日本社会を大きく変革することになるのではないかと期待しました。

ついでですが、一九九九年にセルビアの首都ベオグラードに出張した時は、人道介入ということでNATOがセルビアの軍事施設に対する空爆を行っているところでしたが、米軍機が誤爆で中国大使館に爆弾を落とした翌日でした。大使館の建物のど真ん中に大きな穴が空いていました。中国大使館員がヘルメットをして大使館の建物を見回っていた姿が思い出されます。それから数日後に中国で大規模な反米デモが起きました。

胎動する中国の覇権主義に無関心だった西欧諸国

さて、私は二〇〇六年に駐仏大使としてパリに着任し、その後二〇〇九年から中東・欧州担当政府代表として日本と欧州の関係に携わりました。それは中国が台頭する中で、いわゆるポスト冷戦時代が終焉を迎えつつある時期でした。中国は胡錦濤時代の後半から、鄧小平の「韜光養晦」（才能を隠し、内に力を蓄えるの意。鄧小平の対外路線の基本的考え方と言われる）路線から徐々に離れ、力を正面にたてた対外政策を取るようになり、この傾向は習近平政権になって決定的になりました。またロシアにおいてもプーチン政権初期は国内の基盤固めに専念し、欧米に対しては宥和政策をとっていましたが、二〇〇七年にプーチン大統領がミュンヘンで行われた国際シンポジウムにおいて激しい欧米批判の演説を行ったのを契機に、中東・東欧において失地挽回政策を取るようになります。「ポスト・ポスト冷戦時代の始まり」とでも言いましょうか。

本来であれば、すでにこの時期において日欧間で戦略的な共通の利害の認識が生まれつつあってもよかったのですが、往々にして時代認識は時代の変化に遅れをとるものです。隔靴掻痒の感を伴いながら日欧協力が進み始めていた冷戦直後の時代と比べて、その一〇年後の欧州に身を置いてみて、日欧関係の基調が大きく変化していたようには思えませんでした。

確かに、米国や欧州の指導者の目から見ても、二〇世紀終わりのポスト冷戦時代から一〇年ほどの間に世界の大勢は大きく変化しました。同時多発テロをきっかけに米国は中東に深く介入し始めていました。そして中東の泥沼で国力を疲弊させ、アジアと中・東欧に政治的・軍事的な空白が生じはじめていたのです。これを戦略的チャンスと捉えた中国は強大化した軍事力・経済力を背景に西太平洋・インド洋沿岸で影響力を伸ばしていました。また、ロシアはプーチンのミュンヘン演説後、ジョージア、クリミア半島、ウクライナ南東部、シリアで失地回復の動きに出始めていました。

また、二〇〇八年には世界金融危機が起こり、これを機会に中国の影響力がさらに伸び、覇権主義的な行動が顕著になり始めました。

日本においては東シナ海における中国の国際法を踏みにじる行動や国連安保理改革問題を契機に中国において激しい反日デモが発生したこともあって、二〇〇〇年代は中国に対する警戒心が強くなった時代でした。欧州はまだのんびりとしたものでした。欧州の指導者や言論人たちは現実を直視することを嫌ったのです。私はフランス各地で講演を頼まれると、機会あるごとに「二一世紀の最大の課題は強大化する中国とどう向き合うかである」と述べていましたが、反応はありませんでした。何しろ、先ほど述べたようにシラク元大統領が中国は平和国家だといい、メルケル・ドイツ首相が毎年のように中国詣でをする始末でした。米国も関与政策から中国との戦略的競争の方向に転換したのがオバマ政権後半でしたから、中国とは経済的な関係しかない欧州各国の反応が遅れるのは無理のないことだったのかもしれません。

フランスの国際政治学者ドミニク・モイジは講演会で私を横に置いて、「自分は最近日本に行ったが、会う人会う人皆が中国の話ばかりする。日本人は中国パラノイアではないか」と言ったのを思い出します。私はすぐさま「冷戦時代はあなた達はソ連パラノイア。ソ連の話ばかりだったのを思い出していただきたい。近くにいて実態を仔細に見れば問題点が良く見えるのだ」と反論しましたが、聴衆の反応はよくいって無関心、悪くいって冷淡でした。

翻ってドイツを見れば、ＥＵの対中輸出のほぼ半分をドイツが占め、両国は蜜月関係にあり、ウイグルやチベット、反体制派の問題などどこ吹く風でした。日本ではメルケル独首相の人気は高かったのですが、当時から私はそういったメルケルの偽善性、さらに言えばドイツ人の国際的政治感覚の欠如を好きになれませんでした。

停滞する日欧政治協力を文化交流でカバーする

このような中国寄りの欧州ですから、日欧間の政治協力が思うように前進しなかったのは当然かもしれません。欧州のアジア情勢認識は一周遅れです。こんな状況を変えなくてはいけないと思い、インドネシアのシンクタンクのトップをしていた旧知の友人と協力して「アジアの国際関係とヨーロッパ」といったテーマでシンポジウムをパリでやったりもしました。

日欧政治協力は掛け声だけで、まだまだ停滞していました。私として当面できることは経済や文化の面で緊密な関係を築いていくこと、またアジアの国際関係や日本についてもっと知ってもらうことと考えました。

幸いなことに、ヨーロッパ、特にフランスでは日本文化に対する尊敬の気持ちは伝統的に大変に高く、またアニメなどがヨーロッパの若者の心を強く捉え始めていました。また、日本の武道の人気は日本人が考える以上に高いものがあります。

私は週一回フランス人の先生について合気道の稽古をしていましたが、彼の先生であるクリスチャン・テイシエ七段（当時。現在は八段）は、毎年夏には南フランスのサント・ロペの近くで合宿をやっていました。全ヨーロッパから五、六〇〇人の弟子たちが集まり、畳が敷き詰められた市の体育館で全員が正座して「礼！」から始まって稽古に汗を流す姿を見て感銘を受けたものです。武道は普遍的な価値を体現していると思いました。

私が駐仏大使をやっていた二〇〇八年には「日仏修好通商条約一五〇周年」を迎えたことから、フランス全土の日仏関係団体にお祝いの行事をするように呼びかけたところ、日本政府からの補助金は全くないのに七〇〇を超える様々な行事が行われました。フランスにおける親日層の厚さに感動したものです。

日本文化会館、フランス学士院や高等師範学校など学術・文化関係の団体主催の行事も行われました。大使の秘書官を務めていた小林龍一郎君ほか大使館員が作っていた武道愛好会のイニシアティヴで日本武道祭が日本文化会館の大ホールで行われ、好評を博したのを覚えています。私は当時明治神宮至誠館で稲葉稔館長に合気道とともに鹿島神流という古武術の指導を受けていましたが、合気会本部道場の植芝道主と共に稲葉館長にもフランスに来ていただき演武をお願いしました。

さらに、その年の終わり、大使公邸で行われた打ち上げの記念レセプションには、日本との関係の深い政治家や政府関係者、文化学術関係者に加え、俳優のアラン・ドロンや歌手ミレイユ・マチュウが駆けつけてくれたのには感激しました。いってみればお祭りなのですが、フランス人の心を日本に引きつけ、ひいては具体的な協力関係を生み出していくことは大切なことだと思います。

「日仏修好通商条約一五〇周年」からさかのぼること一〇年前の一九九〇年代後半、私がパリの大使館の次席公使の頃、松浦晃一郎氏が駐仏大使でしたが、日仏間の文化交流に大変に熱心で、政界、財界の幅広い人脈を駆使して九六年に「パリにおける日本年」、九七年に「日本におけるフランス年」を大々的に展開していました。エッフェル塔の側にある日本文化会館も松浦大使の努力なくしてはできなかったでしょう。またシラク大統領に直接頼み込んで、九七年にはセーヌ河沿いにある「自由の女神」を日本のお台場に持ってくるという離れ業を行っています。この時現場で動いたのはシラク大統領の補佐官ヴァレリー・テラノヴァでした。

このように日欧関係は二一世紀初頭のグローバルなパワー・ポリティクスにおいてまだ「控えの間」に待機し、来るべき出番のために厚みを加えつつあった時代と言えると思います。その後、中国とロシアの覇権主義が露骨になり世界の平和と安定を脅かすに至り、日欧関係の意義がはっきりしてきます。この点については最終章で述べたいと思います。

第３章 ＊ 体験して初めてわかった途上国外交

1．最大のＯＤＡ供与国からの転落

国際貢献の最大の手段としてのＯＤＡ

さて、私の外交官人生の主要な柱は、第一に外交と世論の関係、第二に日欧関係と日米欧関係と申し上げ、主要な論点を提起させていただきましたが、これからの日本外交の展望を語るにあたって、やはり途上国体験に触れておきたいと思います。特にこれからの日本外交にとってグローバル・サウスとの関係をどのように構築するかが極めて重要になっており、日本の途上国外交を振り返ってみることは決して無意味ではないからです。一つは日本の途上国外交の武器というか、手段である開発援助（ＯＤＡ）、もう一つは東南アジア体験です。

日本のＯＤＡについては、対中援助の終焉について述べたところでＯＤＡ誕生からの経緯についても触れましたが（第1章5）、私は外務省本省ではＪＩＣＡ担当の経済協力局技術協力課長、さらに経済協力局長としてＯＤＡを担当したほか、特に日本にとって当時最大の援助供与国であったインドネシアでは大使として援助の現場にいました。

ＯＤＡと日本の民間投資との連携の強化は、日本の東南アジア外交にとって特に重要な柱であったと思っています。さらに中東・欧州担当の政府代表の頃は、パレスチナに対する経済・難民支援の強化が私にとって最大の課題の一つであり、東アジア諸国によるパレスチナ経済支援のための国際的フォーマット構築のプロセスに関わることができたことは今でも名誉に思っています。後述しますが、イスラエルの強引なパレスチナ政策については、批判すべきは批判し、国際的な正義の実現のために努力することは、我が国の今後の途上国外交にとって極めて重要な要素であると思います。

すでに申し上げた通り、日本のＯＤＡの原点は戦後賠償です。これが次第に開発援助となり、国際貢献のための日本の最大の武器として量的にも質的にも成長してきました。一九八九年には援助供与国として世界のトップに立ちました。

中国と東南アジアの成長に寄与した日本のＯＤＡ

その背景はいくつかあげられます。一つは急速な経済成長を果たした国として、貧しい国の発展に貢献するのは当然という多くの国民の気持ちがありました。

第二には同じコインの裏表ですが、憲法の制約があって軍事的な国際貢献ができないことから、非軍事分野で世界の役に立ちたいという国内的コンセンサスが一定程度あったことです。

日本の周辺には中国や東南アジアの国々など日本を追いかけて経済発展を遂げたいとの強い気持ちを持っていた国々が多くありました。こうした諸国が日本のＯＤＡや民間投資によって経済発展することは、日本にとっても見返りが大きかったのです。そして日本の経済大国化とともに、南アジア、中東、アフリカ、南米等にも日本は目を向けるようになっていきました。

特に中国は、当時は毛沢東の「第三世界論」という理論に沿って世界戦略を展開していました。国際政治・経済秩序の挑戦者であり、同時に国の近代化と経済成長も急いでいました。その中国の指導者鄧小平が一九七八年一〇月に来日して日本記者クラブで会見を行います。再び、外務省の私の畏友である故杉本信行上海総領事の『大地の咆哮』から引用します。

「中国の最高実力者による初のＯＤＡ受け入れのサインだった。鄧は当時の中国の状況を謙虚に語った。

『現在の国際間の進んだあらゆる技術、管理方式を取り入れて出発点にしたい。まず自分が遅れていることを認めることだ。顔が醜いのに美人のようにもったいぶっても仕方がない。正直に遅れを認めることによって希望が生まれる。もう一つは学習すること。日本をはじめ、発展しているすべての国に教えてもらいたい。』」

日本をはじめ西側諸国は、このような中国の近代化への強い気持ちを理解して、中国を西側陣営に取り込んでいこうとしたのです。今では「何故中国をこんなに強くしたのか」との批判を浴びていますが、当時は米ソ冷戦の最中であり、中国を西側に取り込むのは戦略的にも正しいと判断されていました。したがって、膨大な貧困人口を抱える後進国のまま放置しておくのではなく、近代化を助け、出来得ればある程度民主的な国にするのが、日本の国益にもかなうと判断されたのでした。しかしその志と違い、日本や欧米の支援は国際秩序に挑戦する超大国を育てるのに貢献してしまいましたが、中国の台頭はむしろ長い間自国を支配してきた列強を見返そうという中国人のエネルギーと怒りに主因があるのではないかと思います。

日本は東南アジアの多くの国々の近代化の手助けをしています。インドネシアは一時は中国以上の金額の円借款を受け取っていました。この援助で道路や発電所、灌漑施設など多くのインフラが作られたのです。タイやマレーシア、ベトナムなどにも多額の支援をした結果、日本企業の進出と相まって、東南アジアは日本経済・社会の強力なパートナーとなりました。今でこそ、東南アジアにも中国の影が色濃く投影されるようになってきましたが、日本のＯＤＡの実績は東南アジアの経済発展の礎を作ったサクセス・ストーリーだと思います。

ちなみに、日本も第二次大戦後、新幹線や発電所、ダム建設などのインフラ分野で多額の借款を世界銀行から受けていますが、ほとんどの日本人はこれを忘れてしまっているようです。「多くの途上国が日本が援助したことを忘れている」と憤慨している姿を見ると奇妙な感じがします。

国の内外からのＯＤＡ批判の高まり

さて、私自身のＯＤＡとの関わりに戻りたいと思いますが、私が外務省のＯＤＡを担当した一九八〇年代終わりから二〇〇〇年に至る時期は、国内外から日本のＯＤＡに対する批判が強まった時期でした。上に立てばそれなりに風当たりが強くなるのはどこの世界でもあることですが、ＯＤＡ大国として名実ともに形を整えることに努力を注いだのです。

一九九二年に「政府開発援助（ＯＤＡ）大綱」が閣議決定され、人道的配慮、相互依存関係の進化、環境の保全、平和国家、自助努力支援などの理念や原則に基づいてＯＤＡを実施することが示されました。そして一九九九年にはＯＤＡ大綱を具体化する「政府開発援助に関する中期政策」が策定され、ＯＤＡについての基本的な考え方、重点課題、地域別の援助方針、援助手法などが体系化されました。また二〇〇〇年に入り、援助受取国ごとの援助の透明性を高めるために「国別援助計画」の策定に着手しました。対中援助の「懇談会」の提言はまさに対中・国別援助計画に盛り込まれることを想定して作られたものです。

ＯＤＡに対する批判は、「国民の税金を使うに値する援助をやっているのか」「本当に被援助国が必要とするような援助をしているのか」「相手国の国民に認知されているのか、感謝されているのか」「(巨大なインフラプロジェクトであれば）環境の悪化を招いているのではないか、強制的な住民移転をしているのではないか」「日本の国益にかなった援助をおこなっているのか」など、さまざまな視点から行われました。こうした批判はＯＤＡを実施しているどこの先進国でも見られ、欧米諸国では「援助疲れ」ともいうべき現象も起きていました。

そこで、日本を含め先進諸国は、援助が役に立っていることを国民に理解してもらうために援助効果を測定し「評価」することにしました。それも政府が手前味噌で自己評価するのではなく、「第三者評価」などもやっていましたが、国内の経済情勢が悪化すると、「外国を援助するより国の中を考えよ」というＯＤＡ批判が高まっていきます。その結果、ＯＤＡ予算が伸び悩んだり減少する国も少なくなかったのです。日本のＯＤＡ予算も一九九七年度の一兆一六八七億円をピークに減少し始め、二〇二三年度にはほぼ半減しました。かつてのトップドナーは第四位か第五位の援助国に転落しました。

国際社会も人間もやっかいな「嫉妬心」

外交官生活を四〇年やってきてつくづく思うのですが、どこの国でも近隣のライバルへの嫉妬心は強い。人間社会と同じだと思います。

話はちょっとそれますが、フランス大使のとき、ご夫婦とも哲学者の方と食事をしたことがあります。私は哲学と無縁の人間ですが、食事の席で「人間として最も克服し難い煩悩は何か」という話になりました。お二人とも「それは近代哲学の大きな課題で、答えは嫉妬だ」と言われました。夫人はサルトルやボーボワールが卒業したことで有名なフランス高等師範学校の校長、ご主人はスタンフォード大学の先生でした。

なぜ夕食の席でこんな話になったかというと、その直前に麻生太郎元総理が非公式にパリに来られ、日本人実業家主催の内輪の会食の席で、「自分は大阿闍梨《あじゃり》に会った機会に前から聞いてみたい質問があった、それは千日回峰行という厳しい修行をしていて最後の最後まで残る煩悩は何かということだ。返事は意外にもそれは嫉妬だというものだった」と述べておられ、この話が非常に印象に残ったので、フランスとアメリカの高名な哲学者カップルにぶつけてみたのです。

国際社会も同様で、嫉妬は大きな役割を果たしていると思います。それも自分より劣っていたと思っていた国が頭角を現すと、嫉妬心という言葉が正しくなければ警戒心、あるいは恐怖心といったものが表面に出てくるような気がします。要するに自分と比較するのです。欧米の人たちはそれを正義の衣にくるんで表現します。かつての十字軍然り、植民地主義然り。いつも正義の御旗を立ててやってきます。その辺りは私たち非欧米社会の国々は最も注意して真意を見極めなくてはいけないと思います。

日本のODAを嫌った欧州諸国

さて、全てをこのような議論で一刀両断にしてはいけないのですが、私が経済協力局長になってすぐに、そのような情念が心の奥深くに潜んでいるに違いないと思った欧州諸国の日本のODA批判に直面します。

一九九九年の秋のことです。英国の開発省次官が来日してODAに関する日・英年次協議を行いました。当時英国の開発大臣はクレア・ショートという有名な敏腕の女性で、労働党の左派の人でした。英国のみならず世界のODAを改革しなくてはならない、それも世界から貧困をなくすことを最大の目標とした途上国支援をやらなくてはいけないとの強い信念を持った人で、英国の開発白書も「貧困削減」という表題に変えていました。

来日した事務次官（二〇数年前のことで名前を忘れてしまったのですが）は、ショート大臣の理念を世界に広げる先兵のような役割を負っていたようで、私に会ったとたん、挨拶もそこそこに「日本のODAは古い、もう変わらなくてはいけない」と言い、さらに「そもそも日本はプロジェクト主義、それもインフラ中心。貧困削減にあまり関心がない」とか、「これからはプログラムの時代だ、途上国がそれぞれの国でPRSP（Poverty Reduction Strategy Paper 貧困削減戦略）を作り、これを支援するために先進国がお金を出し合いコモン・ファンド（共同基金）を作って、どこの国がどういう援助をするというようなことはもう忘れて、援助供与国の名前は消してみんなで協力しあってやるべきだ」といったことを滔々と言い始めました。

経済協力局長になったばかりの私には一種のカルチュア・ショックでした。日本国内のODA批判は「日本の援助は戦略的ではない」とか、「日本の援助は国旗が立っていない、感謝されていない、日本の国益にかなっていない」という議論の大合唱で、国会や自民党の部会で新任局長として洗礼を受けていたわけですから、これは「国旗を立てた援助か、国旗を消した援助か」、二つの援助理念の板挟みになるなと思いました。まあ、大袈裟に言えば日本のODAは内憂外患に直面していたということでしょうか。

私は概ね次のように反論しました。「途上国援助において援助国同士が力を合わせて協力することが大切というのはおっしゃる通りだ。だからこそ日本は国際機関などに多額の拠出を行っており、また、援助国同士の協力と協調を重視している。同時に援助というものは国民の税金を使うわけであるから国民から支持を受ける必要がある。日本国民はこれは日本からの支援だというメッセージを途上国の国民に伝えたいのだ。それが二国間援助の基本であり、この二国間援助資金までコモン・ファンドに入れて、どこの国の国民が拠出しているかわからないような援助にするわけにはいかない。二国間援助をベースに協力し合うのはいくらでも可能ではないか。またインフラ中心のプロジェクト援助はもう古いと言われたが、東アジア諸国をじっくり見たのか。この地域においては巨大なインフラ需要があり、日本はインフラ構築支援と人材育成に多額の資金を注いできている。これがアジアの経済成長を支え、ひいては貧困人口を減少させる結果となっている」と。

しかし相手は私の言うことをきちんと聞かず、自分の言いたいことで頭が一杯のようでした。初対面でずいぶん失敬な人物だなあと思いましたが、当時ヨーロッパでは英国、オランダ、ノルウェー、ドイツの四人の女性の開発大臣が協力して、貧困削減を目指し、このような新しい形の途上国援助を唱えていたのです。この新しい援助理念の潮流は、当時日本ではあまり知られていませんでしたが、いろいろなところでこれらの国の人々と話し合っているうちにわかってきました。彼らの頭の中の大半は貧困に苦しむアフリカ諸国に対する援助をどうすべきかということで占められていました。東アジアをODA対象国とする日本の援助の目的の中核が経済成長にあることとはだいぶ状況が違ったのです。

パリに経済協力開発機構（OECD）という、先進国が集まり経済成長や開発、貿易等について政策を議論する場があるのですが、その中に援助問題を扱う開発援助委員会（DAC）があって、ODAの政策を議論し、またいろいろなルールを決めています。例えば日本の円借款については、かつては日本が資金を出し、入札を行うことができるのは日本の企業だけというシステムにしていましたが、日本が経済的に発展するにつれ、「このようなひも付き（tied タイド）援助は輸出振興であり、純粋な援助ではない、けしからん」という欧米諸国からの批判が強まり、次第にアンタイド化されていきました。私がODA担当局長になった頃は、先程申し上げた先鋭な「ODA」改革を主導しようとしていた英国やオランダなどは、今度は日本の一般無償協力をアンタイドにしろと攻めてきていました。一般無償というのはいわば「贈与」であり、日本国民の途上国に対する（言葉は悪いかもしれませんが）プレゼントともいう言うべきものです。この資金の使い道に欧州の国々が口を挟むのはとんでもないことだと私は思い、私がいる間は絶対に譲らない、日本人の血税を使っているんだと頑張りました。それでもしぶとくこれらの国はＤＡＣで日本を攻め続けました。

その後、私は経済協力局長から官房長に異動し、ＤＡＣとは縁のない世界に移ってしまったので、今この話がどうなっているか知りませんが、私の頃はトップ・ドナーとなったのに欧州と毛色の違った援助をやっている、あるいは理想を共有していないとして援助関係者にとっては日本が秩序破壊者であったわけです。

ちなみに、現在は中国が「一帯一路」構想を掲げ、援助の世界における欧米的秩序に挑戦する形になっていますので、これにヨーロッパがいかに対応しているのか関心があるところです。「一帯一路」構想は、インフラ建設により世界各地に中国の影響力を伸ばしていこうという構想です。私はこの話を最初に聞いたとき、ヨーロッパは日本のインフラ援助をあれほど嫌ったのだから、中国に対しても筋を通してしかるべきと思ったのですが、案に相違して英国を先頭にヨーロッパ諸国は中国の一帯一路構想になだれ込むように賛同してきました。私はフレンチスクールの一員であり欧州に親近感を持っていると思われていますが、力の強いものがやればこれに附和雷同する欧州諸国の姿を見て本当にがっかりしました。もっとも、最近になって中国の覇権主義的対外路線があまりに露骨になり、またロシアのウクライナ侵略、中露接近と国際情勢がだいぶ変わってきたので、開発援助の世界も一変していることと思います。

多様性が認められるべき途上国援助の手法

ここで英国主導型の援助政策に戻りたいと思います。英国の日本批判は続き（私はこれがブレア政権の対日政策とは思いません。と言うよりはむしろクレア・ショートの考え方であったのでしょう)、クレア・ショート大臣は日本と名指しはしませんでしたが、明らかに日本とわかる形で日本はダイナソー（恐竜）だ、時代遅れの援助をやっているとの趣旨のスピーチを行ったりしていました。これに対して私はファイナンシャル・タイム紙に反論を出したりしていました。また多くの途上国では、現地にいる先進国の開発援助担当者が集まってドナー・コミュニティーのようなものを作って、その国に対する援助についての議論を行っているのですが、一部のアフリカの国では日本は援助協調に熱心ではないということでこのコミュニティーから排除されているとの話も入ってきました。要するに援助のやり方を巡ってあちらこちらで小競り合いが行われていたのです。

他方で、援助国でも全てが英国や北欧諸国に同調しているわけではなく、例えば米国の援助はＮＧＯが前面に立って実施する場合が多く、コモン・ファンドと言われても困るわけですし、フランスはフランス語圏の国々を中心にそれこそ国旗を立てた援助をやっていました。一度、私は米国開発庁（ＵＳＡＩＤ）とフランス開発庁（ＡＦＤ）に各国それぞれの手法を踏まえた援助協調をやるべきとのラインで共同戦線を張らないかともちかけたことがあるのですが、米仏にもそれぞれ事情があるのでしょう、この試みはうまくいきませんでした。

貧困削減を開発援助の目的の一つにすることは正しいと考えますが、貧困削減にはいろいろなやり方があります。その国の経済を底上げして貧困層を減らすようなやり方（これは日本がとってきたやり方ですが）や、経済の底上げが簡単にいかない場合は貧困に関わる問題（例えば幼児死亡率、安全な水、基礎教育、保健・医療などの分野で貧困が原因の問題は山のようにあります）

に直接対応するやり方が有効な場合もあるでしょうし、多様性があって良いと思います。経済の底上げと貧困に由来する諸問題双方に取り組むのが一番良いのではないでしょうか。今考えても経済の底上げのためのインフラ援助を否定する英国・北欧流だけが正しいというのはやはり独善的だったと思います。

しばらく後の話になりますが、二〇〇二年に私はインドネシアに大使として赴任しました。ジャカルタではラルフ・ボイス米国大使（のちに駐タイ大使）、アンドリュー・ステイア世銀所長と、インドネシア援助は経済成長・インフラ重視ということで共同戦線を張ろうと意見が一致し、二〇〇四年に就任したユドヨノ新大統領にインフラ構築にモメンタムを与えるために大規模な「インフラ推進会議」をやってはどうかと三人で提言しました。大統領の指示でこの会議を実現することになり、世銀や日本大使館が舞台裏で準備をしたことを覚えております。アンドリュー・ステイア世銀所長は、世銀においても流れが変わり、インフラと経済成長の重要性というのが強調されるようになってきていると言っていました。

日本のODAの真の反省点

私は日本の方々に、ODAをめぐりグローバルにはどのような議論が展開されているのか知ってもらう必要があると思い、外交雑誌『外交フォーラム』などに小論を発表したりしていましたが、日本の世論はあまり関心がなかったようです。

他方で、私は一九八〇年代末の外務省技術協力課長（JICA）の頃から、世論のODA批判とは別に日本のODAにはもっと根本的な反省点があるのではないかと考え、同じような問題意識を持った外務省やＪＩＣＡ、厚生省の国立医療センターの国際協力部門、あるいは感染症研究センターの専門家たちとあれやこれや議論をしていました。海外のＯＤＡの現場でも、それこそ「憂国の志士たち」がさまざまな議論をしていたと思います。一つ例を挙げれば、外国からの批判を待つまでもなく、確かに日本の援助はハードのインフラに偏っており、途上国が必要としているソフト面の改善への努力が弱かったという事実は否めませんでした。

特に保健医療の分野では、一九七八年にソ連のアルマ・アタでＷＨＯとユニセフ主催の国際会議が行われ「プライマリー・ヘルスケアに関するアルマ・アタ宣言」が発表され、〝二〇〇〇年までに地球上のすべての人々に健康を〟という呼びかけが世界に対して行われました。ここでは詳細に触れませんが、この宣言は全ての人にとって健康を基本的な人権として考えることを訴えており、実現のためのプロセスでは、住民のニーズに基づくこと、地域資源を有効に活用すること、住民の参加を重視すること、農業・教育・通信・建設・水利など多分野間の協調と統合、適正技術の活用の五つの原則が重要とし、また具体的な活動分野としては、健康教育、食料確保と適切な栄養補給、安全な飲み水と基本的な衛生、母子保健、主要な感染症への予防接種、地方風土病への対策、簡単な病気や怪我の治療、必須医薬品の供給の八項目を挙げています。

アルマ・アタ宣言は　保健医療の分野で歴史的と言われるもので、世界の途上国援助に大きな影響を与えました。特にこれまで先進的な病院建設や医療器材の供与に力を注いでいた日本のＯＤＡの状況を見ると大いに考えさせられるものがありました。今でこそ日本ではＳＤＧｓなどがもてはやされ、東大の教育理念の柱の一つにまでなっていますが（もっとも、この時流を追う東大の方針にはあまり納得できませんでした。私は東京大学の経営協議会の学外委員、総長選考会議の委員をやっておりましたが、大学において基礎研究や人文科学が軽視されるのを懸念しておりました)、当時はこういった国際的な潮流への日本国内の感度が弱く、アルマ・アタ宣言も日本の保健医療分野での援助方針に充分に反映されておりませんでした。相変わらずハード中心だったのです。

そこで私は技術協力課長をやっているときに、この分野の戦略を立案し、日本の保健医療分野の援助の流れを変える必要があると考え、当時母子手帳の途上国での普及をやっておられた医師を外務省に招き、この分野の日本の援助の今後のあり方を研究してもらいました。その後局長になってからは國井修先生という非常に優秀かつ使命感に溢れた医師の方に、「病院を作ったり、医療器材を供与するのは大切であるが、同時にプライマリーヘルスケアを重視していかなくてはいけない」といった内容の議論をリードする戦略ペーパーを完成していただきました。國井修先生はその後ジュネーブにある世界エイズ・結核・マラリア対策基金(通称グローバル・ファンド)の戦略局長になられました。

ODAのグローバル化

今申し上げたのは、保健医療セクターの話ですが、一九九〇年代は教育やさまざまな分野で貧困層等弱者に手を差し伸べつつグローバルな努力をしていかなくてはならないという流れが生まれていました。先ほど英国・北欧勢力の日本批判で不愉快な思いをした経験をお話ししましたが、それは彼らが自分達のやり方を高圧的に日本に押し付けてきたからです。

開発援助の世界では、先進国も途上国も、ＮＧＯも企業も、ステーク・ホルダーというか、すべての関係者が集まってパラダイムシフトを起こすべき時期が来つつありました。事実一九九〇年代はそういう時代でした。一九八九年のベルリンの壁崩壊に始まる冷戦の終結によりグローバリゼーションがさらに進み、今まで米ソ冷戦の代理戦争の舞台であった途上国が今度は自分達が平和の配当を受ける番だという意識を持ったことと、世界の一体感が強まったことが関係していると思います。

「万人のための教育世界会議」「子どものためのサミット」「環境と開発の国連会議」「人権国際会議」「人口と開発の国際会議」「社会開発の世界サミット」等々一九九〇年代に開催されたグローバルな会議は数限りありません。これらの会議に比べ、クレア・ショート大臣に象徴される一部欧州諸国のやり方の欠点は、自分達のやり方を他の援助国に押しつけようとする排除の論理で動いていたことです。

援助のグローバル化の流れが、結果として二〇〇〇年のミレニアム宣言、二〇一五年の国連ＳＤＧｓサミットに結びついていきます。特に幅広い分野で数値目標を設定し、すべてのステーク・ホルダーが協力する、誰も取り残さないということは大切なことだと思います。このような国際的な努力の中で、国による開発援助（ＯＤＡ）は極めて重要な役割を果たすわけですが、特に現場、つまり一つ一つの途上国における援助供与国の間の協調（援助強調）が重要です。この世界では国際的なコミュニケーションは当然英語で行われるので、援助事業に携わる日本人も、英語が話せるのはもちろんのこと、主張すべき自分の考えを持っていることが大切になるのですが、残念ながら内実を伴ったコミュニケーション能力の点で日本の援助専門家は遅れていました。もっともこのほかの分野でも同様で、日本の大きな課題といえるでしょう。

援助人材育成の必要性

日本はこれまで極東の片隅で地道ながらも懸命に努力をして、日本なりの援助のモデルを作り上げてきました。例えば東南アジアの経済成長と人づくりの分野で日本が中核的な役割を果たしたことはよく知られています。しかし、グローバル化が進む中で日本が世界のトップドナーにふさわしい役割を果たすためには、国際化した意識を持った「人」の存在が決定的な役割を果たします。かつての武田信玄の言葉を待つまでもなく「人は城、人は石垣」なのです。

私が務めた技術協力課長というポストは、「人」に着目して援助を考えるところでもあったので、その観点からいろいろな方から考えを聞きました。

ＪＩＣＡからは、「援助の規模が大きくなったのに、援助を担う人材の数が追いついていない」という切実な声が聞こえてきました。課長としてＪＩＣＡの予算と定員を増やすように財務省に要求しなければならないのですが、緊縮財政の中での交渉は簡単ではありませんでした。

例えば、当時は多くの若者が青年海外協力隊員として海外で活動していました。しかし、帰国後に元の企業などに戻れる人は良いのですが、会社を退職して出かけた人の多くは戻るところがありません。せっかく海外で磨いた力を発揮するところがないのです。人事課首席事務官と技術協力課長の二つとも私の前任者だった大島賢三氏（後の国連大使・故人）は、青年協力隊のＯＢを外務省で積極的に中途採用しており、私もこれを見習いました。

当時ＪＩＣＡに力石さんという若い方がいました。彼は途上国援助人材のキャリア・パスを作ることを提唱していたので、非公式な議論の輪に加わってもらいました。力石さんは、行き先を求めている青年協力隊ＯＢをＪＩＣＡの「ジュニア専門員」として一定期間任期つきで採用し、その後プロの専門家としてＪＩＣＡプロジェクトに派遣するというキャリアパスを提案していました。ＪＩＣＡの一部からは、こんな中途半端なやり方では人員不足の解決策にはならないと批判されましたが、財務省の「定員管理」の壁は厚く、窮余の一策でした。

人材面での努力ではもうひとつ、ボランティアとして海外に行く「シニア専門家」の創設ということをやりました。つまり高齢化が進む日本で、もっとシニア層を開発援助の人材として活用しようということです。当時ＪＩＣＡの海外ボランティア派遣は青年協力隊の年齢制限があり、三九歳までしか海外に出られなかったのですが、たまたまシルバー・ボランティア財団の卜部敏男理事長（元フィリピン大使）が、「資金が足りず、シニアの専門家を中国とスリランカに数人しか出せていない、何とか政府の資金が流れるようにならないか」と相談に来られました。議論しているうちに、「場合によってはシルバー・ボランティア財団は解散してもいい、シニアの人達が開発途上国で働ける場があればいい、それで我々の志が通るから」と言われたので、その話を受けてＪＩＣＡでシニア・ボランティアを派遣させてもらうことにしました。

これもＪＩＣＡの青年協力隊関係者の一部から反対を受けました。「協力隊」は志ある青年を途上国に出すという理想で始まったもので、高齢者の仕事場探しではないというわけです。これに対して私は、アメリカには平和部隊というものがある。これは七〇歳まで参加できる、カーター大統領のお母さんも平和部隊の隊員としてインドに行ったではないか、問題は年齢ではなく志だ、と言って侃々諤々の議論をしました。

最終的にはシニア専門家という名称で、青年協力隊を所管する部門とは別の部門で扱うという形で決着がつきました（今はシニア海外協力隊と呼んでいるようです）。対象年齢は四〇歳から六九歳までとなりました。政治家では愛知県選出の杉浦正健衆議院議員（当時）がサポートしてくれて、「シルバー・ボランティア議員連盟」を作ってくれました。また、日本貿易会も、商社ＯＢで海外でもう一働きしたいという人々のリストを作ってくれました（一〇〇〇人以上の方々が応募してくれたように記憶します）。

このような新しい制度は官僚組織においては財務省の支援なくしてはできません。当時、主計局では藤井真理子さんがＯＤＡ担当の主査を務めていました。初めての女性主査ということでだいぶ苦労されたようですが、彼女のサポート無くしてはこれらの新しい制度づくりはできなかったと思っています。

国際開発大学設立構想

「人」の面では、人数を増やすだけではなく、開発援助に携わる人々が、援助についての見識を持ち、被援助国のパートナーのみならず他の援助国や国際機関の人たちと英語でコミュニケーションをとり、学問的な論文とは言わないまでも、できればプロジェクト・ペーパー程度は書けるようになることが重要だと思いました。

今はだいぶ改善されてきていると思いますが、当時は援助人材の国際性、特にコミュニケーション能力に問題がある人は少なくなかったのです。例えばコンサルタントやＮＧＯは、自分たちのプロジェクト実現のための資金は国際機関や海外の財団から獲得することもできるのですが、実際はどうしても日本政府に頼ってしまっていました。内弁慶なのかもしれませんが、海外に打って出る能力と気力に欠けるものがあったようにも思います。先ほどお名前を出させていただいた國井修先生が、私との対談（二〇二〇年一月二八日付サンケイ・ニュースサイト掲載）でこんなことを言っておられます。

「日本のＮＧＯや大学・研究機関の人たちと話をするといろいろな不満を聞きます。日本政府の補助金や研究費が少なくなっているとか、良い人材がなかなか増えないとか。でも、それは少し違うんじゃないかと思うことがあります。ミッションを達成するためなら世界中からお金や人材を集めれば良い。日本国内に限る必要は無いんです。資金も人材も世界にはあります。例えば私が働くグローバル・ファンドでも世界の様々な大学・研究機関やＮＧＯ、コンサルタント会社などに資金を提供して、様々な事業を行っています。世界銀行、ビル＆メリンダ・ゲーツ財団、ロックフェラー財団など他にもグローバル・ヘルス向上のためＮＧＯや大学研究機関を通じて事業や調査を行っている組織はたくさんあります。ところが日本の組織はそうした国際的な競争入札や募集にはあまり応募しない。人材も優秀で情熱あふれる若者が世界中にいます。日本国内だけでなく、もっと世界を見ればチャンスが広がります。グローバルな活動をするには、グローバルな視野でグローバルな資源を活用しなければ。日本にはいまだに親方日の丸の考えがあるんです」

このような状況は日本の対外関係でよく見られるのですが、先ほども紹介した大島賢三さんは、途上国援助の分野でなんとかしたいと、「国際開発大学構想」を提唱しました。例えば、英国のサセックス大学には世界的に知られた開発学研究科があり、ここで修士課程を終えた人々は世界銀行、国際通貨基金などの国際機関やNGO、環境団体に就職し、開発問題の専門家として活躍しています。

大島さんの構想は、このような研究・教育機関を日本に作ってはどうかというものでした。大島さんはしばらくして異動が決まり、引継ぎの時に「飯村君、これをぜひ頼むよ」と言われて去られました。

さあ、そう言われても大学を作るなど並大抵の話ではありません。まずは有識者の意見を聞きながら具体的な筋道を考えていくことにしました。有識者懇談会には、後に政策研究大学院大学を創設された吉村融先生（当時は埼玉大学政策科学研究科）も入っておられ、旧態依然たる日本の大学システムに風穴を開けようと虎視眈々とチャンスを狙っておられました。また文部省大学課長の佐藤禎一さん（後に文部次官）のところにはお百度参りのように何度もお願いに行きアドヴァイスを頂きました。佐藤禎一さんも改革派で、文部省の中から改革を進めようと闘っておられました。さらに経済界でも日本の開発援助のあり方への危機感があり、経団連の糠沢和夫常務理事（後に在ハンガリー大使）が先頭に立って、外務省と協力して新しい人材育成メカニズムを作ろうとされていました。

このようにいろいろな方々と議論しているうちに、これは私の在任中に大学設立までもっていくのは難しいと思うようになりました。有識者懇談会でも、将来の国際開発大学設立を視野に入れた組織を作るのが第一段階だとの結論を得ました。そこで国際開発高等教育機構（FASID）という名称の財団法人を経団連と協力して創設し、そこで将来「国際開発大学」で教鞭を取る先生たちを育成したり、また有望な若者にハーバード大学やサセックス大学の国際開発研究科で勉強をするための奨学金を出したり、あるいは開発について学ぶ短期コースを作ったりすることができる基金を作ろうということになりました。これも大蔵省主計局の藤井真理子主査が大変に好意的にこの構想を受けとめてくれました。また経済界の資金集めには住友銀行で当時官庁関係を担当していた国重惇史氏（後に楽天銀行会長・故人）が協力してくれました。私にとっては不慣れな作業でしたが、当時技術協力課で総務班長をやっていた須永和男君（のちにＡＳＥＡＮ代表部大使、駐カタール大使）や課員たちが不眠不休で働いてくれました。小なりといえども一つの組織を作るのは大変だということがよくわかる体験でした。

ここで私の技術協力課長としての任期は終わってしまうのですが、やがて国際開発大学構想の提唱者であった大島賢三さんが経済協力局長になり、既に政策研究大学院大学を創設していた吉村融さんと話し合い、同大学院大学内にＦＡＳＩＤの講座を設ける合意を得ました。ついに国際開発大学構想は実現したのですが、遺憾ながら民主党政権のもとでＦＡＳＩＤは「仕分け」の対象になってしまいました。この話は、後に私は人伝てに知り、残念な思いを致しました。この構想の狙いを民主党政権は理解していなかったのでしょう。

他方で、私たちの国際開発大学構想は幅広い影響がありました。全国の大学で開発に関わる人材育成のコースが設置されるようになったのです。私の承知している限りでも名古屋大学や神戸大学、さらには東京大学の医学部の国際保健学専攻などが挙げられます。

日本政府のＮＧＯ支援強化

もう一つ、グローバル化時代に対応して日本の開発協力体制をアップグレードするために外務省の同僚達が考えていたのは、政府によるＮＧＯ支援の強化です。

ＮＧＯに対する支援について、私にも強い思い入れがありました。志と力と国際性のある民間の人々と政府が協力して、貧困に苦しむ国や難民への支援を実施するシステムを作らなくてはいけない、具体的には政府が民間団体に流す資金量を増やさなくてはいけないと考えていました。現にアメリカやヨーロッパの国々ではＮＧＯが途上国援助で大きな役割を果たしていました。日本では一九七〇年代から八〇年代にかけて大量のインドシナ難民が発生した時期に、危機感を抱いた民間の方々によりいくつかのＮＧＯが作られていました。この時期が日本におけるＮＧＯの出発点と言えると思いますが、資金が十分に得られず悪戦苦闘していました。

話は遡りますが、私が技術協力課長時代、一九七九年のソ連のアフガニスタン侵攻の結果、膨大な数のアフガン難民がイランとパキスタンに流入していました。パキスタンとの国境地帯には約二五〇万人くらいのアフガン難民が滞留していると報道されていました。当然日本は国際機関を通じ難民への資金援助をしていたわけですが、難民支援に「日本の顔」が見えないとの批判が出始めていました。私は親しくしていた国立国際医療研究センター国際協力局派遣課長の古田直樹先生と話し合って、ＪＩＣＡやＮＧＯの代表とミッションを組み、日本として何ができるかを見に行くことにしました。古田先生は保健医療の分野での人材派遣という途上国支援の仕事をしていましたので、当然ながら私のパートナーでした。

パキスタンのペシャワールから現地に入ったのですが、現地に行って印象深かったのは、国際機関やＮＧＯに所属する何百人もの外国人が現地ですでに活発に動いていたことです。フランスのＮＧＯ「国境なき医師団」の女性の現地事務所長は、クロスボーダー・オペレーションと言ってパキスタン側からロバに乗り国境を越え、アフガニスタン領に入り難民支援を行う彼らの活動について説明してくれました。大変美しい、意思の強そうな女性で、現地の人々に受けいれられるようにスカーフを被っていましたが、危険の伴うプロジェクトについての彼女の説明に、一同強い印象を受けたのが思い出されます。日本人としては先般亡くなった中村哲先生がハンセン氏病対策のプロジェクトをやっておられ、孤軍奮闘しておられました。

二〇〇〇年代に入ると多国籍軍がアフガニスタンに侵攻しました。これに伴い日本もアフガニスタン領土内で多くのプロジェクトを動かしましたが、一九八〇年代終わりはまだ土地勘のある日本人も少なく、現地で活動を行っているＮＧＯも中村哲先生の団体しかなかったので、結果として、二人の日本人の保健医療専門家にユニセフ職員として現地に入っていただき、彼らの現地調査を踏まえ、第二段階として本格的なプロジェクトを行うことに落ち着きました。

なかなかクリア・カットな解決策はないのですが、日本のＯＤＡが抱える一つの限界は、今でも同様でしょうが、ＪＩＣＡの専門家は安全規則に従う必要があり、原則として危険地帯には入れないということがありました。

米国ＭＳＨと日本の絆

官僚組織の弱点は、一つのポストに二、三年しかいないことです。やり残したことが多くあったのですが、一九九〇年に技術協力課長のポストを去り報道課長になりました。その後一九九二年から九三年にかけてハーバード大学国際関係研究所で一年ほど研究生活を送りました。ハーバード大学のあるボストンでは、私は日本の国立感染症研究所の医師の紹介でロン・オコーナーという米国人と出会います。彼はアメリカの保健医療分野で最も大きいＮＧＯのＭＳＨ（Management Sciences for Health）の創設者で、当時はこの団体の会長をやっていました。

初対面の時から話が弾み、大学のファカルティー・クラブで昼過ぎから日が暮れるまで話し込んだことを思い出します。そしてＭＳＨは、日本の保健医療分野のＯＤＡの弱点であるソフト面で多くの実績を積んできた組織であることを知りました。つまり、途上国で病院を作ったり医療機材を供与したりするのではなく、それぞれの国の保健医療システム全体がよりよく機能するような戦略、システム、ノウ・ハウを途上国の政府や民間セクター、自治体と共有することを目的とするＮＧＯなのです。日本では、例えば母子手帳プロジェクトが保健分野の日本の実績として例に上がるのですが、礼儀深いオコーナーさんは口には出しませんでしたが、母子手帳をもてはやす日本の風潮に批判的な気持ちを持っているように見受けられました。途上国の人々の健康を向上させるためには、母子手帳はより大きい戦略の一部であるべきであり、各々の途上国の保健・医療セクター全体を視野に入れた支援を作り上げていくことが重要ではないかと考えているように見受けられました。

オコーナー氏は、ハーバード大学医学部学生の時にネパールの山奥にインターンシップで出かけ、そこで日本人の岩村昇医師に出会います。彼は岩村医師に会って人生観が変わったと言っていました。岩村医師は被爆体験から医療の道に進み、日本キリスト教海外医療協力会からの派遣ワーカーとしてネパールで二〇年近く結核やマラリア等の感染症の治療・予防のために活躍された方です（後にアジアのノーベル賞と称される「マグサイサイ賞」を受賞）。

オコーナー氏は、それまでは途上国援助は先進国つまり白人の国が上から目線で助けてやるというやり方でやっていたが、岩村先生の生きざまから、人間として対等の関係で行うべきものだと悟ったと言っていました。そしてこれこそが自分が求めていたものだと考え、一九七〇年代の初めに自分で岩村医師の生き方を基礎にしたＮＧＯを設立したとのことでした。最初は数人でやり始めたようですが、私が会った時には数千人規模の大きなＮＧＯに成長していました。彼は岩村医師の教えを踏まえて自分が培ったものを日本にも伝えたいという強い気持ちがあるようでした。

その後コネチカットの田舎にある彼の家に行ったり、あるいはＭＳＨのボストンの本部でスピーチをさせてもらったり、さらにはＭＳＨの理事もやったりしました。彼が日本に来た時は一緒に神戸にある岩村医師の自宅に伺ったこともありました。

ボストン、ワシントン、パリ勤務後の一九九七年、私は日本に帰りますが、ちょうどその頃オコーナー氏から連絡があり、「ＭＳＨにいたトモコが今度日本に帰る。彼女を中心に保健医療分野で何かできないだろうか」との相談がありました。オコーナー氏の影響もあって、当時の私は日本の保健医療のＮＧＯを活性化することができないかといささか思い詰めていましたので、早速既にお話しした古田先生、中村安秀先生（当時大阪大学大学院教授）、國井修先生、それにボストンから帰国した藤崎智子さんに集まってもらい、あれやこれや議論しＨＡＮＤＳというＮＧＯを立ち上げました。難民支援とか緊急援助などで日本にもＮＧＯは育ちつつありましたが、ソフトに強いＮＧＯはまだ未成熟でした。そこで、この機会にＭＳＨから学ぶべきものは学び、保健医療分野を拠点にソフトを専門としたＮＧＯを作りたいと考えたのです。

当時私の考えていたことを徹底すれば、その時点で外務省を辞めてＮＧＯの世界に飛び込むのが筋でしたが、何をなすべきかを模索しているうちに、突然官房長に異動する話が出てきました。それからは報償費をめぐる不祥事問題、さらには田中眞紀子大臣騒動の渦の中に巻き込まれてしまい、「ＮＧＯの夢」は棚上げになりました。その後はインドネシア大使、フランス大使、中東政府代表と海外で多くの時間を過ごすこととなってしまい、藤崎智子さんに創業期の重責を押し付ける形になり、本当に申し訳ないことをしたと二〇年以上経った今でも思っています。

外務省を退官した後、私自身はＨＡＮＤＳに復帰したいと考えたのですが、既に長い年月が経ち、体調を崩されＨＡＮＤＳを去られた藤崎智子さんの後には中村安秀先生が組織の中核的役割を担っていました。長い不在の後、私がこの組織に入り込む余地はありませんでした。

ジャパン・プラットフォームの発足

ＮＧＯについてさらに一点付言します。一九七〇年代頃より日本でも徐々にＮＧＯが成長してきたことは既に申し上げましたが、ＮＧＯがさらに強力に活躍するためのボトルネックとして政府からの資金の流れが不十分だということがありました。私が経済協力局長の頃秋元義孝政策課長（後に在オーストラリア大使、宮内庁式部官長）がいろいろ工夫をして、日本政府の資金がＮＧＯに流れるような仕組みを考えてくれました。これはジャパン・プラットフォームと名付けられました。その後私は全くフォローしていませんが、今は相当な規模の資金フローになっているのではないでしょうか。

何事もなかなかスムーズに発展しない日本ですが、この仕組みは日本の開発援助がグローバル化時代にふさわしいものとなるための一つのステッピング・ストーンになったと思います。一つだけ心配なのは、この団体の定款を見ると自然災害等に対する緊急援助活動への資金的支援が中心になっているようで、ソフト分野でのＮＧＯ支援に結びついていないように見受けられることです。ＳＤＧｓの目的達成においても、教育や保健医療、乳幼児死亡率の削減、家族計画など広汎で基礎的人道分野での努力が重要であり、こういった分野での日本のＮＧＯが育っていくような工夫が必要だと思います。

パンデミックで世界が大変な苦みを味わい、今でもアフリカ等途上地域では十分な対策が講じられていません。さらに今後はポスト・コロナの新たな感染症の発生が懸念される中で、日本としては官民が協力して途上国を支援できる体制を作っておくことが必要です。

駐インドネシア大使時代のＯＤＡ

本省においてＯＤＡを担当した後も、インドネシア大使として、また中東担当の政府代表としてもＯＤＡとの関わりは続きました。ＯＤＡが日本外交の重要な柱であることから、これは必然的なことでした。

インドネシア大使時代については後述しますが、とりあえずここでは二点だけ申し上げておきます。一つは、日本の途上国外交にとって、官民の連携がいかに大切かということです。特に東南アジアではこの点は強調してしすぎることはないと思います。具体的には、政府が民間の投資がやりやすい環境づくりを手伝うということです。日本政府からインドネシア政府に制度面の改善要求をしたり、トラブルを抱えている民間企業を支援したりする、さらにはインフラ建設を通して企業活動がスムーズにできるようにすることなどです。

例えば、日本の企業はサプライ・チェーンを通じて海外からさまざまな部品を輸入して、インドネシアで加工度を高めたり、さらには完成品にして輸出するわけですが、そのためにはインドネシアの港湾がこれら物資をスムーズに輸送するための機能とキャパシティを持ってなくてはなりません。私がいた当時は、ジャカルタ港のキャパシティは小さく、物資の海外輸出入にはかなりの時間がかかっていました。物資が港の外で一ヶ月も二ヶ月も待たされるということが日常茶飯事で、新港の建設は切迫した課題になっていました。これを円借款でやろうということになりました。

また、ジャカルタの交通渋滞は実に深刻な問題で、インドネシアの経済成長に相当な悪影響を与えていました。そこで、日本の援助で地下鉄をつくれないかとの要望がインドネシア政府から出てきました。これも既に一部が完成し、現在二期目の工事が進められていると聞いています。

インフラ構築関係で思い出すのは、二〇〇五年にユドヨノ新大統領が閣僚七、八名を伴って愛知万博視察のため来日したときのことです。私も同行したのですが、中部国際空港から万博会場に向かうバスの中で、大統領は閣僚たちに大声で言いました。

「君たちには車外の日本のインフラが見えるか。インドネシアがこのようなインフラを持つようになるには何年かかると思うか」

閣僚たちはあてずっぽうに五年だ、一〇年だと言っていましたが、大統領は「いやいや、そんなものではないだろう。最低限五〇年はかかるのではないか」と言っていました。東南アジア随一の大国インドネシアにおけるインフラ建設問題を大統領はこれほど深刻に考えていたのです。

もう一つは貧困層への直接の支援です。まずＷＦＰ（世界食糧計画）との共同プロジェクトについてですが、当時インドネシアは食料の欠乏と乳幼児の栄養不足に悩んでいました。日本側はＪＩＣＡ事務所職員が不足していて貧困問題へのきめ細かな対応が充分にできない状態にありました。そこでＷＦＰジャカルタ事務所所長のモハメッド・サリヒーン氏と話し合い、一方は資金不足、もう一方は人手とノウハウ不足と、それぞれ問題を抱えているのであれば、「マルチ・バイ」というやり方で協力して支援プロジェクトをやればいいということになりました。日本が拠出した資金でプロジェクトを作ってもらい、日本からの支援であることが援助を受ける側にもはっきりわかるように日章旗と説明文が貼られた物資が配布されることになりました。プロジェクト実施にあたり、ジャカルタ市内のスラムの視察もしました。市内の目抜き通りの高層ビル街の裏側にまさに貧困そのものが支配している地域が数多くあり、一人当たり国民所得が中進国に入ろうとしていたインドネシアの現実の厳しさを感じました。

もう一つ申し上げておきたいのは、日本のＯＤＡのシステムの中に「草の根無償資金協力」というものがあります。通常の無償資金協力は、日本政府から相手国政府に資金を供与しますが、「草の根無償」は一〇〇〇万円を限度に、民衆に身近なところで生活改善援助を実施するもので、対象は貧困に悩む農村地域の学校やクリニックなど保健医療関係の施設、水の供給施設、小さな橋の建設など広範にわたります。しかも現地政府を通さず大使館に援助の要請を直接出せるのでスピーディーな援助ができます。私も小さな島の学校に体育館を建設したプロジェクトなど、何回か完成式に参加しましたが、先生や子供達が総出で歓迎してくれたものです。

中東・欧州担当政府代表時代のODA

フランス大使の仕事を終えて帰国し、二〇〇九年から中東・欧州担当の政府代表を五年ほどやりましたが、その一番大きな仕事はイスラエルとパレスチナの長年の紛争を解決するための国際的な努力に貢献することで、平均すると二ヶ月に一回ぐらい紛争に関係する国々や地域、つまりイスラエル、パレスチナ、エジプト、ヨルダン、レバノン、シリア等に出張していました。一九九三年八月のオスロ合意によってパレスチナ自治政府が成立し、米国、欧州が中心となりイスラエルとパレスチナが二つの国家として平和的に共存する道（「二国家解決」案と呼ばれる）を模索してきましたが、日本も将来パレスチナが国家として成立した場合に備えて経済的・社会的な基盤を築くために支援を行っていました。

私が政府代表になった頃は、このような目的のため西岸のジェリコに農産物加工団地が建設されている最中でした。私は、このような日本一国が行う援助に加え、経済成長の結果豊かな地域になりつつあったASEAN諸国と連携してパレスチナの経済成長を支援するフォーマットを構築することを考えました。それによって日本やASEANがパレスチナ問題解決のための国際的交渉の中での発言権を強化できるとも思ったのです。

ASEAN諸国の中でも経済成長に一定の成功をおさめた国々、例えばインドネシア、マレーシア、シンガポール、タイ等は自らも援助供与国になろうとしていたので、パレスチナ支援で連携する可能性はあると思いました。特にインドネシアとマレーシアはイスラム教徒の人口が多く、イスラエルに抑圧されたパレスチナ人への同情には深いものがありました。国内政治的にもパレスチナ支援はプラスの効果があると思われました。

他方で、オバマ政権下でジョン・ケリー国務長官が「二国家解決」案の考え方にそってパレスチナ問題解決への強い意欲を示していました。パレスチナ側もこれを歓迎していました。ケリー氏が国務長官になった直後、私はパレスチナ自治政府の首都ラマッラでアッバス大統領と会っていたのですが、彼はケリーの国務長官就任を喜び、「ケリーは私の友人だ、昨日電話をくれてすぐに会いに行くと言ってくれた」と述べていました。

ケリーは、特にパレスチナに対する経済的支援を梃子として何とかパレスチナとイスラエルの間の交渉を前進させたいと考えていたようです。私は東アジア諸国によるパレスチナ支援が米国主導の交渉の後押しになることも期待していました。

この構想を説明するため、私はインドネシアのマルティ・ナタレガワ外相やシンガポールのジョージ・ヨー外相などＡＳＥＡＮ主要国の関係者を訪ね、今や世界経済の成長ドライバーとなった東アジア諸国が協力してパレスチナの経済社会発展に貢献することが重要であることを説きました。パレスチナ自治政府ではアッバス大統領、ファイヤード首相に構想を説明し、東京で行う第一回閣僚会議にファイヤード首相に参加してもらうことにしました。

これらの下準備を経て二〇一三年三月、私とファイヤード首相が共同議長を務める第一回の「パレスチナ開発のための東アジア協力促進会議（ＣＥＡＰＡＤ：Conference on cooperation among East Asian countries for Palestinian Development）」が東京で開催され、アジア諸国が自らの知見やリソースを動員し、効果的なパレスチナ支援を検討する協議枠組みが発足しました。この枠組みを通じて東アジア諸国によるパレスチナの国家建設努力への支援が促進され、中東問題の「二国家解決」を通じた和平実現が後押しされることが期待されました。

二〇一四年にはマルティ・ナタレガワ外相が議長を務めた第二回会合がジャカルタで行われました。私自身は政府代表のポストを外れましたので現在どのような状況になっているかわかりませんが、今となって私なりにこの会議の創設を振り返ると、二つの意義があると考えます。

一つは、政府開発援助の世界で東アジア諸国が初めて連携して国際的な紛争地域に貢献をする枠組みができたことです。これを通じて今まで被援助国とされた国々も援助国としてより大きな役割を果たすようになれば、開発援助の世界の新しい流れとなることが期待されました。確かに中国が新興の援助国として台頭していますが、中国の場合は覇権主義の手段としての援助であり、我々の平和構築への貢献の動きとは質的に異なると言えるでしょう。

第二には、同じコインの裏表の関係にありますが、これまでASEANは内むきの地域主義を育ててきましたが、CEAPADは国際紛争に視線を向けての地域協力であり、ASEANが国際公共財として前向きな役割を果たす契機になることが期待されます。

2. インドネシアから日本を見る

私は二〇〇一年八月、田中眞紀子外相騒動の中で官房長職を解かれ、翌年八月インドネシアに大使として赴任しました。松尾事件、田中眞紀子事件と続いた騒動の中で、多くの同僚たちと同様心の中で積み上っていった鬱屈した気持ちを胸に抱えた中でのインドネシア赴任でした。

ジャカルタのスカルノ・ハッタ国際空港の南国の太陽の下で、私を出迎えてくれた日焼けした大使館員たちの明るい笑顔は忘れられません。そして連日のように在留邦人の方々やインドネシア各界の要人達と出会う中で、東京で溜まっていた屈託した気持ちが瞬く間に消え去っていくのを感じました。久々に外交の実践に身を置いて、改めて「外交官」としての自分のアイデンティティーを再確認していくプロセスであったように思えます。私の父や祖父が軍人として前線に出たいとの気持ちをいつも持っていたのがわかるような気がしました。

最近の外務省には、とにかく東京にいたい、権力の中枢に近いところに身を置きたいと考えている人が多いとよく聞きます。政策決定プロセスに直接関与するというのはもちろん大切なことですが、外交官は現場を見ないと情勢判断を間違えると思います。あとで申し上げますが、国連安保理改革に関するインドネシア政府に対する態度などはその一例だと思います。

もう一つ、日本にいるとわからないことは、肌で感じる対日感情です。インドネシア到着の数日後、ジャカルタ駐在の日本の特派員の方々が歓迎の夕食会を催してくれたのですが、朝日新聞の北郷美由紀特派員からこんなことを言われました。

「飯村さん、日本から見るインドネシアと違って、インドネシアから見る日本はとても大きいですよ」

この言葉はインドネシアを知らなかった私には「目から鱗が落ちる」ものでした。在任中、北郷さんの言葉はいつも頭の中にありました。当時のインドネシアは災害でも、テロでも、外交問題でも、経済問題でも、何かあれば日本を頼りにしていました。日本の存在感は大変に大きなものでした。しかしながら私が大使の頃には、そういう時代が終わりかけていました。次第に中国の存在感が大きくなり、インドネシアは中国の顔色をうかがうようになっていきます。

大使の仕事

大使はどういうことをやっているのかとよく聞かれます。簡単に言えば任国と日本の関係をどうすれば強くできるのか、そのため何をやるのかを考え、実施する仕事です。日本政府の考えを伝え、交渉し、また在留邦人と協力して日本とインドネシアの間の経済的、人的、文化的交流を促進することが重要な任務です。さらにインドネシアにおける日本のイメージを良くするために何をやるべきかをいつも考えていました。文化広報や政策広報と言われるものですが、さまざまなプロジェクトがいつも山のようにありました。

広報の一つの手法として、ODAと連携することも有効でした。特にインドネシアのような途上国は、地方に行くと小・中学校の建物、橋、図書館など住民にとって必要なものが未整備でした。「草の根無償」といって、こういうものをいわば寄付するのです。よく贈呈式に参加しましたが、地元の新聞で大々的に報道されると、日本の好感度が相当上がります。大規模なODAは相手国の経済や社会生活の改善に幅広く貢献するのですが、小さな自治体の人々は中央政府から見捨てられているという気持ちを持っている場合が少なくないので、日本のイメージを辺鄙な地域から積み上げていく有効な手段となります。また地元の指導者達とのつながりも深まります。

インドネシア大使として特に重要な仕事は経済関係強化と緊急時対応

インドネシアは世界最大のイスラム教徒の人口を抱える大国であり、太平洋とインド洋を繋ぐ戦略的要衝に位置し、ＡＳＥＡＮ（東南アジア諸国連合）のリーダーとも言うべき立場にあります。ここがいずれかの大国の勢力圏に入れば東南アジアの地政学的地図はガラリと変わることになるでしょう。当時中国が台頭しつつあり、東南アジアが大きく変わる可能性が少しずつ感じられ始めてきた時代でした。

国家・民族は自らの生き残りを求め、人心もこれに応じて変化しますから、私がこれから申し上げることはあくまで二〇〇二年から二〇〇六年までのこととしてご理解ください。事実、二〇〇八年ごろから中国の対外政策はよく言えば積極化、悪く言えば大国主義的色彩を深め、更に習近平政権になってからは文字通り覇権主義的になってきます。東南アジア勤務を終えてからの現地感覚はあまりありませんが、それでも現在仕事をしている政策研究大学院大学では東南アジアの研究機関との接触が多いので、インドネシア外交の様相がかなり変わってきているなと思うことがしばしばあります。後ほど触れたいと思います。

当時すでに投資・貿易ともに日本はインドネシアのトップレベルのパートナーとなっていました。インドネシアに進出している日本企業の数は抜きん出て多く、大量の雇用を作り出していました。私にとって最も重要な仕事の一つは、日本企業が進出しやすい環境づくりをインドネシア政府にはたらきかけることでした。ジャカルタ・ジャパン・クラブという、商工会議所と日本人会が合体したような大きな組織がありましたが、大使館はジャカルタ・ジャパン・クラブやＪＩＣＡ、ＪＥＴＲＯ（日本貿易振興機構）などと協力して、投資環境整備のための政策提言をインドネシア政府に行っていました。

日本のODAはインドネシア経済を支えていたと言っても大げさでないほどの規模だったので、世界銀行やアジア開発銀行と共に、インドネシア政府と経済政策の協議も頻繁にやっていました。財務省から大使館に出向していた大串博志さん（現在は衆議院議員）が実に有能で世銀、IMFと協力してインドネシア政府の予算の枠組み作りの作業を手伝っていました。当時は、アジア経済危機の直後でインドネシアがIMFの管理下にあったからそういうことも必要でした。今ではそれこそ内政干渉とみられて受け入れられないでしょう。

ジャカルタ・ジャパン・クラブの会長は中川勉東京銀行支店長、さらに後任として三菱商事の寺村元伸さんという方でしたが、私が退官後に日本・インドネシア協会の副会長になったとき（会長は福田康夫元総理でした）、寺村さんに専務理事になっていただきました。資金的にも、職員数から言っても、また活動面でもほぼ崩壊していた協会の立て直しができたのは寺村さんの尽力があってのことです。これも、ジャカルタで大使館と日本の民間セクターと一緒に汗をかいているうちにできあがった連帯感を背景にしての作業だったと思います。

緊急事態の発生も少なくなく、その対応には最も気を使わなければなりませんでした。実際、ジャカルタ着任直後の二〇〇二年一〇月には、バリ島で観光客二〇〇人以上が犠牲となるイスラム過激派によるテロ事件があり、日本人も二名犠牲になりました。私は爆破現場に翌朝向かいましたが、警察庁から大使館に出向していた桜澤健一書記官（のちに警察庁警備局長）はさすがトップクラスの警察官僚で、事件直後最初のフライトで単騎現地入りしていました。現場指揮に向かうインドネシア警察庁長官と同じフライトだったと聞きました。

その後もジャカルタやバリで高級ホテルの爆破事件が続きましたが、日本が積み重ねてきたそれまでのインドネシアに対する警察協力（日本の交番制度をインドネシアに導入したり、鑑識能力をレベル・アップするプロジェクトをやっていました。のちに小泉内閣で総理秘書官となる山崎裕人さんが警察庁から派遣されて、作り上げたプロジェクトで、日本の警察官が常時七、八人インドネシアに滞在していました）で築き上げられてきた日本とインドネシア両国の警察間の信頼関係もあり、テロ対策支援でも日本は重要な役割を果たしました。

また、より中期的な話ですが、インドネシアのイスラムが過激化することを防ぐ一助として、インドネシアに多く存在するイスラム系の寄宿塾（プサントレンと言います）の教師たちに広く世界を見てもらうことが大切だということで、教師たちを毎年十数人日本に招くプログラムも始めました。世界を幅広く見ることは過激化を防ぐことにつながると考えたからです。

さらにこういうこともありました。ＯＤＡ資金（円借款）を使ってインドネシア国立イスラム大学に医学部を作るプロジェクトを始め、大学校舎、病院の建設から始まり、医師の教育や機材の供与も行いました。プサントレンに通う生徒たちは貧しい家庭の子供たちが多く、これらの子供たちから医師を育成し、貧困層の医療のレベルを上げようという発想でした。このプロジェクトを始めた時、学長のアジュマルディ・アズラさんが言ったことが忘れられません。

「インドネシアがオランダの植民地であった頃はイスラム教はレベルの低い宗教と見做され、政治的・社会的に抑圧されていたが、日本軍の統治時代にインドネシア社会のメインストリームに位置づけられた。それ以来日本はインドネシア・イスラムの友人であると我々は考えている。そして、今回イスラム国立大学に医学部を作ってくれることになった。日本政府と国民に我々の心からの感謝の気持ちを伝えていただきたい」

アチェ大地震と緊急援助

二〇〇四年一二月二六日、スマトラ島北端のアチェ州で大地震と津波が発生し、二〇数万人の犠牲者が出ました。日本の特派員たちも続々と現地入りしていましたが、私も早く現場を見ておかないと日本としてどう対応するか見当がつかないだろうと思いました。そこで、地震発生後すぐに、災害対策の最高責任者のユスフ・カッラ副大統領に携帯でメッセージを入れました。普段から親しくしていたこともあり、とにかく一刻も早く被災地に入りたい、民間のフライトは飛んでいないが何か手段はないかと聞くと、ものの数分も経たないうちに返事が来ました。「明日関係閣僚数人と現地に飛ぶ。ハリム軍用飛行場朝七時集合だ。待っている」とのことでした。

メダン経由でアチェ州の州都バンダ・アチェに入り、副大統領一行と徒歩で市内を視察後、WFP（世界食糧計画）のヘリコプターでバンダ・アチェ郊外を上空から見ました。津波と地震の凄惨な爪跡に息を呑みました。カッラ副大統領から「日本に期待しているから」と言われたのをよく覚えています。

一月六日にはこの地震津波の被害に対応するための「ASEAN主催特別首脳会議」がジャカルタで開催されました。この時の東京の対応は実に素早いものでした。会議に出席した小泉総理大臣は、資金、人的貢献などで最大限の支援を行う、具体的には五億ドルの無償資金協力、自衛隊の派遣、緊急医療チームの派遣等を表明しました。

自衛隊が来てくれるというので、私は大使館員とともに準備のため再び現地に入りました。アチェ飛行場の片隅に日の丸を付けた先遣隊の自衛隊機が駐機しているのを見た時には感動で涙が出ました。「日本はここまでやれるようになったのだ」との思いが込み上げてきたのです。

日本からは一〇〇〇人以上の自衛官が搭乗した護衛艦三隻や消防庁や警察の職員、各地の病院から駆けつけた医師、看護師等により構成される緊急援助隊、さらには民間ＮＧＯによる大規模な支援が行われました。大使館は被災地に臨時事務所を設け、これらの活動の調整や支援を行いました。館員は雑魚寝で泊まり込み、蚊に悩まされながら文字どおり寝食を忘れて働いていました。外交官はワインを飲みながら優雅に過ごしているというイメージがいつのまにか作られ、機会があると批判となって噴出します。田中眞紀子大臣の騒動の前には機密費で競走馬を買った職員がいたことが報道され、国民の怒りを買ったことが外務省批判のきっかけになりました。こういうことがあると、ほとんどの外交官がそれこそ寝食を忘れ、厳しい環境の中で働いていることが忘れられてしまいます。

当時のインドネシアは経済的には現在ほど発展しておらず、国の体制も民主化への移行期でした。インドネシアにとって日本の存在が大変に大きかった時期で、日本の援助活動は現地で大きく報道されていました。例えば、護衛艦からエアクッション型揚陸艇二隻が何台もの車両を載せて浜辺に向かってくる様子は壮観で、インドネシアの新聞では一面トップに写真付きで載っていました。また緊急医療チームの活動も「顔の見える援助」でした。テレビや新聞で随分と取り上げられました。世論調査をやったわけではありませんが、日本の好感度はずいぶんとあがったのではないでしょうか。援助の規模感では、空母を出した米国が一番で、ヘリコプター搭載型を含む三隻の護衛艦を派遣した日本が二番目に目立ちました。もちろん災害支援は人命救助、復興支援などの中身が大切ですが、同時に各国の援助競争の側面もありますから、アチェ支援は日本の国益にかなうものであったと思っています。

ジェンキンスさんと曽我ひとみさんの出会い

アチェ地震・津波の直前の二〇〇四年七月に、北朝鮮に拉致されていたジェンキンスさんと一足先に帰国していた曽我ひとみさんの家族がジャカルタで再会しました。曽我ひとみさんが先にジャカルタに到着し、ご主人のジェンキンスさんはお嬢さん二人と北朝鮮からジャカルタにやってきました。ジェンキンスさんから聞いたのですが、北朝鮮の偉い人からは家族皆で帰ってきたら車を買ってやるぞと言われていたそうです。

拉致問題は在インドネシア大使館が直接担当していたわけではないので、自信を持ってお話できるのはジャカルタでご家族をお世話した部分だけです。我々の任務は北朝鮮からやってくるジェンキンスさんと二人のお嬢さんが曽我ひとみさんに同行して日本に帰るように全力を尽くすということでした。

七月初めの川口順子外務大臣と北朝鮮外相の会談のあとではなかったかと推測しますが、ジャカルタ出張中の本省の藪中三十二アジア局長（後に外務事務次官）からの一言がスタートです。

「飯村さん、おそらく曽我さん、ジェンキンスの出会いはインドネシアになります。滞在期間が一週間になるのか、一ヶ月になるのか、一年になるのかわかりませんが、その後是非家族全員で日本に帰ってもらいたいと思っています。よろしくお願いします。家族で静かに過ごせる滞在場所を探し、受け入れ態勢を準備しておいていただけますか」

ジェンキンスさんは米国からみれば脱走兵なので、犯罪人引き渡し協定を米国と結んでいる国での出会いは彼が忌避すると思われました。また北朝鮮が良好な関係を維持している国というとインドネシアと中国しか残らないのですが、中国は北朝鮮に近いので曽我ひとみさんは避けたいと思っているいうことでした。結局、出会いの地はインドネシアに決まりました。国民的関心が高く、人道的な問題だったので、大使館として断るという選択肢はありませんでしたが、思ってもみなかった仕事です。決して暇な大使館ではないし、「もしかすると一年かかる」などと言われて、心の中では「参ったな」と思ったのが正直なところです。

そこで、早速インドネシアのハッサン・ウィラユダ外務大臣に会いに行きました。インドネシア政府は協力してくれるかと聞くと、「全く異議はない。全面的に協力する」との返事でした。早速、どこに滞在してもらうか具体的な相談になり、私が「バリで目立たないヴィラはないか」と言うと、「いろいろあるが、スマトラの北部にも自分が知っているヴィラがある、そこもいいかもしれない」「治安当局に警備も万全にさせる」などと親身になって相談に乗ってくれました。我々はインドネシアに場所貸しをお願いするといった程度の感覚でしたが、ハッサン大臣にとっては第三世界の指導的国家として日本と北朝鮮の橋渡し外交を行うとの認識が強かったように思います。

インドネシアの外交関係者一般につき言えるのですが、彼らはかつてスカルノ大統領がイニシアティヴをとってネルー・インド首相、ナセル・エジプト大統領等第三世界の指導者たちを集めてバンドン会議を開催した非同盟外交を受け継いでいるとの気持ちが強いようで、折に触れこのような意識が表われてきます。先ほど私は、フランスは大国幻想の国、日本は戦前は大国幻想、戦後は平和幻想の国と申し上げましたが、その流れで言えば、インドネシアの指導者は自国を第三世界のリーダーであるとの幻想を引きずっているようなところがあります。特にハッサン外相は、当時のインドネシアは一九九七年、九八年の経済・政治危機を克服した直後でもあり、かつてのインドネシア外交を復活させたいとの気持ちが強かったように思われました。

当初バリ滞在案があったので、大使館員がバリで人目に立たないヴィラを探したりもしましたが、最終的には東京の意向でジャカルタのホテルとなりました。ジャカルタもホテルは多いのですが、警備に都合がよく、目立たずに出入りができるインターコンティネンタル・ホテルに決まりました。このホテルのオーナーの夫人は日本人で大変に有能な人で、曽我ひとみさんをこまめに面倒を見てくれそうだという点も決定的要因でした。北朝鮮の工作員も当然やって来ると思われたので、ワン・フロアを借り切り、エレベーターの出入りはインドネシアの警察官にコントロールしてもらいました。また同じ階には本省や大使館の職員、さらには医務官が常駐できる部屋も設けました。大使館連絡室のトップはいつも冷静な本清耕造総務参事官。北朝鮮の工作員が我々が借り切ったフロアに突入を図るなど何回も修羅場がありましたが、淡々と乗り切りました。

当然のことながら、この出会いは日本全国で注目され、毎日朝から晩までテレビで報道されました。二〇〇人以上の記者がジャカルタに詰めかけたので、プレス対応だけでも大使館の日常業務が停止状態になってしまうほどでした。もう二〇年近く前の話ですが、大使館の報道担当官の苦労話を一つ、二つ紹介します。

ジャカルタには日本のプレスの特派員は多いのですが、ジェンキンスさんと曽我ひとみさんの出会いの取材に日本からやってくる記者の取材を調整する「記者クラブ」のようなものはありません。ほおっておけば新聞、テレビ、雑誌、フリーの記者の間で無秩序な取材競争、いわばカオスになるのは自明です。そこで大使館の報道担当官の川崎書記官は事前に東京に出張し、関係メディア団体などと接触し、秩序ある取材が行われるよう入念に準備していました。

一つ鮮明に覚えている場面は、二〇〇四年七月九日のジャカルタ空港です。曽我ひとみさんがタラップの下でジェンキンスさんを熱烈なキスで出迎えるシーンが日本中に流され話題になりましたが、あの場面が流されるまでには川崎書記官は大変な苦労をしています。事前に、空港当局と代表取材について詳細な打ち合わせが行われ、タラップの下には新聞二社とテレビ一社が待機して出会いの場面を取材するということになっていたのですが、ジェンキンスさんたちの乗った飛行機が着陸する直前、空港当局から大使館の担当官に電話がかかってきて「代表取材は取りやめだ」と言ってきました。理由は分かりません。川崎書記官は私に、「この劇的再会の場面が取材できないと日本のプレスと大騒ぎになります。大使、空港長と直接掛け合ってください」と必死です。私は空港長に電話して、「これは国民的関心事だから取材させて欲しい。取材できなければあなたはクビになるぞ」と相当脅したのですが（私はあまりそんなことを言わない性格なのですが、何時間か前には小泉総理の飯島勲秘書官から「取材できなかったらあなたはクビだ」などと恫喝めいた電話がかかってきていて、東京の熱気を感じていました）、空港長はノーの一点張りで最後は電話を突然切られてしまいました。

そのあとはいくら電話をしても電話口に出なかったので万事休すと諦めていたのですが、しばらくすると熱烈なキスシーンがテレビで流れているではないですか。実は担当の川崎書記官が言うには、代表取材のテレビ局の記者がハンディのビデオ・カメラを持ってなすすべもなく立っていたので、「そのカメラ、ちょっと貸して」と言って、東京から来ていた拉致問題担当室の若い人に渡したそうです。そして、「常に曽我さんを映していてくださいね」と頼んだのです。そのときの映像があの熱烈なキス・シーンだったのです。カメラの持ち主の記者は「あの映像は自分の会社のものだ」といい、川崎さんは「記者全員に流すべきものだ」と主張してもめたようですが、まあ何とか丸く収まって私の首もつながりました。

ジェンキンスさん家族日本に向かう

家族が再会して何日か経っても、北朝鮮に家族をつれて帰りたいジェンキンスさんと、全員で日本に帰ろうと思っていた曽我ひとみさんの間で話し合いがつかず、膠着状態に陥っていました。心配した拉致問題担当の中山恭子総理補佐官が、「飯村大使、大使公邸で夕食会にでも呼んでいただいて、少しリラックスしてもらったら風向きが変わるのではないですか」と言ってこられ、それはいい考えだと早速夕食会を行いました。お嬢さんが食べたいと言っておられたスパゲッティなどを出して和やかな雰囲気になったところで、東京の担当課長（伊藤直樹北東アジア課長、後に駐バングラデシュ大使）が携帯電話を持って夕食会場に入ってきました。「ジェンキンスさん、お母さんから国際電話が入っていますよ」と言いながら受話器をジェンキンスさんに渡しました。これは相当効果があったようで、ジェンキンスさんは昂奮して「母と話すのは何十年ぶりだ！」と叫びながら、同席していた大使館員に案内されて別室に移っていきました。

この辺りから、彼の心に変化があらわれ、「日本は自分をきちっと取り扱ってくれる、東京に行っても米軍の軍法会議などでひどい目にはあわない」と吹っ切れたのではないでしょうか。その前に、ジェンキンスさんは私に紙切れを渡して、「これはコイズミがくれたメモだ、面倒をみると書いてあると聞いた」と一生懸命説明していました。勝手に想像するに、和やかな夕食会と母親からの国際電話が日本帰国の気持ちを固めたのかもしれません。

その後、同行していた中山恭子総理補佐官や外務省アジア局齋木昭隆審議官（後に外務事務次官）、伊藤北東アジア課長と東京の間でやりとりがあって、七月一八日に家族揃って帰国という手はずになり日本国内は喜びに沸くことになるのですが、駐インドネシア大使の私は、この時点からハッサン外務大臣と大揉めに揉めることになり、私にとっては本件の一番の難関がやってきます。というのは、ハッサン大臣にはできる限りこちらの状況をブリーフしていたつもりでしたが、彼にしてみれば、「自分が橋渡しをしているのだからジェンキンス夫妻の帰国については当然自分と協議するはずだ、自分の出番もあるはずだ、ましてや帰国日程もあらかじめ自分に相談せずに決めるなどありえない」と思い込んでいたようで、一八日帰国という話を日本の記者団のぶら下がり取材で聞いたことに驚愕し、強い怒りを感じ、とにかく許せないと思ったらしいのです。

その結果、帰国直前にジェンキンスさん家族全員でメガワッティ大統領にお礼に行くというアレンジをしたのですが、日本大使は来るなという連絡が入り、私は表敬訪問から排除されました。いつも筋を通す齋木審議官は「日本の代表たる大使が同席しないなどという話はありえない」と主張し、車列の出発を体を張ってでもブロックすると言っていましたが、私は一行が日本に帰った後もインドネシア政府とは付き合わなくてはならないので、強硬策だけは勘弁してくれ、とにかく大統領表敬に行ってもらいたいと述べ、一行の車列はメガワティ大統領との会見場に向かいました。

ハッサン大臣はこの一件を相当根に持ったようで、それまでよく仕事で会っていたのが、これを機会に「出入り禁止」になってしまいました。会わないし、たまたま会っても口をきいてくれないのです。田中眞紀子さんが外務大臣の時に「出入り禁止」になったのに続き、「二度目の出入り禁止」です。

実は、このほかにもう一つ外交上の揉めごとで日本外務省がハッサン外相のメンツを潰す事件が重なり、日本大使の顔を見たくないという状況が結構長引き、閉口しました。その後大統領選挙があり新しくユドヨノ氏が大統領に就任し、二〇〇五年三月に開幕した愛知万博を視察するために非公式に訪日します。同行した数名の閣僚の中にハッサン外相（彼は二代の大統領のもとで外務大臣を務めた）が含まれていたので、私は万博会場を歩く大統領一行に後ろから近づき、ハッサン大臣に「あなたは私に対して怒っているのか」と単刀直入に聞きました。彼は「そうだ、怒っている」とブスっと言いました。私は「すべてミスコミュニケーションから始まっている」と述べましたが、大臣からは発言はありませんでした。そのままぶらぶら黙って、並んで歩いて行きましたが、その後大統領一行は東京に向かい、ハッサン大臣とも徐々に会話もできるようになったので、「出入り禁止」は半年強で終わったと私は理解しました。インドネシアの人々はプライドが高いので、軽視されていると思わせるようなことは避けなくてはいけないとつくづく感じました。

インドネシア人のプライド

インドネシア外交を進める上で留意する必要があることが二つあります。

一つはインドネシアの人々の日本に対する期待値の高さです。この期待に応えていくことが大切なのですが、同時に恩恵を与えているような態度をとってはいけないと思っていました。

最近でこそ中国の影響力が広がり、様相は変わってきたようですが、当時は援助といえばともかく日本に頼もうという感じでした。二〇〇五年に大統領になったユドヨノ氏がメガワティ大統領の下で政治治安担当調整大臣（副首相格の調整大臣が他の分野も含めて三人いました）だった頃、ジャカルタを訪問した日本の国会議員団に述べた言葉が思い出されます。会談の冒頭、彼は次のように言いました。

「本日、日本を代表する皆さんに、改めてインドネシアが建国史上三回お世話になったことにつきお礼を申し上げたい。一つは独立の時であり、二つ目は経済発展の過程において、三つ目は九七年、九八年の経済危機の際に日本はインドネシアを支えてくれた。心から感謝申し上げる」

この挨拶は、中国や韓国から厳しい批判を浴びせかけられるばかりの日本の政治家の心を打ちました。

ユドヨノ氏は大統領に当選した際、日本代表の私の表敬を最初に受けてくれました。それも、もともと最初に予定されていた米国大使の表敬をひっくり返してのことでした。米国大使のボイスさんもいい人で、「やあ、ユタカにしてやられた」と言っていました。ボイス大使の次に中国共産党の政治局の代表団の挨拶を受けていました。この時期のインドネシア大統領の国別ランキングはこんな感じだったのだと思います。

しかしながら、最近の中国の台頭は目覚ましく、インドネシア側も日本と中国を両天秤にかけて、どちらと組むのが国益に叶うかを考えて行動しているようです。国と国の関係は損得勘定が大きな要素ですから当然のことでしょうが、目前の損得でなく、中期的、長期的な損得を考えるよう働きかけることが大切だと思います。インドネシアに対する中国の働きかけがますます強くなる中で、現在の日本大使館員は苦労しているのではないでしょうか。

最近のインフラ・プロジェクトについての話ですが、日本が円借款で支援する方向で進んでいたジャカルタ・バンドン間の新幹線プロジェクトに突然中国が割って入ってきました。常識では考えられないような好条件を出し、インドネシア側は中国のオファーに飛びつきました。あれから、何年経ったでしょうか、中国支援のプロジェクトは遅々として進んでないと聞いていますが、想像するに同じように煮え湯を飲まされているケースは他にも出ているのではないでしょうか。特に、現在のジョコウィ大統領は地方の小企業の経営者出身で、邪推かもしれませんが、国と国の間で信頼関係が果たす役割をよくご存じないのかもしれません。

もう一つが、プライドの話です。先ほど申し上げた「恩恵を与えるとの態度を露骨に見せてはいけない」という話と裏表の関係にあります、これは、小さな国であろうと大きな国であろ

う と同じですが、自分の国には誇りを持っています。途上国援助の世界ではこの点の配慮が大事です。日本人に時々見られる大国意識、先進国意識、これはせっかくの援助を台無しにしてしまう可能性を秘めています。

インドネシアの人々は人懐っこく、美しい微笑で我々外国人を迎えてくれますが、「援助してやっているのに」とか「途上国のくせに」といった傲慢な気持ちを持っているとすぐに嗅ぎつけられます。自らの力で植民地国オランダと戦って独立を勝ち取ったプライドがあることは、インドネシア人の気持ちを理解する上で忘れてはならない点だと思います。

また、インドネシアは人口二億を超える東南アジアの最大の大国であり、第三世界の指導国家の一つ、ＡＳＥＡＮの盟主であることを強く意識しています。

その点、私が不安を感じたことがあります。日本政府がドイツ、ブラジル、インドと「Ｇ４」を結成し、二〇〇五年に安保理常任理事国、非常任理事国の拡大、拒否権に一定の制限を付す等の内容の決議案をまとめ、各国に働きかけを行っていた時のことです。「Ｇ４決議案を支持しない場合は日本の援助にマイナスの影響がありうると、インドネシア政府に伝えよ」との訓令が届きました。いわゆる「ネガティヴ・リンケージ」ですが、私は直感的にこのようなスタンスの背後にインドネシアの人々は日本の大国主義的傲慢さを感じ取るに違いないと思いました。政治的にも途上国を「敵か、味方か」に色分けするような行動は日本の国益に資さないと思ったのです。

実は、この頃インドネシア政府の内部に安保理改革について二つの考え方があり、ハッサン・ウィラユダ外相は日本がアジアの代表として常任理事国になることには否定的でした。彼と話している時、「アジアからは非同盟運動の代表格のインドネシアがなるのが自然ではないか」との発言があり、G４決議案についても大統領の了承を取らないまま否定的な発言をしていました。一方、カッラ副大統領はもっと現実的で、「インドネシアは日本の経済力に依存しているのだから、日本の常任理事国入りを支持するのは当然」との考えでした。インドネシア政府の中が割れていたのです。

このような状況の中で、私は「ネガティヴ・リンケージ」の訓令を執行するつもりはありませんでしたが、日本支持派のカッラ副大統領と全く二人だけの席で「日本政府の中にこういう考えが存在している」とだけ説明して反応を見てみました。それまでニコニコしていたカッラ副大統領の表情が不快感でにわかに曇り、「しかし、そういうことを言う人たちは日本とインドネシアの関係がお互い様であることをわかっているのか」と述べたのを覚えています。

その後、インドネシア外交当局がG４決議案に否定的な姿勢をとる中で、中国との関係で決議案を支持したものかどうか悩んでいたユドヨノ大統領を説得し、支持の方向に持っていったのはカッラ副大統領でした。副大統領は、インドネシアの当面の最大の課題は経済再建であり、そのためには日本の支援は不可欠である、G４決議案を支持しないとの選択肢はないとの認識を持っていました。ある席で、ユドヨノ大統領が私に近づき、「日本を支持することにした、追って外務省から正式に伝える」と述べたのは、G４の国々が採決を断念する前日のことで、結果としてインドネシア政府が日本側に連絡する時間はあまりありませんでした。

いずれにしても、日本がG４決議案を支持しなければ援助を止めるなどと言っていることがインドネシア世論に広がれば、「そうか、日本はインドネシアを恩恵を与える対象と考えているのか」との反応が出て、インドネシア人のプライドを傷つけ、さらにはナショナリズムを刺激したに違いないと思っています。インドネシアは一九七四年に反日暴動が起きた国であることを忘れてはいけないと思います。

アチェ独立運動の解決を求めて

私がジャカルタで勤務している頃、インドネシア北端部のアチェ州では武装独立運動が盛んで、この問題の解決がインドネシアの国家的一体性を維持するために極めて重要な課題になっていました。また、ジャカルタにいる日本の特派員たちの間では、「日本政府は途上国で政治的役割を果たすと言っておきながらアチェ問題では何もやらないのか、掛け声だおれではないか」という声も聞かれ始めました。私としては、なんとかしてインドネシア政府と独立派の間での和解のために貢献したいとの気持ちがあり、タイミングを探っていましたが、何せ独立派の指導者たちはストックホルムに亡命しており、きっかけをつかめない状況でした。

アチェは昔からイスラム信仰の強い地域で、外部の支配に激しい抵抗をしてきました。インドネシアの植民地化を進めていたオランダに対しても二〇世紀初めまで抵抗を続け、第二次大戦後もインドネシアへの復帰を試みたオランダと戦うインドネシア独立戦争において大きな貢献をしました。インドネシア独立後は「自由アチェ運動」（ＧＡＭ）が組織され、国軍との間で武力闘争を展開してきました。インドネシアは多民族、多言語で構成され、国家の一体性の確立は常に大きな課題でした。中央政府は特にアチェを国家の体制内に取り込んでいくことに腐心してきました。

二〇〇二年一〇月だったと記憶しますが、私はユドヨノ政治治安担当調整大臣（当時。その後大統領に選出される）のオフィスに招かれ、「近々にインドネシア政府とアチェ独立運動（GAM）の間で停戦協定が結ばれる可能性が出てきている、和平が国際社会に支持され、復興に結びつくことを示すために国際会議を東京で行いたいと思っている、協力してもらえないだろうか」と依頼されました。ユドヨノ大臣によるとヨーロッパか米国のいずれかを考えたが、自分としては同じアジアの国、特に日本での開催を強く希望しているとのことでした。

私は一も二もなく協力するつもりでしたが、意外なところから反対が出ました。外務省の東南アジア担当部門から強い反対が表明されました。「インドネシア人はプライドが高く国内問題への外部の干渉を嫌う、国内からどんな反発が出るか分からないからここはリスクをとるべきではない」というのです。確かに一理あるのですが、「私は、肝心要のインドネシア政府の責任者から要請を受けている、それもインドネシア国内で人望のある人物である、日本も自分勝手に縮こまっている時代は終わったのではないか」と反論しました。相手は頑として引きません。

あまりやりたい方法ではなかったのですが、このアチェ和平協力は米国のラルフ・ボイス駐インドネシア大使と組んで準備を進めていたので、彼から国務省経由で当時の竹内行夫事務次官に働きかけてもらいました。竹内次官は私の前任のインドネシア大使でしたから、「なんでこんな前向きの話を潰すのだ」という当然の反応で、インドネシア政府の要望を受け入れるよう担当課長の上村司南東アジア二課長に指示を出しました。上村司さんは、アラビア語専門の外交官であったため、インドネシアを専門にしている外交官たちの意見を尊重しようとしていたのかもしれません。

二〇〇二年暮れ、東京のＪＩＣＡ市ヶ谷センターで米国と世界銀行、それに最後の段階で自分たちも入れろとねじ込んできたＥＵの議長国ギリシャを加えた四者共催でアチェ和平復興支援会議が行われました。

話は横道にそれますが、この支援会議の準備会合がジャカルタで行われた時、ノルウェーの大使がなぜ日本がイニシアティブを取るんだと不快感を表明していたのを思い出します。私はこの態度を全く理解できなかったのですが、後でＥＵ加盟国の一人の大使に聞いたところでは、おそらくノルウェー大使は自分の国が中東和平でオスロ合意を仲介し、またノーベル平和賞を出す国であるとの強いプライド（世界平和の御本尊といった自意識とでも言ったところでしょうか）があって、自分たちが知らない間にこのような会合が行われることが決まったのを不快に思っていたのだろうとのことでした。平和貢献も国際競争の対象だということがよく理解できました。

いずれにしても、この会議が強い後押しとなって、インドネシア政府とＧＡＭの間で停戦合意が成立しました。その後私たち共催者、つまり日本大使、米国大使、ギリシャ（ＥＵ議長国として）大使、世銀ジャカルタ所長は、アチェの草の根レベルの人たちに「平和の配当」について周知し、和平を支持してもらうためにアチェ各地で住民との対話集会を行いました。

しかしながら国軍の和平への反対は頑強で、各地で武力衝突が再発し、その後数ヶ月して停戦状態が崩れる危機に陥りました。ユドヨノ大臣はメガワッティ大統領が国軍を支持しているのでこれ以上どうしようもないとの姿勢でしたが、ボイス米国大使と協力して最後の努力をしようとユドヨノ大臣を説得し、二〇〇三年春に東京でＧＡＭとインドネシア政府の間で停戦立て直しのための話し合いを改めて行いました。残念ながらこの交渉は不調に終わりましたが、双方の代表団の最後の発言で、ＧＡＭの代表が「今回このように日本政府がアチェのために努力をしてくれたことを自分たちは一生忘れない。アチェ人民を代表して心から感謝の気持ちを表明したい」と涙を流しながら述べたのが思い出されます。

二〇〇四年、和平派のユドヨノ氏が大統領になり、カッラ副大統領がＧＡＭとの交渉を担当するようになりました。カッラ副大統領は就任するや直ちにＧＡＭ、特にストックホルムにいる指導部ではなく、アチェ現地のゲリラの指導者の一部と接触を始め、これがうまくいけば日本で本格交渉を行いたいとの意向を持っていました。

私は何回か副大統領の執務室に招かれ交渉状況のブリーフを受けていましたが、「要は金だ、金で解決する」というのが彼の口癖でした。私が「そうは言ってもＧＡＭの政治参加を何らかの形で認めないと和平は実現しないのではないか、ＧＡＭと国軍の間の不信感から見て、国際的なモニタリングを考えないと和平プロセスはうまくいかないのではないか」とコメントすると、「そういうことはディテールであって、本質ではない。後で考えれば良い。要はＧＡＭの連中に経済的恩恵を与えれば問題は解決する」との返事が返ってきました。結局、この現地司令官たちとの交渉はストックホルムの最高司令部の了承を取ることができず、アーティ・サーリ元フィンランド大統領が和平の仲介役として乗り出すことになりました。

その後二〇〇四年一二月のアチェの大地震・津波でＧＡＭの兵士たちの多くが死亡し、その勢力は大きく削がれ、大勢は和平の方向に流れていきます。最後はＥＵ主導の武装解除のモニタリングが行われることになり、日本の和平プロセスにおける存在感は減少しますが、戦後復興・国土再建において日本は大きな貢献をすることになります。

中国の台頭の加速化と日本・東南アジア関係

私がジャカルタに在勤している間、インドネシアを含む東南アジア諸国での中国の影響力が次第に強くなってきていました。まだこの頃は、インドネシア人は困ったときには日本頼りという傾向が強かったのですが、それも次第に風向きが変わりつつあり、中国の顔色を見ながら日本にも頼るという現象が出始めていました。また次第に日本、中国別々にアプローチし、どちらが自分にとって有利か両天秤にかける始める事態が起きていくのですが、それはもう少し先のことです。

二〇〇四年のシンガポール出張で会ったシンガポール外務省のトップの一人は、「私たち東南アジア諸国連合（ＡＳＥＡＮ）加盟国一〇か国にとって、一体性を維持し外部の諸大国との間で中立性を保つことは極めて重要であるが、中国の影響力の下に置かれている国々、中国と距離を置こうとしている国々、中立的な立場をとる諸国と三つのグループに割れつつあり、今後ＡＳＥＡＮの一体性をどうやって維持していくかが大きな課題になると思う」と言いました。

ジャカルタにはＡＳＥＡＮ事務局がありますが、当時のオン・ケン・ヨン事務局長と昼食を取りながら日本・ＡＳＥＡＮ関係について意見交換した際、彼が「一九九〇年代、マハティール首相が東アジア経済グループの創設を提唱した頃はＡＳＥＡＮ諸国は何をやるにも日本の方を見ながら自らの立場を決めていた。今はがらりと様相が変わり、皆の視線は中国を向き始めている」と述べていたことが思い出されます。まさに時代の雰囲気を表す発言です。

そのような雰囲気の中で東アジアサミット（ＥＡＳ）に向けた議論が始められ、二〇〇五年一二月にはクアラルンプールで第一回サミットが行われました。その準備プロセスでの最も大きな問題は東アジアサミットの構成国の範囲でした。中国の意を受けた国々はＡＳＥＡＮ一〇か国と中国、韓国、日本の一三か国を主張し、日本やシンガポールは、それに加えてインド、豪州、ニュージーランドの一六か国とすることを主張し、水面下で論争がありました。この時はＡＳＥＡＮ＋６の考え方で東アジアサミットを発足させることで合意を見ましたが、基本的には中国が影響力を行使しやすい小さいグループにするか、あるいは中国の発言力を極力抑えることが出来るような組織にするかの考え方の対立であったのです。

中国の台頭をユドヨノ大統領はどう受け止めたか

おそらくジョコウィ現大統領は外交に全く素人で、独自の戦略観は持っていないと推測します。ユドヨノ前大統領は現役当時は優柔不断との批判がありましたが、エリート軍人出身だけに戦略的見識は持っていたと思います。私自身彼の戦略観を直接耳にする機会に恵まれました。二〇〇五年に愛知万博視察のために非公式訪日したユドヨノ氏は、万博視察の後東京に向かいました。東京では小泉総理大臣が首相公邸での非公式の夕食会に招きました。

小泉総理は「この部屋で外国のお客さんと食事をするのは初めてだ」と言っておられましたが、小ぶりな和室での和やかな会合でした。ユドヨノ大統領はこのような機会でこそ小泉総理大臣と本音ベースで世界の大局につき話し合いたいと思っていたようです。ちょうど日中関係が緊迫していた時期で、インドネシアを含め東南アジア諸国は北方の二つの大国の争いを息を潜めて見つめていました。北方の巨象が喧嘩をすると踏みつけられるのは東南アジアの我々だと当時彼らはよく言ってました。

大統領はおおむね次のように述べたことを記憶しています。

「小泉総理、今晩はぜひ東アジアの今後の展望につき率直に話し合えたらと思う。まず自分の意見を述べさせていただくが、自分は中国が台頭する中にあってこの地域の戦略的均衡を回復せねばならないと考える。そのためには日本等の域外国がこの地域にいっそう関与していただくことが必要である」

いわゆる勢力均衡論です。アメリカの名前は口にはしませんでしたが、私は日本やアメリカなどの域外の大国がインドネシアなど域内の指導的な国々と協力して、台頭する中国との間で力の均衡を作り出さなくてはいけないと言おうとしていると受けとめました。

この年は日本政府が安保理常任理事国枠の拡大と日本の常任理事国入りを求める国連改革のための外交活動を活発化していた時期であり、中国では日本製品の不買運動や、首都北京でも大規模な反日デモが起こり日本大使館に対する投石事件も発生していました。小泉総理大臣は当面の日中関係の対応で頭がいっぱいであったのでしょう、ユドヨノ大統領の戦略的な議論をしたいとの気持ちには直接応ずることなく、「自分がこんなに中国との友好を望んでいるのになぜ中国人は私の考えを理解してくれないのか。本当に残念だ」といった日中間の二国間関係の話に終始しました。東アジア全体を俯瞰するような戦略的な議論に入らず、結局すれ違いに終わってしまいました。小泉総理大臣は相当率直に自分の中国に対する気持ちを述べていたので、それはそれで居並ぶインドネシア側の指導者たちは興味深そうに聞いていましたが、私は陪席していてこれまで何度も見てきた光景であるとの印象を持たざるをえませんでした。

数年あとの話ですが、私は外務省を退官後日本インドネシア協会の副会長として、ほぼ毎年福田康夫会長（元総理大臣）に随行して財界人とともにインドネシアを訪れていました。会談の相手が経済閣僚の時は経済問題がテーマであるので違和感はなかったのですが、大統領、外務大臣との会談では同じようなすれ違い、すなわち戦略論を展開するインドネシアと日本・インドネシアの二国間関係を語る日本の間で議論のすれ違いが起きていたのを思い出します。中国が大国主義的な外交を露骨に進めるようになった現在、日本も日中関係をグローバルな戦略的観点から見る必要が出てきているので状況は大分変わってきたと思いますが、数年前までの日本の政治家たちの間には東アジア情勢を戦略的視点で見る人は少なかったように思います。ユドヨノ大統領と小泉総理大臣の夕食会の会話はその典型でした。

日本人はどうしても東南アジアの国々や中国との関係を二国間関係の枠組みで捉え、よりグローバルな視点からそれぞれの二国間関係をとらえることが少なかったのです。中国が超大国化した現在、日中関係もグローバルな視点で論ずる必要性が増しており、最近では戦略的視点に立った中国論、東南アジア外交論が増えてきています。特に二〇一六年に日本が「インド太平洋構想」を打ち出して以来、純粋にバイラテラルな視点のみでの東南アジア外交論は減ってきているような気がしますが、東南アジア諸国は欧米列強による植民地支配を経験しているだけに、アジア全体の情勢への目配りは日本人の比ではありません。世界のパワーバランスがどのように動いているかじっと観察しており、場合によっては強い国に乗り換えようとするのです。それが生き残りのための小国の知恵なのでしょう。

したがって、日本人が「あの国は親日国だ」「この国は反日」などと思い込んでいると、思わぬどんでん返しが起こることがありうると思います。特に、現在のような国際情勢の激動期には対インドネシア外交も細心の注意を払いながら進める必要があります。

終章 * 「第四の開国」を求めて

1. 東南アジアとパワー・ポリティックス

現役を退いて

二〇〇九年に駐フランス大使を辞し外務省を退官したのち、中東・欧州担当の政府代表の辞令を頂きました。仕事の大半はイスラエル・パレスチナ紛争を中心とする中東和平問題で、担当課（中東第一課）の有能にして勤勉な杉浦雅俊事務官に支えられ、各国の利害が錯綜するこの問題における日本の発言権を強めるべく、ほぼ二か月に一回くらいのペースでイスラエル、パレスチナ、エジプト、ヨルダン（時にシリア、レバノン、サウジアラビアや米、英、仏の西側主要国にも足を伸ばしました）を訪れていました。

主たる目的は、オスロ合意で成立したパレスチナ自治政府の発展を支援するとともに、イスラエル・パレスチナが平和的に共存する「二国家解決」を目指す国際的努力に貢献することです。日本の武器はODAと外交活動です。さらに、この地域で植民地主義国家として負の遺産を持つ欧米と違い日本に対するアラブ諸国の感情は良く、この三つが日本の努力のベースになっていました。

中東和平問題については、一九七三年の第四次中東戦争の際、日本政府は米国の圧力に抗して二階堂官房長官談話を発出し、その後一貫してアラブ諸国寄りのラインを維持してきました。この談話が現在に至るも日本の対アラブ諸国外交を支えています。この地域からの安定的な資源の確保もこのような立場を取ることなくして不可能だったと思われます。

私は自分が政府代表の立場にある間に、日本のパレスチナ外交に新味を出したいと思い、外務省の担当部局と議論し、近年経済成長著しいASEAN諸国とともにパレスチナ支援を行う多国間協力の組織作りに手をつけました。この点は日本のODAについて述べた際（第3章1）説明した通りです。

また、二〇一一年には有名な「アラブの春」が起き、多くの中東諸国は政治的にも経済的にも混乱していくわけですが、エジプトではムスリム同胞団政権の崩壊後二〇一四年に大統領に選出された軍人出身のエルシーシに就任直前に会う機会がありました。澄んだ眼と穏やかな語り口で、今度お会いする時は日本からの援助について具体的にお話ししましょうと述べていたことが印象的でした。これはエジプトだけではありません。サウジアラビアなど豊かな国は別にして、ほとんどの国は自国の経済発展のために日本に期待するところが大きいと思います。当時はまだ中国の中近東地域への関心は大きくありませんでしたが、これからのグローバル・

サウスでの影響力争いでは、どこまで日本が政府・民間の経済力を動員できるかによるところが少なくないと考えます。

私は中東・欧州担当の政府代表のポストを最後に外交の現場を離れましたが、その後も日本インドネシア協会の副会長として福田康夫会長を支えて民間外交に携わり、また東京大学の公共政策大学院や政策研究大学院大学にあってアカデミズムの世界から日本の外交を見てきました。特に政策研究大学院大学では政策研究院シニアフェローとして、経産省出身の篠田邦彦教授と二人三脚で東南アジアのシンクタンクとの共同研究のネットワーク構築、シンポジウムやワークショップの開催などに力を入れるとともに、日本国内では産官学の方々の参加を得て「インド太平洋協力研究会」を立ち上げ、政府に対する提言活動を行ってきました。

また、学生時代からの曲がったことが嫌いな癖が残っているのでしょうか、コロナが猖獗を極めている中で二〇二一年の東京オリンピック・パラリンピックを開催しようとする日本政府の動きには我慢できなくなり、上野千鶴子さんや春名幹男さん、三枝成彰さん、落合恵子さん、内田樹さんなどと一緒にデジタル署名運動を通して反対の声を上げました。特に私の背中を押したのは看護師不足が叫ばれる中で、オリンピック組織委員会がボランティアで五〇〇人の看護師を集めようとしたことです。日本の国民にとっていま何が最も大切なのか、こうした認識が全く欠如していることに心の底から怒りを覚えました。オリンピック開催直前でしたので、今更と言われましたが、上野さんも私も最後まで戦うという気持を持っていました。また、このような声が日本国内で上がっていることを国際的にも発信することは、日本に常識が残っていることを示すという意味があると思っていました。このため、外国特派員協会で記者会見を行ったりしました。

私のような穏健保守派から共産党までを含むオリンピック反対運動ということで、『しんぶん赤旗』に私のインタビューが掲載されました。一部の外務省ＯＢが「飯村は親元を裏切るのか」と批判しているとの話が伝わってきたり、故安倍晋三元総理に近い右寄りの記者からは絶交されたりしましたが、いまだに金まみれのオリンピックへの嫌悪感は消えません。最近電通などの不正が表沙汰になってきましたが、当時から多くの人々が予想していたことです。

日本の対外戦略において東南アジアと中国の関係をどう見るか

外交の最前線から離れてからも、このように世界情勢や日本外交の歩むべき道に強い関心を持っていましたが、本章では、外交官としての体験を踏まえつつ、現在の混乱する世界をどう見ているのかを述べたいと思います。第３章の終わりで、ユドヨノ・インドネシア大統領と小泉総理大臣との対話の様子についてお話ししましたので、まず東南アジアを戦略的にどう見るべきか、私の考えを述べたいと思います。

第一に、日本では外交や経済を仕事としている人々、あるいは一部の研究者を除くと東南アジアに対する関心は高いとはいえませんが、この地域、とくにＡＳＥＡＮ地域は太平洋とインド洋の接点に位置する戦略的要衝です。また近年急速な経済成長を見せ、国際経済のエンジンとなるなど日本にとって極めて重要な地域となっており、米国、ＥＵと並び貿易・投資の重要なパートナーでもあります。

一九七〇年代から日本のＯＤＡの多くがこれらの地域に投入され、民間企業も積極的に進出し、経済社会発展に貢献してきました。人口規模ではインドネシアは大国、ベトナム、フィリピン、タイは中規模国家と言えますが、この地域の国々は国際的影響力から言えば「小国」に過ぎませんでした。そうしたことから、ベトナム戦争最中の一九六七年にＡＳＥＡＮ（東南アジア諸国連合）を結成し、できるかぎりグループとして行動するようにしていますが、域外大国の影響力に翻弄され、統一的な意思を形成するのに難渋しています。

第二に、中国はこの東南アジアの勢力圏化に力を注いでいます。中国にとっては特に台湾の南方に広がる東南アジアをしっかりと掌握しておくことは「台湾解放戦略」上極めて重要なことです。これは中国が軍事力を行使する場合のみならず、非軍事的手段で目的を達成しようとする場合も同様です。

中国は「台湾解放」のため軍事力を行使する可能性を排除しないことを明らかにしていますが、台湾統一のため実際に大変なリスクを負って武力行使するかどうかは別問題でしょう。孫子の兵法に「戦わずして人の兵を屈するは善の善なるものなり」という言葉がありますが、習近平にも「戦って勝つのは下策、戦わずに勝つのが最上」という孫子の考えは頭の中にあるはずです。

それでは、何もしないのかというと、中国共産党、人民解放軍のトップとして、そのようなことは許されない。そこで、習近平としてはまずは営々と築き上げてきた軍事力を更に強化し、これを背景にしつつ、台湾を戦わずして落とす、このため台湾を取り囲む周辺地域、とくに東南アジア地域を中国の勢力圏下におこうとしているのではないかと思います。また、韓国や日本と米国の関係を疎遠にし、西太平洋での米国の軍事的行動の自由を奪いたいところでしょう。

また、ウクライナ戦争で構築された日米欧の統一戦線が台湾問題をめぐっても出来あがるのを避けたいところでしょう。その意味で、欧州諸国を日米などの台湾政策から切り離すことを狙っていると思います。「戦略的自律」を唱えるフランスは恰好のターゲットだと考えます。このようにして、徐々に台湾統一の環境を作っていこうとしているのではないでしょうか。

言い換えれば、中国は台湾に対する圧力を強めるとともに、国際的にも台湾を孤立化する、特にASEANを含む周辺アジア地域を親中化するという「車の両輪」戦略をとっているのだと思います。これで熟柿が落ちるが如く台湾統一が成ればベストで、どうしても前に進めなくなった時のオプションとして軍事力使用の可能性を排除していないのだと思います。私は過去二〇年東南アジアを見てきていますが、大半の国では指導者層も含め人々は中国を恐れ、中国の顔色を窺い、中国のいうことには反論しない傾向が強くなっています。

二〇一七年一一月、習近平主席がトランプ大統領との記者会見で「太平洋には中国と米国を受け入れる十分な空間がある」と発言しました。この発言は中国が抱く太平洋の分割構想を示すものと受け止められましたが、海軍力等の中国の軍事力強化と相まって、ユーラシア大陸の南東部とその周辺の島嶼部たる東南アジア地域の勢力圏化が進めばこのような発言の現実化への一歩となることにもなるでしょう。

最近では、さらにソロモンなど南太平洋諸国にも影響力を伸ばそうとする中国の外交努力が伝えられています。実際、習近平主席は二〇二二年五月三〇日に　中国と太平洋諸国との外相会議に寄せた書面挨拶で、「中国と太平洋島嶼国のさらに緊密な運命共同体を協力して構築したい」と呼びかけています。さらに「国際情勢が如何に変化しようとも、中国は一貫して太平洋諸国と志を同じくする友人、困難を共に切り抜ける兄弟、ともに前に進むパートナーだ」と強調し、「アジア太平洋の平和と安定を守り、各国の発展や繁栄を促進することは地域人民の共通の願いであり、地域国の共同責任だ」と述べたと伝えられています。

二〇〇五年のユドヨノ大統領の小泉総理大臣に対する発言の背景には、このような中国の勢力圏拡張と軍事力強化についての危機感があったと思います。そして大統領は、中国の思うままにさせてはならない、これを防ぐには東南アジアの国々だけでは非力であり、いくつかの大国が関与して勢力均衡を回復しなくてはならないと考えていたのでしょう。

習近平政権になってその対外政策は極めて覇権主義的になっています。二〇〇〇年代の東南アジアでは、親中勢力、中国と距離を置こうとする国々、中立的な国々に別れつつありましたが、現在ではさらに中国の影響力が増大しており、東南アジア諸国が全体として中国寄りにシフトしつつあると言えるかもしれません。ＡＳＥＡＮの一部諸国が領有権を主張している南シナ海問題についても中国の反発を恐れてか、統一的な自己主張ができないままでいます。

仮に東南アジアが中国の勢力圏に入った場合、日本からインド洋・中近東に向かう通商航海路は不安定化し、場合によっては中国による軍事的威嚇の対象となり得ます。東南アジアの命運は日本の将来を左右するのです。

近年、日本でも北朝鮮の核・ミサイル開発に加え、台湾有事にいかに対応すべきか、頻繁に議論されるようになっています。つい最近まで平和幻想に浸っていた日本が国際社会の現実を直視するようになったことは大きな前進と言えます。中国、北朝鮮の軍事力は急速に拡大され、いつ日本に対する軍事行動が発動されてもおかしくない状況になっているのです。その意味で台湾有事の問題を直視し、これに備える安全保障上の体制を作ることは戦争を起こさせないという観点からも不可欠なことと考えます。

そもそも日本のような地政学的環境の中で、憲法九条さえ唱えていれば平和に生きていけると思うのは深刻な勘違いだと思います。多くの日本人が、中国や北朝鮮の軍事的恫喝に対し、うかうかしていてはいけないと考えるようになっています。これは、日本が国際社会で、志を同じくする国々と協力しつつ、独立国として主体的に生きていくための第一歩だと思います。

また、日本国憲法前文の「日本国民は……平和を愛する諸国民の公正と信義を信頼し、我らの安全と生存を保持しようと決意した」というような考えが許される状況にないことは国際的な常識ではないでしょうか。私自身は、平和は努力して構築すべきもの、平和が存在するためには力の均衡が必要であり、勢力均衡があって初めて国際協力が作り上げられていくと考えていますので、日本国内の雰囲気は平和憲法への盲信と日米同盟への過剰な依存が目立った一時期より改善されてきていると考えます。

第三に、米国は一九七〇年代ベトナム戦争で敗北を喫し、東南アジアの大陸部から兵を引くとともに、海洋における軍事プレゼンスを通して地域の安定に関与するとの立場をとっており、米外交にとってASEANは二義的な重要性しか帯びない存在になってきたように見受けられます。日本が対ASEAN政策に力を注いでいる間、米国は例えばASEANの主催する首脳レベルの会合にもしばしば欠席してきました。欧州主要国の対応も同工異曲でした。このような態度はASEAN加盟国の中でも親米的なインドネシアやシンガポールを失望させてきましたが、中国の台頭に伴いASEANを含むインド・太平洋地域に対する米国の関心は強まり、今度は逆にＡＳＥＡＮ諸国は米中の対立に巻き込まれることを恐れ始めています。日本としては、このようなアジアの国々の気持ちをくみとりつつ、東南アジア外交を展開することの重要性を米国に伝えていくべきと思います。

最後に、中国の一本調子の大国化がこれまで通り続くのか、疑問符がつき始めたことも申し上げておきたいと思います。軍事と外交についてはこれまで通り覇権主義的行動が続くでしょうが、経済成長については人口の長期的減少傾向が始まった中で長期的な経済成長のダイナミックスを維持できるのかは疑問とする見方が出ています。

令和五年一月一八日付日経新聞朝刊は、「中国国家統計局が同一七日、二〇二二年末の人口推計を発表し、その中で外国人を含まない中国大陸の総人口は一四億一一七五万人で、二一年末から八五万人の減。出生数は一〇六万人減の九五六万人で、一九四九年の建国以来初めて一〇〇〇万人を割り、死亡者数は二七万人増の一一〇一万人だった。人口減少は大躍進政策で多数の餓死者を出した六一年以来。一時的要因ではなく減少傾向が続く見通しだ」と報道しています。

また、国家統計局は同日の発表で、中国の二〇二一年のＧＤＰ成長率は三％で、過去五〇年近くで二番目の低水準であったことが明らかになりました。中国の経済はパンデミック下の二〇二〇年にＧＤＰ成長率二・二％を記録していますが、これを除くと今回発表された経済成長率はマイナス成長だった一九七六年以降最も低かったことになります。中国共産党の厳しいゼロコロナ政策に対する国民の反発が強まり各地で騒乱が起きた結果、二二年一二月には突然ゼロコロナ政策を緩和しましたが、その結果感染が更に拡大し中国経済にマイナスの影響を与えるのか、逆に経済が活性化し再び成長軌道に戻るのか不透明な状況にあります。

いずれにしても、最近の中国の様子は、世界が恐れていた中国の急速かつ一本調子の大国化が、東南アジア情勢、さらには国際情勢全般を見るにあたっての所与のものではなくなる可能性を示しています。しかしながら、巨大な軍事力を抱える中国が覇権主義的行動を改めるようなことはないでしょう。むしろ、国民に対して共産党政権の正統性を示してきた経済成長路線が勢いを失っていく中で、「中華民族ナショナリズム」に依存していく可能性があり、台湾統一を含む対外的冒険主義の誘惑が強まっていくことが懸念されます。

米国依存一本槍の安全保障政策のリスクが高い

国際政治におけるパワー・ポリティックスは必ずしも日本の得意とするところではないのですが、アメリカのやることに従っていればいいというわけではありません。

二一世紀に入っても、二〇〇一年の米国同時多発テロ以降の米国の中東における冒険の失敗に始まり、オバマ政権のアジアへのリバランシング政策を経てトランプ政権の気まぐれな対外政策に至るまで、米国には確固とした一貫性のあるリーダーシップがないという現実をいやというほど見てきました。

バイデン政権は米国の対外政策の立て直しを図っており、ウクライナ支援における米国のリーダーシップにはめざましいものがありますが、すでにかつてのような国力はありません。さらにはロシアがウクライナ侵略で見せたように、ポスト冷戦時代にできた欧州の秩序を受け入れていない「修正主義勢力」であること、つまり欧州大陸の今後は安定しない可能性が高いことが明らかになってきました。よく言われるように、米国は太平洋と大西洋の双方に現状変更を狙う二つの大国を抱えるに至ったのです。このような状況にアメリカ一国で対応できるのか、答えはノーだと思います。

日本は中国、ロシアとは違い、法の支配と民主主義を大切な価値と考える国です。その意味で、米国は志を同じにする国であり、日米同盟関係の維持が不可欠と考えますが、同時に米国内政の混迷ぶりを見ると日米同盟一本槍はいかにも危ういと思います。インド太平洋地域で志を同じくする国々、つまり英国などの欧州諸国、豪州やカナダ、インド、韓国、フィリピンなどとの連携を深めるとともに、特に日本なりの独立した情勢分析に基づいたアジア政策を持ち、自らの防衛力を強化し、また、より積極的に、より対等なパートナーとして米国を支えうる自立した日本のあり方を具体的に構想する時期にきているのではないでしょうか。

最近発表された国家安全保障戦略等の政府三文書は、近年日本の対外政策がその方向に舵を切っていることを示しているように見られますが、さらに防衛力の強化をスピードアップし強固なものとしていく必要があるように思われます。中国の急速な軍事力拡大、北朝鮮の核開発の状況を見れば、ことは急ぐことは自明です。政府は中国、北朝鮮に対する抑止力の一環として、中距離ミサイルなど相手方の国内の基地を叩き得る「反撃能力」の配備に向けて動き始めました。彼我の間に力の均衡を作り、戦略環境を安定させるために不可欠の一歩だと考えます。

フランスの戦略家でしたら、真の意味で自立した防衛力を持つためには、核保有が必要ではないかと問いかけるでしょうし、私も核保有論には理論的には一定の理があると考えますが、日本が置かれた内外の政治環境を考えればこのような選択肢はないと考えるべきでしょう。

私の外務省の先輩は、次のように述べています。

「日本人の核の選択をしないという意思は強固で、このことは日本の防衛思想において所与の要素である。しかし、日本人が相当程度の安全保障を希求するのであれば別の姿が浮かんでくる。それは攻撃により被った被害に応じる被害を確実に攻撃者に与える非核の限定的な報復のための軍事力を保持する日本の姿である。日本の地政学的な位置と諸国間の力の均衡という動態力学を前提とすると非核の限定的な戦争抑止力を持つことで、相当程度の安全保障を実現し得るとかんがえる」（英正道著『日本人のための長期安全保障戦略』）

著者は非核限定戦争抑止力をもって、長期的には「非同盟外交」の道を進むべきと考えているようですが、私はこのような戦争抑止力が有効であるためには、一つには「限定的な戦争抑止力」とは言っても十分な抑止力たり得るためには相当規模の打撃力を備えること、第二には米国の核抑止力と連動させることが必要と考えます。また、非同盟が日本にとって良いオプションであるかは疑問です。もともと孤独な国日本が、さらに孤独になるのがオチではないかと思います。私は、むしろ英国、豪州、カナダ、韓国等のミドル・パワーが連携して、集団的戦争抑止体制を構築すべき時期が来ているのではないかと考えます。

すでにこれらの国々とは近年安全保障面で連携が深められてきていますが、これをさらに一歩前に進め反撃能力の分野での協力を考えるべき時期に来ているのではないかと考えます。これは、NATOに類するような新しい同盟関係の構築を論じているのではなく、実体的にこれらの国々が中距離ミサイルや巡航ミサイルを南太平洋等に配備し、場合によっては日本と連携して使う可能性を持つという意味で中国の戦域兵力に対する抑止力を形成するということです。

ＡＳＥＡＮは中立的な緩衝地帯とするのが得策

我々がいくらＡＳＥＡＮを真ん中に据えて、欧米諸国や日本・豪州がこれを支え中国と対峙しようとしても無駄でしょう。そういうことは一九九〇年代までならば可能だったかもしれませんが、時代は変わりました。彼らは中国との付き合いから利を得ており、同時に巨大な隣国を恐れています。中国の影響力は日に日に広がり、深まっています。我々がこの地域で正面から中国を封じ込めようとすれば、ＡＳＥＡＮの国々は我々についてこないだろうと思います。日本以上にＡＳＥＡＮは経済的に中国に依存していますし、また東南アジアに幅広く居住している華僑はそれぞれの国の経済の柱となっていることを忘れてはならないと思います。

もちろん米国の存在が、アジア太平洋地域の安定に不可欠であることも多くの国々は認識しています。それゆえに、この地域の国々は米国と中国のいずれかを選べと迫られるのを最も嫌うのです。これはシンガポールのリー・シェンロン首相も米の外交誌で述べています（『フォーリン・アフェアーズ』誌、二〇二〇年八月号掲載の「危機にさらされたアジアの世紀」）。その意味で、日本はＡＳＥＡＮ諸国をやみくもに我々の陣営に引き摺り込もうとせず、東南アジアにおいて米中の利益が正面からぶつからないよう、東南アジア地域を全体としてある種の「中立的な緩衝地帯」とする「力の均衡」を作ることがベストの策であることを米国や豪州も理解しなくてはならないと思います。

既に述べたように、米国人は白か黒かの二元論的世界に馴染んでおり、敵か味方かはっきりしないＡＳＥＡＮとの付き合いは苦手だと思いますので、このへんの間合いは日本が米国に助言していくべきなのです。逆に、日本が米国追随型のＡＳＥＡＮにおける日本に対する信頼感は低下することになるでしょう。日本は独自のＡＳＥＡＮ外交を展開すべきです。

防衛力の強化と軍縮・軍備管理

力の均衡を達成するためには防衛力の強化が必要ですが、軍拡競争だけではアジアは不安定化します。今の段階では空理空論と言えましょうが、中・長期的には軍事力の強化と軍縮・軍備管理はまさに「車の両輪」として進められていくべきだと思います。

第一次大戦後ワシントン条約及びロンドン条約により海軍兵力の軍縮が取り決められたのは、一九二〇年から三〇年にかけてのことです。それ以降アジアでは第二次大戦、朝鮮戦争、ベトナム戦争等が続き、一度も軍縮の努力が行われませんでした。他方で米ソ間では冷戦下でも戦略兵力削減交渉、ＩＮＦ条約（中距離核戦力全廃条約）、通常兵力においては欧州大陸の東西分断線をまたいで中部欧州通常兵力削減協定などが結ばれ、緊迫した東西関係の中でも軍事関係の安定化を図る努力が行われていました。

そう簡単に中国が軍縮・軍備管理の交渉に応ずるとは考えられませんが（特に米中の間で戦略核兵力において不均衡が存在している現状下でそうだと思います）、ＩＮＦ条約の交渉が始まる前にＮＡＴＯが決めたいわゆる「二重決定」が参考になるかもしれません。ＮＡＴＯは、一方で西ヨーロッパにおいて中距離弾道ミサイル（パーシングⅡ）配置を決定するとともに、他方でソ連に対して中距離弾道ミサイルの軍縮を提案したのです。この交渉は最終的にＩＮＦ条約として合意をみて、欧州大陸から中距離弾道兵器が全廃されることになります。日本としては、このような防衛力の充実と軍縮・軍備管理の推進という車の両輪路線を追求すべきと考えます。

いずれにしても、「力の均衡」が達成されてこそ、異なる勢力間の関係が安定し、協調と協力が可能となることは多くの識者が指摘しているところです。一九世紀、欧州でフランス、ドイツ、オーストリア、ロシア、英国の間で力の均衡が達成されて、その上で「欧州協調」と呼ばれる協調と協力関係が築かれていったことを思い起こしたいと思います。ヘンリー・キッシンジャーがその著書『外交』で述べている通りです。

同様に、日本の一層の自立と日米関係の強化は、中国との間で力のバランスを回復することを目的とするものであって、中国に敵対するものと見られるべきではないこと、究極的には日中間の協力関係の構築が目的であることを中国側に理解してもらうことが重要だと思います。習近平のような海外体験がなく、国際社会を知らない、いわばドメスティックな人物が中国共産党のトップに立っている限り、無い物ねだりかもしれませんが。その点周恩来や鄧小平など海外生活の長い革命世代が中国を支配していた頃は話が通じやすかったかもしれません。

先ほどＡＳＥＡＮが一体性を維持し、外部勢力の間の中立的な地域として存続することが重要であることを申し上げましたが、これが実現してこそ、インド太平洋地域は日本や中国やアメリカ、豪州、ヨーロッパなどの協力の場となり得ると考えます。その意味で、諸大国がインド太平洋協力構想を提唱する中で、インドネシアのイニシアティヴでＡＯＩＰ（ASEAN's Outlook on the Indo-Pacific）と称するＡＳＥＡＮ独自の構想が打ち出されたことは誠に望ましく、日本もこの構想の具体化に向けて支援の姿勢を明らかにしています。ＡＯＩＰ推進のため日本とＡＳＥＡＮのパートナーシップを構築すべきでしょう。

他方で、米国を軸にした日本や豪・印・韓・英・比などがインド太平洋で進めている安全保障面での協力について、ＡＳＥＡＮの一部で中国に敵対的な動きとして神経質になっていることには留意する必要があります。彼らは米中対立がこの地域に持ち込まれるような動きを嫌います。ここで、「日本の民主主義諸国との連携路線」と「ＡＳＥＡＮとの協力政策」との間に潜在的な衝突が生じますが、日本はこのようなＡＳＥＡＮの懸念を鎮めつつ、自らの安全保障強化のための民主主義諸国との連携を強化するとの「車の両輪」路線を進めるというバランス感覚が求められます。

また、中国は「インド・太平洋」というコンセプト自体が中国を包囲しようとする試みであるとして、この構想に警戒心を示してきましたが、今後は逆にＡＯＩＰを受け入れ、中国に有利な構想にするような策に出ることもありえると思います。その意味ではＡＯＩＰ自体が日米豪などと中国の間の勢力圏争いのひとつの舞台となることも考えておかねばなりません。

中国の経済的囲い込み戦術に要注意

中国は米中関係の緊張が常態化する中で、周辺諸国との経済的な結びつきを強め国際的立場を強化しようと考えています。二〇二二年一一月一六日付日本経済新聞にこのような記事が載りました。

「習近平国家主席は四月、経済政策を担う共産党組織中央財経委員会の会議で『国際的なサプライチェーンをわが国に依存させ、供給の断絶によって相手に報復や威嚇できる能力を身に付けなければならない』と強調。相手国の対中依存度を高め影響力を高めたいとの思惑が透けて見える」

もし習近平主席が正確にこのように述べていたとすれば、なんとも率直な発言ではないでしょうか。「衣の下から鎧」を見せたかに見えます。日本が対中経済関係を進めていく際には、究極的には中国の指導部はボリシェヴィズムの伝統を受け継ぐ政治的な動物であることを十分認識していなくてはなりません。RCEPの署名は誠に結構なことであり、長きにわたり交渉を進めてきた関係者には深い敬意を表したいと思いますが、これからは同時に中国の経済力に飲み込まれ、政治的に振り回されないようすることが大切だと考えます。その意味で日本としては、米国がTPPに復帰するよう粘り強く働きかけるとともに、米国が先般発表したIPEF（インド・太平洋経済枠組み）が具体化され、また参加国が多くなるよう支援を続けることが大切だと思います。

さらに、二〇二三年五月のG7広島サミットで採択された首脳宣言で表明された「デリスキング」の考え方を実現することも重要です。先進諸国としては中国を自ら切り離す（デカップリング）のではなく、中国が自分たちの重要な技術にアクセスするのを制限すると同時に、中国に危険なまでに依存しないサプライ・チェーンを構築することは特に欠かせない努力であると考えます。

ソフトパワーの重要性

最後に、力の均衡の「力」とは軍事力、経済力だけではなく、文化や科学技術力などを含んだ総合的国力であることを指摘したいと思います。ハーバード大学のジョセフ・ナイ教授が述べているようにソフトパワーも「力」の一部なのです。ナイ教授は著書『ソフトパワー』の中で、次のように述べています。

「ソフトパワーは力の形態の一つであり、それを国家戦略に組み入れないのは誤りである。ソフトパワーとは何なのか。それは強制や報酬ではなく、魅力によって望む結果を得る能力である。ソフトパワーは国の文化、政治的な理想、政策の魅力によって生まれる。アメリカの政策が他国から見て正当性のあるものであればソフトパワーは強まる」

ナイ教授の米国のソフトパワーに寄せる思いは、ジョージ・W・ブッシュ政権、さらにはトランプ政権の間にその基盤が大きく崩れ、米国のソフトパワーに魅かれる人はもはや世界にあまりいないでしょうが（その意味ではナイは自国の道徳的偉大さに幻想を持っていた古い国際主義者でした）、ソフトパワーが力の形態の一つであると言うのはまともな考えであると思います。

さらに強調したいのは、すでに触れたことですが、日本人の英語力とコミュニケーション能力の低さは我々自身が自覚している以上に日本の存在感を弱めており、私はこれが原因で日本が没落するのではないかとすら思っています。いくら軍事力をつけても「沈黙の集団」日本では国際社会で力を発揮できないでしょう。

ソフトパワーは軍事力や経済力と違い数値化するのは難しいのですが、よく行われるのは世論調査で当該国の信頼度や好感度を見ることです。国際的には米国のピュー・リサーチ・センターが有名ですが、日本外務省もハリス社（米）やＩＰＳＯＳ社（香港）に委託して対日世論調査を行っています。二〇二一年度に行ったＡＳＥＡＮ諸国を対象とした調査でも92％の回答者が「日本は友邦として信頼できる」と回答しています。「今後重要なパートナー」としては初めて中国に首位を譲り、日本は43％で二位となりました。中国が48％、米国は41％で三位です。

ＡＳＥＡＮの大半の国の好感度の高さは日本との経済的関係の緊密性の反映という面もあるでしょうが、同時に東南アジアの人々には日本の国柄が魅力的に映っていることの反映でもありましょう。これ自体確かに日本にとっての資産ですが、ナイ教授は「ソフトパワーは強制や報酬ではなく魅力によって（自国が）望む結果を得る能力である」としており、これに従えば、日本が享受している好感度、もしくは信頼度を日本の対外政策への支持に転ずるためにはさらに二歩も三歩も前進しなくてはなりません。

当然のことながら、日本の政策が正義と公正と繁栄を求め、国際社会の全体的利益を追求しているものと受け止められなければなりませんが、同時に相手国世論に直接働きかける「パブリック・ディプロマシー」による絶え間ない宣伝活動や、ＯＤＡやＮＧＯによる相手国の経済、社会、福祉等の分野に対する継続的な支援により日本の好感度を増す努力が必要となってきます。

この点について付言しておきたいのは、日本への好感度が高い人々であっても「日本外交は米国追従型」というイメージを持っていることです。私は外交官としてかなりの数の国を訪れ、また居住しましたが、このイメージはかなり根強く広がっており、これを変えるのは容易ではありません。イメージというものは一旦できあがってしまうと、これを変えるのは国にしても、地方にしても、人間にしても簡単にはいかないと思います。

実際このようなことがありました。フランス大使の仕事を終え、二〇〇九年に帰国し以後数年の間中東担当の政府代表の任にあったことは申し上げた通りですが、その間パレスチナのアッバス大統領とは何度も会談する機会があり、率直な意見交換をする関係を築くことができました。あるとき、私が「イスラエル・パレスチナ問題の解決の見通しが全く立たない中で、イスラエルが西岸で入植地を急速に増やしている。西岸のパレスチナ自治区は空洞化しつつあり、パレスチナ人の将来は先細りのように思える。私はパレスチナ人に限りない同情を覚える」と言うと、大統領はニヤリと笑い、「いやいや、パレスチナ人に比べれば日本人はもっと気の毒だ。米国に二回も原爆を落とされ、その後アメリカのメッセンジャーのようになって使われている、それに比べればパレスチナ人はまだいい状況にある」と言いました。半分冗談めかした言い方でしたが、「日本はアメリカのメッセンジャー」という位置づけは大統領の頭の中でステレオタイプ的に刻み込まれていたようです。

実際に日本は第二次大戦後安全保障で米国に大きく依存してきました。しかしさまざまな外交問題では立場を異にしており、日米間で意見調整したり、またアジア政策ではさまざまな助言もしてきています。しかし、ステレオタイプというのは恐ろしいもので、日本がいろいろ努力しても、「それはアメリカに言われたからやっているのだろう」と思われてしまうのです。多くの国における日本に対する好感度の高さを実体のあるソフトパワーとするためには対外政策での日本の自主性・独自性を強力に打ち出していくことが大切だと思われます。

恐怖心を与えうることもソフトパワーです。人心は波間に漂う葦のようなものです。例えば中国が南シナ海でいくつかの環礁を人工島化し軍事基地にしていくのを米国が手を出さずに見過ごしていたことや、中国が着々と軍事力を強化していることは、東南アジア諸国における対中好感度を増すことにはならないでしょうが、恐怖感を与えることにより影響力を強化することにつながっているのです。

2．リアリズムと幻想

日本の進むべき道は大国外交か、ミドル・パワー外交か、あるいは小国外交か？

さて、これまで申し上げてきたことに対して、日本はいわば戦国時代のような環境の中で国際的な影響力を与えるだけの力量を持った国なのか、第二次大戦前のような大国幻想は捨てて、平和的・中立的な中級国家、もしくは小国としての道を歩むべきではないかとの疑問が湧き得るかもしれません。

敗戦後マッカーサーは「日本は東洋のスイスになれ」と言ったと伝えられていますが、日本が小国としての道を歩むことは、人口のサイズ、経済力、地政学的位置から言って国際社会が許さないと思います。国際政治のダイナミックスは、「力の空白」ができるといずれかの国がこれを埋めようとして動き、戦乱の元になることを教えています。一九世紀後半の朝鮮半島がこの例です。近代化が遅れたゆえに中国、ロシア、日本が朝鮮半島に影響力を伸ばそうとして争いが起きました。日本人が東洋の片隅で、非武装の中立国としてひっそりと生きていこうと考えることは、国際責任を放棄する無責任な行為であり、なし得るものではありません。

私が本書で述べていることは、自らを力の空白としない、また自らのライフ・スタイルを守りうる中級国家としての戦略です。この程度のことをやらなければ、この過酷な国際社会で中国やロシア、あるいは北朝鮮のように国家目標を達成するためには激しい暴力に訴えることをためらわない国々に取り囲まれている日本が生き延びる道はないだろうと思います。日本は歴史上そのような生き方を経験したことはあまりありませんでした。四方を海洋に囲まれるという地理的幸運が多くの場合日本の安全を保障し、また一五世紀以降欧米列強がアジアに進出し始めた時代には、結局当時の日本の為政者は自ら国を閉ざしました。国際環境がそのような生き方を許さなくなった一九世紀後半に入って初めて欧米列強の帝国主義の中でいわば「中級国家」として生き延びる道を模索し始めたのです。しかし、日露戦争での勝利の後、日本は「大国幻想」にとりつかれることになります。明治時代に我々が持っていた国際政治へのリアリズムと謙虚さ、さらに切迫した自立心が中級国家日本を支えていたと思います。

「力」が圧倒的な役割を果たしている世界で生存を図るには、国際社会の現実を見つめる徹底したリアリズムが必要です。日本を小国と呼ぶのは難しいと思いますが、東南アジアの多くの国々は人口、経済規模、軍事力、北方の大国中国の覇権主義への脆弱性から見ても文句なく小国です。私たちは東南アジアの国々に対する政策決定にあたっては、小国の苦労も少なくとも視野に入れておく必要があるのではないかと思います。

小国のリアリズムを考える上で参考になるのは例えばフィンランドの生き様です。大国の隣国として生きるという不幸を背負った小国が生き延びる道を確保することがいかに厳しいかをフィンランドは教えてくれます。いずれかの大国の保護国になったり、併合されたりする場合はともかく、不安定な国際環境において独立国家としての地位を維持しつつ小国として生きていくのには厳しいリアリズムが要求されます。幻想に取り憑かれやすい日本人にできるでしょうか。小国として生き延びている国を軽く見てはいけないと思います。

小国フィンランドの生きざま

私は一九七〇年代初め、フランスに留学している際、春休みや夏休みを利用してスウェーデンやフィンランドに時々遊びに行っていたのですが、それ以来特にフィンランドの外交政策に関心を持ちました。大国ロシアの陰で生まれた人口五五〇万人程の小国フィンランドの軌跡をなぞって見るのは参考になると思います。例えばカンボジアは今や中国のメッセンジャーのようにしてＡＳＥＡＮ諸国の間を動き回っています。カンボジア和平交渉や国づくりで我が国が果たした役割を知る日本の人々の中には、現在のカンボジアに失望感を持っている人が少なくないようです。しかし大国の隣で小国として生き延びることは容易ではありません。フィンランドの歴史はその難しさと、小国が故にリアリズムに徹しなければ生き延びられないことを教えています。

北欧の小国フィンランドは一九世紀初め、大国ロシアの一部として大公国となり、第一次大戦後はソ連の隣国として独立を維持するという苦労をしなくてはならない不運を背負いました。一九三〇年代にナチスドイツが台頭してくると、恐怖に襲われたスターリンは一九三九年秋フィンランドに侵攻します。フィンランド軍は厳しい冬の寒さの応援もあって、激しく赤軍に抵抗します。これはスターリンにとって予想外だったようで、プーチンがウクライナを舐めてかかって戦争を始めたのとよく似ています。いわゆる「冬戦争」ですが、小国フィンランドには国際社会の同情が寄せられ、スウェーデンを始め近隣国からは義勇軍も助けに入りました。戦争は約一〇〇日ほどで終了しますが、引き続き独ソ戦が勃発し、フィンランドはドイツの側に立って戦うことになります。フィンランドにとってはこの戦いは、あくまでも大国ソ連からの自立を守ることが目的だったのですが、国際社会は今度はナチス・ドイツの側に立って戦ったフィンランドに同情を寄せることなく、むしろ「ナチスの戦友」とみなしました。「冬戦争」で得た西側諸国の同情は雲散霧消してしまったのです。

フィンランドは戦争に負け、多くの領土を失いましたが、ソ連には征服されませんでした。東欧諸国のようにソ連圏に組み込まれることもなく、西欧民主主義国としてフィンランドは独立を維持し、またソ連からは自らの安全を脅かすことのない存在として見られ、生き延びることができたのです。東西冷戦の中でも、外交的中立と資本主義経済国としての地位を保持しました。できうる限りソ連を刺激せず、猜疑心を持たれないように細心の注意を払って行動していました。国際社会からは大国ソ連にいつもペコペコしている様子を「フィンランド化」と否定的な意味で呼ばれたりしましたが、結局、このような生き方がフィンランドの独立の維持と経済的繁栄を可能にしたのです。

私がヘルシンキを初めて訪れたのは冷戦さなかの一九七一年のことでしたが、フィンランドの友人によると、このような生き方がフィンランドが置かれた国際環境のもとで唯一可能な独立国としての生存策であるとして、世論も決して卑屈になることなくこの路線を支持しているとのことでした。フィンランドは冷戦が終結しソ連が崩壊するまでこのような形で生き延び、その後EU加盟を果たします。そしてロシアがウクライナを侵攻すると、中立国としての道を捨てて、ＮＡＴＯに加盟します。プーチンの侵略主義は中立フィンランドの存在の可能性を排除していると考えたのです。

それにしても、小国の外交に携わる者にはいかに冷徹なリアリズムが必要か、よく知っておく必要があると思います。フィンランドの著名な外交官マックス・ヤコブソンの言葉を彼の著書『フィンランドの知恵―中立国家の歩みと現実』から引用します。

「歴史は勝者が記すように、世界政治の筋書きは大国が描く。国際舞台で討議されるテーマとその優先順位は、半ダースほどの国の首都で、一握りの政治家、政府高官、編集者、学者たちの手で設定される。これは意図的でないにしても、効果を十分に発揮できる文化的帝国主義の形態である…。

キッシンジャーが二八〇〇頁に上る回想録の中でフィンランドに言及したのはただの一回で、それも一九七五年に行われたフォード大統領とブレジネフ書記長の会談の場所として言及したに過ぎなかった。私はそれをフィンランドへの関心の欠如に対する不満としてではなく、ほっとした気持ちで注視した。米大統領とその補佐官が直面する緊急問題は国際社会における疾病のリストだからである。だからそこに名がないということは、フィンランドの中立政策―大国の論争から自国を隔離させておこうという政策―が成功していることの証左である」

小国であれば、嫌な戦争をしなくてもいいし、武器を手にする必要もないと、「平和主義」、「中立主義」の理念に生きてきた一部の日本の人々は考えていますが、それは全くの勘違いです。平和に生きるためには多くの犠牲と努力が必要なのです。

フィンランドは独立を守るために熾烈な戦争をやったのです。大国ロシアを相手に一九三九年には「冬戦争」として世界中に知られた有名な戦争を戦い、スターリンの大軍を相手に独立を守りました。ソ連はこの戦争から、フィンランドは小さな国であっても軽々に手を出してはいけない国であることを学びました。冷戦時代には、NATOには加盟していませんでしたが、強力な軍備を備え、核戦争がいつ起きても良いように首都ヘルシンキの地下には首都の市民ほぼ全員が退避できる核シェルターを作っていました。

多くの大国は幻想の中で生きている

フィンランドのようにリアリズムを持って自国の外交と安全保障を考えるのは非常に難しいことです。多くの国は何らかの形で幻想を見たり、勘違いをしているのではないかと思います。対外政策とは抽象的なものではありません。生身の人間がやる以上、その国の文化や国民性、歴史的背景、地理的条件、また時代の特色を色濃く反映しているものです。外交を支えているのは究極的にはその国の国民であり、その国民がどのような対外感覚を持っているかが当事国の外交の形を作り上げていくのだと思います。

本書冒頭で申し上げたように、吉田茂は回想録の中でウィルソン米国大統領の補佐官ハウス大佐が「ディプロマティックセンスのない国民は必ず凋落する」と述べたと書いていますが、これから申し上げる国々がどの程度ディプロマティックセンスを持っているかは判断が難しいところです。

私が外交官として勤務し、それなりに土地勘を得たロシア、アメリカ、フランスの対外感覚、そして外交を支える国民的気質ともいうべきものについて述べ、その上で日本外交の特質につき私なりの考えを述べます。

ロシア人の対外感覚

まず、長い間フィンランドの生存を脅かしてきているロシアですが、モスクワ勤務の経験が二年しかない私がこのテーマを論ずるのは不遜なことですので、ロシア人の持つ対外恐怖心についてモスクワ大学の若い論客が述べたことを紹介した（第2章2）のに加え、ここでは北海道大学の木村汎名誉教授が著書『プーチンとロシア人』の中で説明していることを紹介します。

―ロシア人の国民的な性格を形作る要因の中でもとりわけ重要なのは自然的要件である。

―（広大な国土の存在に言及しつつ）ただ単に茫漠たる空間が広がっているだけではない。ロシアは天然の障壁（大洋、広く深い河川、そびえ立つ山脈など）で守られていない大陸国家である。アメリカのある専門家の表現を借りるとロシア民族は「無防備の大草原（ステップ）」に生息している。

―ロシア人の不安感や不信感は相手側をはるかに上回る保証を持たないと落ち着かないという過剰防衛癖となって現れがちである。

―ロシア人は我々の想像をはるかに超える程度に臆病で劣等感を抱き自信を欠如している人々なのである。欧米の先進諸国、特に米国に対するロシア人の劣等感たるや我々が想像する以上のものといえる。ところがそうとは知らず、米国はややもするとロシア人の力を過大評価する。

以上木村教授の著書のごく一部を紹介しましたが、これらに帝政ロシア、ソ連時代からの伝統的な大国主義を加えれば、ロシア人の不安定な自己認識が見えてくるような気がします。フランスやアメリカとは違って、ロシア国民が持っている大国意識は実存的な不安感に彩られているように思われます。それゆえ、侵略主義的な過剰な防衛に走るのではないでしょうか。

アメリカ人の対外感覚

私たちはロシアとは違った意味で米国の不安定な対外意識に振り回されてきています。米国は経済的にも軍事的にも政治的にも超大国であり、自由世界のリーダーはアメリカ以外には存在せず、米国がリーダーシップを発揮できないような事態が起きれば、世界は良くて混迷、悪くすれば激動の時代になるだろうということは容易に想像できます。他方で、他者を裁くのに性急で、また国際的なエンゲージメントと孤立主義的傾向のブレが激しく、この国と付き合うのには細心の注意が必要ということも指摘できるでしょう。その背景には米国が移民により、自由と民主主義という価値観・理念を軸に作られた人工的な国家であるということがあると思われます。

外交官の先輩小倉和夫氏は、かつて論文の中で米国を「理念の大国」と呼んでいますが、米国外交の特質は同じ西側民主主義国の中でも英国やフランスのように歴史の深奥から生まれてきた国々と異なり、まさにこのような過剰とも言って良い理念性があると思われます。このような特性が、往々にして他国の文化や政治に対する無関心、無理解にも結びつき、また冷徹な自己認識を持つことを妨げる要因になっているように思われます。

ここで、米国の偉大な外交官にして現実主義的な国際主義者ジョージ・ケナンが『アメリカ外交五〇年』（初版一九五一年）で述べている米国外交の特質についての記述を引用します。

「私が見るところでは、我々が過去において政策樹立にあたって犯したもっとも重大な過誤はいわゆる国際問題に対する法律家的、道徳家的アプローチと呼ばれるもののうちに求められる。このアプローチは過去五〇年間（注：一八九八年米西戦争から冷戦初期までのこと）のわれわれの外交政策を通じて赤い束糸のように織り込まれている。

法律家的観念と道徳家的観念との不可避的な結びつき、つまり国家間の問題の中に善悪の観念を持ち込むこと、国家の行動は道徳的判断の対象となるに適していると仮定することである。法律を守れと主張する人は誰でももちろん法律の違反者に対して怒りを感じるに違いないし、また彼に対して道徳的優越感を持つに違いない。かかる憤激が軍事闘争に投げ込まれる時、無法者を徹底的に屈服―つまり無条件降伏―させない限りそのとどまるところを知らないのである」


ひと言付け加えれば、このような米国の対外政策、あるいはこれを支える国民世論の特質が、その後見られるように第二次世界大戦、冷戦、二一世紀に入ってからの対イラク、アフガン戦争等の行動の根底にあり、逆に状況が思い通りに行かなかった時には内に閉じこもる孤立主義的な傾向が現れるのではないかと思います。

米国人が自国を大国とみなすことは全く間違いではなく、誰も幻想を見ていると批判をしないでしょうが、世界認識の中身はしばしば幻想に彩られていると思います。特にケナンの言ったように「国家の行動は道徳的判断の対象となるに適していると仮定している」が故に他国を裁くのに性急になってしまいますし、また、すでに申し上げましたが、チャス・フリーマン国防次官補が一九九〇年代前半私がワシントンに勤務していた頃、米国が中国との関係につき関与政策と封じ込め政策の二つの路線の間で腰が定まらない外交をやっていたことについて「米中関係が現在不安定になった根本的な理由の一つは米国民の世界観にある。アメリカ人にとっては世界は友邦と敵国と無関係な国々の三つの範疇に分類される。現在の中国はそのいずれにも入らないので、どうつきあって良いのか分からない。（当時の）日本に対しても同様だ」と言っていたように、対外認識のプロセスに問題点を抱えているように思われます。

その意味では、ド・ゴールから見れば米国は共産主義の侵略という幻想を見てベトナム戦争に突入していったわけであり、またシラクから見れば同時多発テロの衝撃を受けてイラクのフセインが大量破壊兵器を持っているとの幻想を見て、中東の泥沼にはまりこんでいったと言えるのではないかと思います。

フランス人の対外感覚

フランスには、ド・ゴール元大統領が大戦回顧録で述べた「フランスは偉大さなくしてフランスたりえない」という思いが、国民の深層心理に確固として存在していると思われます。フランスは国連安保理常任理事国であること、戦略核兵力を有していることを除けば、その国力から言って「偉大な大国」とは言いがたいものがあります。ドイツとともにEUの指導的国家であることを通して大国的な影響力を国際社会に及ぼしているのであって、フランス一国では大国と呼ぶには力足らずでしょう。しかもフランスは「多極世界」を唱え、EUをその一極と見做していますが、軍事的に米国、ロシア、中国と並べてEUが一極を名乗るのは無理があります。ウクライナ戦争は安全保障面では、ＥＵが米国に指導されたＮＡＴＯに依存している現実をあらためて示しました。

社会党のジョスパン首相の下で外相を務めたユベール・ヴェドリーヌが『国家の復権』という著書で「フランスは大国幻想を見ている」と書きましたが、まさに至言です。

確かにド・ゴール政権時代（一九五八～一九六九年）以来、フランスは自主独立外交を目指してきました。米国の立場にひきずられることなく、フランスは独立国として独自の分析と判断、独自の核戦力と価値観に基づいた自主的かつ独自の外交を行うという意味です。

このようなド・ゴール主義外交は、考え方としては現在のマクロン大統領まで脈々と引き継がれています。二〇二二年二月のロシアのウクライナ侵攻後、マクロンは繰り返しロシアを訪れ、プーチン大統領と対話を進めたり、二〇二三年四月に中国を訪問し、習近平主席に厚遇されたりしましたが、同大統領の「ＥＵは戦略的自律性と多極世界を追求すべき」との主張は、ＮＡＴＯ諸国やパートナーの国々との連携に十分な配慮を払わないと自由主義諸国の分断を狙う中国やロシアに逆手にとられかねません。この懸念が表面化したのが二〇二三年四月、訪中の帰途の機内で仏のレゼコー紙と米ポリティコ誌の三人の記者の独占インタビューを受けた際の同大統領の台湾問題についての発言です。

「長い間欧州は戦略的自律を有してこなかった。欧州にとってのリスクは欧州のものでない危機に巻き込まれることだ。……台湾問題を加速させることは欧州の利益だろうか。答えは否である。最悪のことはこの問題で欧州が米国や中国に追随することだ」（レゼコー紙の英語版ウェブサイトより抜粋）

この発言はマクロン外交のリスクを感じさせるものでした。日本がウクライナ戦争でここまで欧米諸国に協力してきたあげくに、日本にとって最も重要な台湾問題で「俺たちは巻き込まれたくない」というのです。それも習近平との会談の直後です。このような仏大統領の考えは私が最も懸念してきたことです。私はこれを「戦略的自律」ならぬ「戦略的利己主義」と呼びたいと思います。「欧州の問題は世界の問題。世界の問題は必ずしも欧州の問題ではない。どこまで関与するかはケース・バイ・ケースで考える」というのです。

3．危機の時代に生きる

日本の対外意識の特質

翻って東アジアを見れば、欧州列強が一九世紀以降東アジアを植民地化していくプロセスで、早い段階で近代化に成功した日本をのぞき、中国、朝鮮を含むアジア諸国は被支配者の立場に置かれました。特に朝鮮は自分達より劣っていると考えていた日本に併合され日本に対する強い怨念を胸に秘めることになり、今に至るも対外政策はその感情に縛られています。

中国はそもそも自らを世界の中心と考える中華思想の伝統を持っていますが、日本を含む列強の植民地主義の対象となり、この屈辱の歴史をバネに今や大国主義の道を歩んでいます。植民地主義の犠牲になったという過去は近代主権国家形成の基礎となる民族意識に深い傷跡を残し、今に至るも中国、韓国、北朝鮮の自己認識と対外関係上の行動に影響を与えています。

さて日本の対外意識の特色は、第一に、やはり孤立主義的、閉鎖的なことでしょう。もともと島国であり対外関係が希薄であった上、一九世紀半ばの開国に至るまでの二〇〇年以上の鎖国は日本人の国民性に多大な影響を与えました。地球上のほとんどの人たちが外の世界との交流や戦争など何らかの形で密接な接触や衝突の経験を持ちつつ自己形成をしてきたことに比べると、この点は強調しても、しすぎることはないと思います。対外的なコミュニケーション能力の欠如と孤立主義的、閉鎖的なメンタリティは日本人の顕著な特性を成していると言えましょう。

英語能力が世界最下位に近いほどのレベルであるという「言語の壁」と「孤立主義的・閉鎖的感性」は日本の対外的発信力、影響力に大きなマイナスになっていると思います。これらの点は私が申し上げるより外国の有識者に語ってもらった方が説得力があるでしょう。

まず、ハーバード大学の東洋史研究者ライシャワー元駐日大使が一九七〇年代半ばに出版した『ザ・ジャパニーズ』から引用します。彼は日本人の弱点を次のように指摘していますが、この弱点はいまだに克服されたとは言えないようです。

—日本人が狭苦しい国土で生き抜いていくためには大量の資源が遅滞なく流入し、その支払いを可能にするための製品が絶えず外国に流れ出し、しかもこの巨大な財の移動を可能にするような条件、つまりは世界平和と国際貿易環境の整備とが欠かせない。しかるべき世界的環境と好適な対外関係とは、かくして日本の存立にとって必要不可欠な前提となる。だが日本人が最も自信を欠くのがほかならぬ対外関係なのである。……強い自意識、稀有な均質性、緊密な社会構造など日本社会の持つ強みや美点ですらが、外部世界と関わる時にはむしろの負の条件になってしまう。

――（日本語は）他国民とのコミュニケーションの巨大な障害になっている。日本の対外接触にとって言語的障害がどれほど大きいかを本当に認識している人は日本人にも少ないし、外国人にはなおさらである

―伝統的な孤立主義の具体的なあらわれという側面もあろうが、日本人はいまだに自国を何とはなしに世界から隔絶した存在と看做している。……言語の障害は比較的定義しやすく、従って対処も容易であろうが、日本が抱える対外接触上の障害（すなわちこの自意識）は形がなく、微妙で、それだけに克服が困難であろうと想像される。

このようにライシャワー教授は書いていますが、私も全く同感です。今でも変わらぬ日本人の姿だと思います。海外で勤務していると日本人と外国人のさまざまな接触の場に立ち会いますが、こうした点はいつも強く感じていたものです。

例えばインドネシア大使のとき、ユドヨノ大統領の日本訪問に同行したことがあります。大統領には七、八人の閣僚と二、三〇名の経済人が同行し、日本の著名な経済団体と大統領以下インドネシア代表団との対話が行われました。通訳は日本語・インドネシア語ではなく、日本語・英語です。インドネシア側は全員英語に不自由なく、日本側は経済人も含めすべて日本語で発言したのです。なんとも不思議な光景でしたが、私は率直に申し上げて恥ずかしく思いました。

私が四〇年ほど前初めてインドネシアを訪れたときはまだインドネシア人は英語が下手で、通訳は当然日本語・インドネシア語でした。その後英語会話力の点ですっかり日本はインドネシアに差をつけられてしまいました。あえて推測するに、日本側には英語ができる人もいたの

でしょうが、トップができなかったので遠慮して日本語で発言していたのかもしれません。そうであれば、これも日本社会の特質で、社会的なヒエラルキーに配慮して、出る釘にはならないようにするという相互縮小型社会です。

また、現在私は日本の大学に籍を置き、東南アジアのシンクタンクと協力してさまざまな国際問題についてオンラインのワークショップを頻繁に行っているのですが、東南アジア側の参加者は若い学生たちも含め全員英語で発言します。これに対して日本側の参加者には英語ができない人も少なくないので、高額の費用を払っていつも同時通訳をつけています。

二〇二二年七月六日付日本経済新聞朝刊に　次のような記事が出ていました。日本の将来を考えると　誠に恐るべき状況です。

「ユネスコや文部科学省によると、二〇〇〇年から一九年の間に海外留学生は、中国やインドが七倍、韓国も一・五倍に増えた。日本は同期間に二割減った。米国への海外留学生数も一九九〇年代は日本が一位だったが、二〇一九年は八位にまで落ち込んだ。課題の一つは学費の高騰だ。米国留学は年八〇〇万円前後かかることもある。日本は長引くデフレで親世代の収入は頭打ち。社費留学も減った……」

英語能力で言えば、国際教育分野で有力なスウェーデン企業イー・エフ・エデュケーション・ファーストが発表した二〇二二年版英語能力指数によれば、日本の順位は一一一カ国中八〇位で、「低い」とランク分けされた二七カ国中でも下位三分の一のグループに位置しています。アジア地域のトップはシンガポールで二位、ついでフィリピンが二二位、韓国は三六位で、ライシャワー教授が日本人の英語能力を問題視した当時からあまり変化がないと言えます。

第二点目として、鎖国メンタリティと関係していることだと思いますが、何百年もの間、それこそ「海洋の壁」に守られて、外の世界と接触なく過ごしてきたためでしょう、国際社会が異質なものがぶつかり合う多様性に満ちた世界であり、その中で異なる文化、宗教、民族、部族が共生し、あるいは戦ってきたという認識が極めて弱いことが挙げられると思います。

このような社会では、人々はどのような思いで、どのように付き合いの工夫をし、どのような社会組織を作って一緒に生きているのか、あるいは戦っているのか、こういったことを実感を持って感じることができないのです。パンデミックやウクライナ戦争の結果、世界は分断化しつつあるとよく言いますが、世界は交通、通信などの科学技術の発展で異なる国や文化、グループの人々の接触は急速に増えており、外の世界を知らないという我々の弱点はますます目立つようになっています。海外の大学への留学者数、国際機関で働く日本人の数、日本の企業や大学で働く高度の技能を持っている外国人の数、どれをとっても日本人が極東の片隅で小さく固まって生きているイメージを確認するような数字です。才能ある日本人がもっと広く海外に展開し、高度の技術を持った外国人がもっと多く日本に住むようにならないと、現在進行しているグローバルなメガコンペティションの時代を勝ち抜くことはできないでしょう。

第三には、第二点と関係しますが、国際社会が異質なものがぶつかり合うパワーポリティックスの世界であることを肌身で感じ、中でも軍事力が果たしている役割についても認識を深めることが重要だと思います。

日本人は敗戦後、国の安全保障を米国に預けることにより国際関係において軍事力が果たす役割についての冷徹な認識を失ってしまいました。日本人の侍魂も平和憲法のラッピング・ペーパーで包んで、どこかにしまい込んでしまったのです。

二〇世紀末から二一世紀に入り、中国が急速に軍事大国化し、東シナ海や南シナ海で他国の領土・領海でも傍若無人に振る舞うようになりました。また北朝鮮の核開発にも歯止めがかけられない事態が起きるに伴い、さすがの日本人も赤裸々な国際社会の現実に少しずつ目覚め始めているように見えます。それでも、まだまだ多くの人たちは平和憲法を唱えていれば国の安全は確保できるとか、外交の力で安全は守ることができるという不可解な感覚、つまり「平和幻想」の中で生きているように思います。

軍事力や経済力、科学技術力、文化の力、外交力を含む総合国力を発揮して初めて、国の安全を確保できるのだという現実に目覚めるのに随分時間をかけているのです。「平和幻想」からの脱却は容易なことではありませんが、それでも特に習近平政権が自らの巨大化した軍事力を振り回すに至り、日本人の意識の転換が少しずつ進み始めたように思われます。またロシアがウクライナに軍事侵攻し、そのロシアを中国が陰に陽に支えている姿が見えはじめたことが、日本人の「平和幻想」克服の道を歩む上で一押しになりました。

第四の開国?

米ソ冷戦が終結し、第一次湾岸戦争で自衛隊による国際貢献ができなかった屈辱的な思いから立ち上がった日本は徐々に国際的なＰＫＯ活動に参加し始めました。これをきっかけに、幕末・明治の開国、第二次世界大戦の敗戦の結果としてのアメリカによる開国に続き、いわゆる一国平和主義を克服し、第三の開国たる「平成の開国」が始まり、さらに「令和」の開国が期待される時代に入っていきます。これを私はとりあえず「第四の開国」と呼んでおきたいと思います。

それまでの三回と同様、国家安全保障上の危機に直面して開国を迫られているのですが、第一回と第二回の開国は台頭する新興の大国アメリカとの接触によりもたらされ、第三回の開国はアメリカの圧力がきっかけとなり、自衛隊が海外に派遣され、国際平和に貢献できるようになりました。今回は、脅威は西から新興の大国中国によってもたらされており、不完全に終わった前回の開国の徹底的な実施を求める性格のものと言えます。

まだ続く平和幻想を完全にぬぐい去ることにより、日本は「第四の開国」を成し遂げることができるのだと思います。自らの防衛力を増強し、さらには日米同盟のみならず、日本と同様に民主主義と国際法を守ろうとする国々、つまりＮＡＴＯ諸国、豪州、インド、韓国などと幅広い分野で連携を強めるという安全保障の道のりは多くの日本人に受け入れられ始めているように思います。

ここで念のため申しておきたいのは、軍事力に負荷をかけ過ぎた安全保障政策は国の安全を守ることにはならないということです。軍事力、経済力、科学技術力、ソフトパワーなど国の総合的な力を動員し、志を同じくする国々と共に連携して、国際社会の平和を脅かす現状変更勢力の野心を抑止しうる「力の均衡」を作り上げること、同時に現状変更勢力との間に対話と協力の関係を構築するとの二つの要素を組み合わせることが重要です。

多くの国は幻想を見ます。日本の場合は日露戦争に勝利して以来、軍事的な「大国幻想」でした。今中国が同じような「軍事大国幻想」を見ているような気がします。戦後米国が持ち込んだ平和憲法は日本に「平和幻想」を生みました。幻想は居心地が良いので、現実の壁にぶつからない限りなかなか払拭できません。現実性のある夢ならばよいのですが、間違った自己認識に支えられていたり、実際の国際環境に適応しない幻想であれば早晩、破綻します。まさに戦後の平和幻想はこのような理由で破綻の時を迎えていると思います。

「開国」を論ずる際のもう一つ重要な点は、日本人の心と文化の開国です。日本文化の魅力は改めて述べる必要はありませんが、コロナ禍で一時的に訪日外国人観光客の数は減ったものの、それまではうなぎ登りに観光客数は増加していました。海外の人々には日本の魅力が十分に伝わっており、パンデミックが終息すれば外国人観光客はさらに増加していくことでしょう。

しかし、我々日本人のほとんどは相変わらず外国語を話せず、異文化の人々と満足なコミュニケーションもできません。国際機関で勤務する日本人の数や海外の大学への留学生数も中国、韓国や東南アジアの一部の国々に比べても見劣りします。日本人はグローバル化の中で依然として極東の片隅で閉鎖的な生活を続けているのです。私はこれを「日本のガラパゴス化」と言いました。具体的な施策についての所見は別の機会に譲りたいと思いますが、安全保障面での国際協力の強化と並び抜本的な「開国」努力をなすべき時がきていると思います。

日本人は今何をなすべきか

日本の進むべき道は、国際規範を守る民主主義的なミドル・パワーとして国際協調を求めることにあると思います。この道を歩むために我々は何をなすべきか。

まずやらなくてはいけないことは、私達が力の世界に生きていること、それも多くの危険を孕んだ世界に生きていることを、一刻も早く常識として認識することです。ウクライナ戦争を見ればそのことは明らかでしょう。誰が確信を持って、ユーラシア大陸の太平洋側で中国が他国の主権を犯し領土を奪い取ることなどないと言い切れるでしょうか。この国はすでに、そのようなことに手を染めているのです。当然のことながら同盟国、友好国と協力してこのような覇権主義に向き合えるような力をつけることが重要だと思います。

そのためには、より充実した防衛力を持ち、国際社会が頼りにできるような自立した国になることです。それも中国の軍事力強化のスピードを見ると、残された時間はあまりないのです。米国がかつてのような圧倒的な超大国ではなくなり、また中国の覇権主義的行動が激化している現実を見れば、南シナ海の軍事化が完成した後の次のステップの一つとして、中国が何をやろうとするのか考えると暗い気持ちにならざるを得ません。いよいよ軍事力による台湾統一に着手するのか、あるいは東シナ海・南シナ海における影響力をさらに強めつつ、ＡＳＥＡＮを含む西太平洋を勢力圏に収め、台湾を締め上げ、そのうえで徐々に台湾を手中に入れようとするのか、シナリオはいろいろ考えられ、断定的な回答は出せません。私は、中国は軍事力の直接的な行使ではなく、力を背景にまずは策を持って勢力圏を拡大し、熟柿が落ちるが如く台湾が落ちるのを待つ方策を優先すると考えますが、習近平が何を考えているのかよくわかりません。軍事力拡大に膨大なエネルギーを注いでいる姿を見ると、ある時点で軍事力による台湾統一の挙に出ることは大いに考えられるところであり、繰り返しになりますが、このような決心を抑止するだけの安全保障体制の強化が急がれます。

そして想定外のこととして、習近平が望んでいるように米国と中国が勢力圏分割によって手を打つ可能性も頭の片隅においておく必要があるでしょう。しかし、米国内では中国を戦略的競争者とみなすというコンセンサスが超党派でできている状況を考えれば、このシナリオはとりあえず除いておいてもいいかもしれません。ただ、過去においてこれに似たことをニクソン政権はやっているのですから、決して妄想とは言えないと思います。

私たちは米国がこのような形で手を打たないようにすること、そのためには他の民主主義諸国と協力して米国を支えていくことが大切だと思います。

第二次大戦前の米国の極東外交と東京裁判史観が支配する戦後日本

私が戦後日本の平和主義を「平和幻想」と呼んでいることに不快感を持つ方も少なくないと思いますが、このような思想的傾向はそもそもは理念的平和主義の対極にある米国の現実政治の力学から生まれたものだと思います。

私がハーバード大学研究員、在ワシントン大使館政務公使だった一九九〇年代初め、米国のリアリスト外交官たちが第二次大戦前に対日政策でどのようなことを考えていたかを学ぶ機会がありました。米国の著名な外交官ジョージ・ケナンの『アメリカ外交五〇年』のよく知られた文章を引用します。

「同じ講演において（注・シカゴ大学で行った六回の連続講演を指す）、私はアメリカ人の日本に対する否定的で批判的な態度を取り上げた。それはもちろん我々が中国に対してとった後援者的・保護者的な態度の裏返しであった。我々の日本に対する不満は、日本が当時東北アジアで占めていた地位―朝鮮と満州での支配的な地位―に主として関わっていたように思われる。それらの地域は正式には日本の領土ではなかったから日本による支配は法的にも道徳的にも不当であると我々は考えたのである。私は、このような態度に異議を唱え、それはわれわれ自身の法律家的・道徳家的な思考基準を、それらの基準とは実際にほとんど全く関係のない状況に当てはめようとするものであったと批判した。そして私はこの地域における活動的な力であるロシア、中国および日本という三つの国は道徳的な資質という点ではそう違わなかったのだから、我々は他国の道義性を審判する代わりにそれら三者の間に安定した力の均衡が成り立つよう試みるべきであったと論じたのである。日本をアジア大陸で占めていた地域から排除しようとしながら、もし我々がそれに成功した場合、そこに生ずる（力の）空白を埋めるものは我々が排除した日本よりもさらに好みに合わない権力形態であるかもしれないという大きな可能性について、我々は何ら考慮しなかったのだと私には思われた。そしてこれは実際に起こったことである」

ケナンが「三者の間に安定した力の均衡」と述べていることに注目していただきたいと思います。米国務省の著名な中国通の外交官であり、ワシントン条約交渉に参加したマクマリーが同じような観点で一九三五年に書いたメモランダムの中で、次のように指摘しています。米英が同条約を支えていた国際協調の精神を壊し単独主義に走ったこと、基本的に中国に親近感を持ち日本の立場への配慮を欠いていたこと、これが日本の強硬派の発言力を強め日本を追い詰めていったこと、日本を徹底的に叩けばソ連を利するだけであろうことを論じ、勢力均衡の観点からの対極東外交が必要であることを述べています（ジョン・アントワープ・マクマリー原著、アーサー・ウオルフドロン編著、北岡伸一監訳『平和はいかに失われたか』を参照）。

ケナンやマクマリーのように国際関係における力の均衡を重視する考え方は、米国の世論を動かす勢いはなく、国際社会を白黒に分け道徳的観点で裁断する傾向は今にいたるも圧倒的な力を持っていることは先ほど申し上げた通りです。レーガンはソ連を「悪の帝国」と呼び、ジョージ・W・ブッシュ大統領は北朝鮮、イラン、イラクの三カ国を「悪の枢軸」として批判しました。米国では善悪二元論に基づく世界観が一番受け入れられやすく、指導層にとってもこのような世論に訴えるような説明をしないと国民的エネルギーを動員することができないのでしょう。

ソ連封じ込め政策を立案したケナンは、一九四七年のギリシャ危機の際トルーマン大統領が行った封じ込め演説に批判的でした。これは、現実主義的力の外交の観点からソ連の拡張主義に対応することを主張したケナンと、米国民の道義心に訴えないと国民を引っ張っていけないことを感じていた政治家トルーマン大統領とのギャップに由来するところが大きいと思われます。米国の二元論的国際観は今でも変わっていないと見るべきでしょう。

日本を侵略国として歴史の被告席に座らせた東京裁判についても、ケナンの言うような米国民の道徳家的・法律家的アプローチが背後にあると思われます。しかしながらケナンが予測しなかったことは、このようなアプローチの結果行われた東京裁判の判決の考え方が、いわばイデオロギー化し、今に至るも日本の思想空間で強力な影響力を及ぼしていることでしょう。さらに言えば、非武装化され、米国に安全保障を依存することになった日本は力の均衡が国際関係の安定化において果たす役割を忘れ、戦後日本の平和は実は力で維持されてきた現実をケナンのいう米国伝来の道徳家的・法律家的アプローチで化粧してきたように思われます。

4. 日米欧グローバル・パートナーシップの時代に向かって

中国の台頭とロシアの侵略主義：日本との協力の重要性を理解し始めた欧州

ここで日欧関係の新たな流れにつき述べておきたいと思います。私がフランス大使の頃の欧州諸国のアジア認識については既に述べましたが、中国の台頭が何を意味するかを十分に理解していなかった欧州も次第に現実に目覚めてきました。これは私が二〇〇九年に欧州の地を去ってからしばらく経った二〇一〇年代中頃からのことですが、このような目覚めは日欧関係に新たな展開をもたらす可能性を秘めたものであったと言えます。

中国の経済・軍事大国化、ウイグル・チベット・香港問題等で見せた人権・法の支配の軽視、世界各地での覇権主義的振る舞いは欧州の主要国の中国への警戒心を強め、これに反比例するようにして日本との距離が縮まりました。二〇一九年にはEUにより「EU・中国戦略概観」が発表され、中国を「協力のパートナー」、「交渉のパートナー」、「経済的競争相手」、さらに「体制上の対抗者」と定義づけました。

さらに日本が提唱した「自由で開かれたインド・太平洋」構想は、単にこの地域の自由主義諸国のみならず欧州諸国の関心も集め、「インド太平洋協力」のスローガンのもとに日欧が経済や政治・安全保障面で連携を深める可能性が生まれてきたように思われます。まさに、三〇年も前の一九九〇年のハーグ宣言で提唱され、日本が強く呼びかけてきた日欧協力の強化が現実のものとなる可能性が大きくなってきました。

もう一つは、ウクライナ戦争の影響です。ロシアによるウクライナ侵略は日本が欧州の同伴者であることを欧州諸国に強く印象付け、日欧の関係をさらに近いものとしました。

しかし油断は禁物です。今後のウクライナ戦争の帰趨如何では欧州大陸の安全保障環境が更に不安定化し、欧州諸国がインド太平洋協力にエネルギーを注ぐ余裕がなくなることもありえます。また、ＥＵの指導的国家である独仏は経済的に中国に依存するところが大きく、さらに仏は「大国幻想」とも言うべきものに取り憑かれており、「ＥＵの戦略的自律性」、「ＥＵを一つの極とする多極世界」の実現を夢見ています。

全てのＥＵ加盟国が仏と同様な考えを持っているわけではありませんが、日、英、豪など米国との連携を対中・露戦略の中核においている国々と一部欧州諸国との間には、時に考え方の違いが顕在化することがあり得ます。中国とロシアはこのような独仏、特に仏の外交路線に着目して欧州に揺さぶりをかけてくるでしょうから注意しなくてはなりません。中国とロシアという権威主義的な二つの大国が連携を深めることが日本や欧州の民主主義国家群の将来にいかなる意味を持つか、日米欧間の戦略的協調がかつてないほど重要になっていることをよく認識するよう欧州諸国に理解してもらわなくてはなりません。

また、私たちは、国際政治の歴戦の強者である欧州列強が自分に都合の良い時には日本と友達になり、事態が変化すれば離れていく傾向があることをよく頭に入れておく必要があります。中国とロシアに対する国際的連携の輪に外交面でも、経済面でも、軍事面でも、欧州をしっかりと組み込んでおくことが大切です。

要は米国を支えるようにして、日本や豪州、韓国など太平洋の民主主義諸国とＮＡＴＯ諸国が共通の戦略的利益を追求するグローバル・パートナーシップを形成するべき時代、言い換えればこれまで築き上げられてきた「日米同盟」「日欧協力」「米欧協力」などが合流し、「日米欧グローバル・パートナーシップ」を構築すべき時代が到来したというべきでしょう。

パートナーシップを作るにあたっては、第二次大戦以降作られた協力関係のシステムを踏まえる必要があります。欧州諸国が米国と北大西洋条約機構（NATO）を通じて集団的な同盟関係を作っているのに対して、太平洋においては日米、米韓など米国を軸とした個別の二国間同盟が総体として安全保障協力システムを形成してきています。

米国の一部にはアジア太平洋地域にNATO類似の軍事機構を作るべきとの議論もあるようですが、これは非現実的な考えと言うべきでしょう。NATOは欧州大陸を主たる舞台として展開された米ソ冷戦の中で歴史的に形成されてきたものであり、大国の勢力争いの緩衝地帯としてのASEANの存在が力の均衡の重要な要素となっているアジア太平洋地域を分断するような安全保障体制はほとんど実現不可能と言っていいでしょう。そもそも、ASEAN諸国が拒否反応を示すに違いありません。日米豪印で構成されるインド太平洋の協力体であるQUADや、米英豪が作った安全保障面での協力フォーマットであるAUKASについてすら、ASEAN諸国の指導者には自らの地域に大国間の勢力争いを持ち込むものだとの警戒心があります。

他方で、このような一部ASEAN諸国の警戒心に過剰に付き合っていると、いつまで経ってもインド太平洋に力の均衡を形成することができません。ASEANが提唱しているインド太平洋協力の構想（AOIP）に全面的に協力しつつ、安全保障面では我々としてなすべきことはするとの姿勢を堅持することが重要だと思います。具体的には、既存の二国間の同盟を強化するとともに、日本、韓国、豪州などの民主主義諸国とＮＡＴＯとの協力関係の強化、Ｇ７諸国間の協力関係の強化、あるいはＱＵＡＤにいくつかの欧州主要国も加える、更にＡＵＫＵＳと日比韓カナダなどとの間に連携を深めるなど、様々な工夫をして多重層的なシステムを作っていくのが現実的であると考えます。

ウクライナ戦争の結末はまだ見通せませんが、戦争がもたらした大きな副産物は、Ｇ７諸国、すなわち日米欧の協力関係が飛躍的に強化されたことです。Ｇ７はオイルショックと世界不況に対処するため一九七〇年代半ばに米仏独英の四か国首脳の会合でスタートした会合に日本を加え、一九七五年にフランスのランブイエでＧ５サミットが行われたのに端を発します。

このような日米欧協力は当初は主として経済分野に限られ、安全保障の面では大西洋と太平洋は別物と考えられていました。これを統合していたのは米国の指導力と軍事力でした。中国の大国化とロシアの失地回復主義・侵略主義はＧ７諸国間の協力関係のスコープを一気に拡大したと思われます。このようなＧ７諸国に加え、さらに豪州などの価値を共有する国々との実質的な協力関係を深めていくことが必要と思われます。

このような状況が醸成されたのには、何と言っても日本の貢献が大きいと思います。日本は対露制裁に参加することにより、ウクライナ問題についてのＧ７の団結に大いに貢献しました。また、自由主義諸国には覇権主義的な中国がロシアの侵略主義と結びつくと世界に大混乱をもたらすとの危機感も大きかったと思います。ウクライナ戦争の衝撃と中国の西太平洋・インド洋での行動は、平和幻想に浸っていたドイツと日本、さらには豪州を激しく揺さぶり、安全保障政策の転換をもたらしています。

生まれつつあるパートナーシップの底流を流れるもの

顧みるに、現在の日米関係は私が米国にいた冷戦直後から大きく変わってきたように思われます。共通の敵・ソ連が消え不安定になっていた日米同盟は、超大国化した中国の登場で再び強固なものとなりました。中国の脅威がもたらした豪中関係の悪化や米韓関係の改善も、新たなパートナーシップ構築に向けたモメンタムを与えています。

米国における同時多発テロを契機とした、いわゆるネオコンによる中東政策の失敗が明らかになった後、オバマ政権は二期目に入って、「アジアへのリバランシング政策」（注：アジアへの復帰を目指す政策）を明らかにし、中国を戦略的競争者とみなすに至りました。

米国は日本を対中政策上アジアにおける最重要なパートナーの一つと見做し始めました。トランプ政権においてもかかる日米関係は継続し、バイデン政権に引き継がれています。

他方で気をつけなくてはならないことは、繰り返しになりますが、欧州の国々、特に仏独などの主要国がウクライナ戦争後の国際関係をどのような観点から考えようとしているのかという点です。

欧州が、重要な経済的パートナーである中国と良好な関係を保ちたいと思うのは至極真っ当なことです。他方で、覇権主義的な中国に対し融和策に出ることは地域の安定を損いかねません。仮にアジア・太平洋の民主主義諸国の戦略的利益を犠牲にして中国との友好的な関係を維持しようとすればなおさらです。

マクロン仏大統領が二〇二三年四月の訪中後、機内で同行の記者何人かとのインタヴューで「欧州は台湾をめぐる中国と米国の対立に引きずり込まれないようにしなければならない」との趣旨を述べたことはすでに触れました。これは口が滑ったというようなものではないでしょう。心の底にある思いが表に出たのではないでしょうか。マクロン大統領の亜流ド・ゴール主義路線は日米欧間のグローバル・パートナーシップの弱点となりかねません。

また、中国との深い経済関係を築いたドイツのメルケル前首相は、一五年の在任中一二回中国を訪問しています。ほぼ毎年中国に行っていたと言えましょう。日本には六回。中国はドイツにとって最大の貿易パートナーですから、当然のことかも知れませんが、アジア外交の姿としては好ましいものとは言えないでしょう。

しかも、日本に来て、日本の歴史認識を批判し、ドイツが隣国といかに過去を精算したかを述べ、脱原発の説教をも行ったのです。さすがに近年中国の覇権主義的動きが活発化する中で、これではいけないと思ったのでしょう、メルケル前首相のあとを継ぎ、二〇二一年暮れ首相に就任したショルツ氏は、アジアの中では日本を最初に訪問し、東京都内の演説で「アジア太平洋地域で日本やオーストラリア、韓国、インドといった民主的価値を共有する国々との関係強化を目指している」と述べました。

フランスは戦略的考えから、ドイツは経済的な理由から、潜在的には中国に引き寄せられる可能性を秘めています。それは両国のアジア外交の底流として流れているものだと思います。

他方、日本にとって、何と言っても重要なのは英国との関係です。英国はかつてのような国際的な影響力を持っていませんが、国際舞台で、まだまだ端倪すべからざる発言力を持っています。EUを離脱した英国は「グローバル・ブリテン」と称し、幅広くパートナーを求めており、環太平洋諸国を結ぶ経済協定CPTPPへの加盟に合意し、米豪とはAUKUSの枠組みの中でインド太平洋における軍事協力を進めています。英国は日本にとって欧州との関係強化の橋頭堡となるポテンシャルを秘めていると思われます。

日米欧パートナーシップの基礎を何に置くべきか

日本が米欧とパートナーシップを進めるにあたって忘れてはならない点は、本章末尾で改めて触れますが、人権とか民主主義とか西側発の普遍的価値観をあまり振り回さないことです。この関連で日経新聞（四月二一日付）は同一八日に閉幕したG7外相会議の共同声明の内容を報じて次のように報じています。

「共同声明では『民主主義』は三回しか登場しなかった。二〇二二年以前の声明と比べ重要性を訴える表現が減った。新興国・途上国の共感を広く得にくいとの判断が背景にある。二二年の共同声明は民主主義が二一回出ていた。〈G7は民主主義が二一世紀においても最良であることを引き続き確信している〉と強調した。今回は同様の指摘が消えた。『人権』も二一年の四七回、二二年の四二回から今回の二二回へとほぼ半減した。『自由』も二一年の四六回、二二年の二八回から減り、今回は二二回にとどまった。

G7にはこうしたキーワードは新興・途上国で広く受け入れられにくいとの懸念がある。民主主義が未成熟だったり、人権問題を抱えたりする国も少ないためだ。強大な購買力を武器にブラジルや中東などを引き寄せる中国や資源エネルギー大国のロシアを相手に実利を示して取り込む必要が出ている」

私は本書を書き進めるにあたって、時に日欧米、更には豪州、ニュージーランド等の国々を指して「普遍的価値を共有する国々」、「民主主義諸国」、「自由主義諸国」と呼んできました。また「日米欧グローバル・パートナーシップ」も「普遍的な価値を共有する国々」の協力関係を指すために使っているのですが、あまりに欧米流の価値観を前面に出すと世界の大多数を占める開発途上諸国が「金持ちクラブ」の連中が自分達の生活スタイルと価値観を押し付けようとしているとの不快感を持つであろうことは十分に予想されます。

日本は先人たちの努力で欧米列強による植民地主義の犠牲になりませんでしたが、多くの開発途上地域の国々は欧米諸国の植民地とされ、貪欲な統治の犠牲になってきたわけで、彼らにしてみれば今更「人権」、「民主主義」、「自由」などのスローガンを振り回されても、心の底には「偉そうな顔をして何を言うか」といった気持ちがあると思います。

日米欧のパートナーシップはユーラシア大陸の大半を占める専制主義的大国、中・露を前にして、地政学的な利益を共有する海洋国家群の協力体であり、価値観を軸にしたグルーピングではなく、国際社会の基本原則中の原則、すなわち国際法を守る、軍事力により国際社会の現状を一方的に変更させないことを基本的な目的とするべきだと思います。世界の大半の国々は民主主義的統治を望みつつも、そこに到達し得ないで苦しんでいるのですから。今後南の国々をめぐる中露との競争が激化していくことが予想される中で不必要に南の国々との間に距離を作らないようにすることが必要でしょう。

その意味で二〇二三年五月に開催されたＧ７広島サミットが首脳会議のコミュニケで「我々

は次の通り国際的な原則及び共通の価値を擁護する」として、第一に「大小を問わず全ての国々の利益のため国連憲章を尊重しつつ、法の支配に基づく自由で開かれた国際秩序を堅持し、強化する」と述べたこと、また、インド、インドネシア、ブラジル等グローバル・サウスの主要国との対話の機会を設けたことは評価されます。他方で、ロシアとの関係上ウクライナ戦争について明確な立場をとっていないグローバル・サウスの国々の中にはG７がゼレンスキー大統領を招いたことに内心納得していない国があるであろうことは十分推測できるところです。南の諸国との関係については本章最終節でさらに論じたいと思います。

今でも忘れられないのは、外務省を退官して東南アジアのシンクタンク、大学と共同研究のネットワーキングをし始めた頃、ジャカルタに出張、友人たちと仕事の話を終え、雑談している時、インドネシアの著名な言論人が私には聞こえていないと思ったのでありましょう（彼は元々親日派で有名な人でしたが）、友人たちに「日本はポスト・モダンの世界に行ってしまったからもうどうしようもない」と言っていたのを思い出します。彼がポスト・モダンという言葉をどういう意味で使ったのかはわかりませんが、その時の話の流れでは「日本人はもはやアジアではなく、欧米のグループに入ってしまった」というニュアンスでした。

今後の南に対する外交においては、このような対日イメージが東南アジアの親日国と言われる国においてさえ一部にあることを認識しておくことが必要でしょう。明治以降我が国が背負った根本的な課題、「脱亜入欧かアジア主義か」というテーマが形を変えて我々を捉えているのです。

5．ポスト・ウクライナ戦争の国際関係

ウクライナ戦争の本質は何か

ウクライナ侵攻がプーチンの暴挙であったことは議論の余地はありません。世界にとっても、ロシア自身にとっても、です。第二次大戦後、米英とソ連が協力して国際の平和と安全を維持するとの名目で国際連合を作りました。国連憲章は第二条において「すべての加盟国は、その国際関係において、武力による威嚇又は武力の行使をいかなる国の領土保全又は政治的独立に対するものも、……慎まなければならない」と定めてあり、また「国際連合加盟国は国際の平和及び安全の維持に関する主要な責任を安全保障理事会におわせるものとし……」ともあります。ロシアはその安全保障理事会の常任理事国であり、拒否権を有し、ロシア一国が反対すれば如何なる決定もできないのです。

このような重大な責任を有するロシアがウクライナの領土保全、政治的独立を犯し、武力の行使を行ったことには釈明の余地がありません。ロシアの行動によって、第二次大戦前に国際連盟がたどった道を現在の国際連合が歩み始めているのです。戦後連合国が作ったシステムが自己崩壊し始めているのです。世に言う平和主義者たちが憲法九条護持につき声高に叫びながらロシアの国連憲章違反についてあまり語らないのは誠に不思議なことです。この基本的な点を申し上げた上で、現実政治を直視するとの視点からポスト・ウクライナ戦争を考える上で大切と思われる点をいくつか指摘したいと思います。

一つは、プーチンには国連憲章を守る以上に大切なことがあったのです。無法者であっても、プーチンの思考と感情の流れは理解しておく必要があるでしょう。冷戦が終わって、いわゆる社会主義圏が崩壊し、民主主義と自由主義経済圏が大きく東方に拡大していきました。西側諸国は欧州の東西関係が安定化する基礎が築かれたと考えましたが、それは勘違いだったということです。あと知恵に基づく発言は何でも言えると批判されれば仕方がありませんが、やはり事実の流れについてはフォローしておく必要があるでしょう。私は、米欧は冷戦後の国際秩序の構築に失敗したのだと思います。民主主義・自由主義が東方に拡大し、旧ソ連国内にまで広がるという冷戦後の新しい国際関係には、第二次大戦後の国際秩序の諸原則を崩壊させる要素が組み込まれていたのです。

歴史を顧みると、ナポレオン戦争の後にはウィーン会議が開かれ、比較的安定した一九世紀の欧州の基礎を築きました。第一次大戦後に作られたベルサイユ体制は失敗でした。ドイツにナチズムという復讐主義を誕生させ、米国は自ら作った国際連盟に加盟せず、国際秩序の構築は中途半端なものに終わりました。また第二次大戦後については機能したものとしないものを含め数多くの国際機関が作られ、いくつかの代理戦争はありましたが、米ソ間の核の均衡を背景に四〇年にわたるグローバルな安定と繁栄は続きました。

キッシンジャーは著書『外交』の中で、「歴史上安定した国際秩序は、勢力均衡が機能し、観念の共有が可能となったウィーン体制と冷戦中の米国の事実上の覇権（帝国）だけである」と述べています。

冷戦は第一次、第二次大戦のような熱戦ではありませんでしたが、その結果は世界の勢力地図に世界大戦規模の大きな地殻変動を引き起こしました。まさにあと知恵ですが、ウィーン会議や第二次大戦終結後のように細心の注意を払って冷戦後の秩序作りをするべきだったのです。しかし事態がなし崩し的に動いていったためもあってか、冷戦後の欧米諸国にはそのような「安定した国際秩序作り」という意識は希薄でした。むしろ民主主義と自由主義経済圏の拡大が西側指導者の目的になっていました。ソ連と社会主義圏はなすすべもなく、内部から崩壊していったのです。当事者の一方が自己崩壊していくのですから、実際問題として国際秩序の構築に時間をかけるのは不可能であったとも言えましょう。その意味で当時の米欧の指導者たちを批判するのはやや過酷かもしれません。

他方で、社会主義圏の消滅は受け入れるにしても、NATOとEUが旧ソ連国内にまで張り出してくるような事態はロシア人、ましてやプーチンは心の中では受け入れておらず、特に、ウクライナが欧米諸国の影響下に置かれることをロシアが恐れていたことは想像に難くありません。西部国境から侵入してきたナポレオンとナチス・ドイツ軍に自らの国土を蹂躙されたことがロシア人に深い傷跡を残したことは既に申し上げました。西側勢力の東方拡大は、恐怖と復讐心、さらに失地回復の願望を育てました。

このようなプーチンの怨念を理解するには二〇〇〇年三月にロシアで出版されたプーチンのインタビュー集が参考になります。ソ連崩壊当時東独のドレスデンでKGBの対外諜報部員として勤務していたプーチンは次のように言っています。

「私が悔やんでいるのはソ連がヨーロッパにおける立場を失ったことだ。……つらいことだった。ソ連はすべてを手放して、立ち去ったのだ」

その間、西側諸国では冷戦に勝利し、民主主義と自由経済が支配する地域が拡大したことへのユーフォリアが支配的でした。

このような状況の中で、西側への復讐心と大国ロシアの復活の思いに凝り固まった人物がロシアの最高権力者になり、歴史修正の動きに出るまでに時間はかかりませんでした。二〇〇〇年の大統領就任直後数年は西側に対する宥和政策をとっていたプーチンは、二〇〇七年の有名なミュンヘン演説を契機に二〇〇八年のジョージア侵攻以降、クリミア、ウクライナ東部、さらには中東での失地回復に乗り出すのです。

二つ目に指摘したいのは中国ファクターです。

まず、この時点でプーチンがウクライナ侵攻を決断した戦略的計算ですが、米中露の三つの超大国間の関係において、米国の国力が低下し、中国がさらに台頭する中で、中露の戦略的連携を背景としたロシアの立場が従来になく強くなっているとの判断をした可能性があると思います。その上、バイデン政権のアフガンからの惨めな撤退の姿を見ていて、二〇一四年に始めたウクライナ奪還の動きを今こそさらに進める時期であると思ったのかもしれません。

プーチンは二〇二二年二月の北京冬季オリンピック開催にあたって北京を訪れ、習近平との間で「新時代の国際関係とグローバルな持続可能な発展に関する中ロ共同声明」を発表し、「両国間の友好関係は無限であり、協力に禁制分野はない」と述べました。プーチンが間近に迫ったウクライナ侵攻の計画を習近平に明かしたか否かは不明ですが、一般的な形ではあっても中国のバックアップを得たと思ったことでしょう。あるいは、そういう姿を西側に見せることで自分の立場を有利にしようとしたのかもしれません。

中国とロシアという二つの超大国が「自分達の協力に禁制分野はない」と述べることは、例え言葉の上だけではあっても国際情勢に大きな影響を与えます。中露にも西側にも属さない多くの国々は事態がどのように進むか、じっと見つめたまま、ロシアのウクライナ侵略につき旗幟を鮮明にしないでいるのは自然なことかもしれません。彼らにとっては当然のことながら国連憲章より自らの国益の方が大切なのです

しかしながら、その後の経緯は戦争がプーチンのシナリオ通りには進展しなかったことを示しています。習近平指導部は戦争が長引いていることに戸惑うと同時に、ロシアの行動を影日なたに支持することで、特に欧州での中国の評判に悪影響をあたえる可能性があることを懸念しているかもしれません。しかし、基本は米中露三大国関係をいかに自国に有利に持っていくかが最も重要な点であり、ロシアの力を利用することで、米国に欧州とインド太平洋での二正面作戦を強いることができれば中国には願ってもないことだと考えているのではないでしょうか。

また、大きな事件が起きたときに隙をついて自らの影響力を拡大することは中国の戦術面での常套手段です。ベトナム戦争末期や米比同盟の終結の際、中国が南シナ海でベトナムやフィリピンが領有権を主張している島々を占拠したことは記憶に新しいことです。米国がウクライナの戦争に目を奪われている間に中国がどこに出てくるか要注意です。

第三に指摘したいのは、アフリカ、中東、南アジア、東南アジア、中南米などのいわゆる開発途上国のウクライナ侵攻に対する反応です。率直に言って私はほとんどすべての国々がロシアの軍事侵攻に批判的な態度をとると思っていましたので、特に国連諸決議に対する開発途上

国、いわゆるグローバル・サウスの国々の反応はいささか意外でした（かつては第三世界と言われ、また非同盟諸国との呼び名もありますが、それぞれ政治的思惑があっての言葉です。本書では先般G20議長国のインドが、「グローバル・サウスの声サミット」を主催しましたので、これに応ずることとします）。

終章の最後で民主主義諸国と中国・ロシア陣営の対立の将来につき少し論じたいと思いますので、その伏線としてここではウクライナ問題に関する国連諸決議に対するグローバル・サウスの反応に触れます。

ウクライナ侵攻直後の三月二日、国連総会（一九三カ国）は緊急特別会合を開催し、ロシアの軍事侵攻を非難する決議案を賛成多数で採択しました。賛成は一四一カ国、反対はベラルーシ、北朝鮮、エリトリア、ロシア、シリアの五カ国、棄権は中国、イラン、イラク、ベトナム等三五カ国でした。棄権した国のほぼ半数はアフリカの国々で、更に七カ国が意思を表明しませんでした。

また四月七日、国連総会はロシアが「ウクライナで重大かつ組織的な人権侵害をおこなった」として、同国の人権理事会の理事国としての資格停止を求める決議案を採択しましたが、賛成九三カ国、反対二四カ国、棄権五八カ国で、三月三日の決議案に比し、反対、棄権が大幅に増えています。人権委員会における資格を決める決議案という性格上、賛成を躊躇した国が多かったようですが、特にアフリカ五四カ国のうち賛成は一〇カ国だけで、反対九カ国、棄権二四カ国であったのが目立ちました。

さらに、侵攻一周年の二〇二三年二月二四日の総会（一九三カ国）は、ロシア軍の「即時、完全かつ無条件の撤退」を要求し、ウクライナでの「包括的、公正かつ永続的な平和」の必要性を強調する決議案を一四一カ国の賛成で採択しました。反対はロシアなど七カ国、中国、インド、イラン、南アフリカなど三二カ国は棄権し、一三カ国は投票しませんでした。

これからの世界を左右する一つの重要なファクターが民主主義諸国と中国・ロシアなどの専制主義国家陣営の間のグローバル・サウスにおける勢力争いの動向となることを考えると、国連総会における票の取り合いは、その第一幕であったと言えましょう。

ウクライナ戦争はどのように終わるのか？

この戦争は予想以上に長期化しています。そもそもプーチンは短期決戦で決着をつけ、ウクライナを属国化するつもりでした。しかしながら、ゼレンスキー大統領に指導され、ＮＡＴＯの支援を得たウクライナは徹底抗戦の構えを崩さず、ロシア軍の前進を押しとどめてきました。ウクライナ国民の「国を守る」との決意も揺らいでいません。

戦争の性格はロシアの「直接的武力行使」に対するに、ウクライナの抵抗を支援する欧米諸国側は「経済制裁＋武器・訓練・情報供与」によって対決する形になっています。西側の武器供与のやり方は「（ロシアとの直接的な戦争になることを恐れて）自らは手を出さない。兵器は供与するがロシア領に対する攻撃能力は与えない」というものです。西側はこのやり方でロシアが疲弊するのを待つ姿勢ですが、ロシアはウクライナからの穀物輸出を時にブロックする等、世界の多くの国々を巻き込もうとしています。当然のことながらウクライナも相当疲弊してきており、まさに我慢くらべの「消耗戦」になっています。この消耗戦の影響は世界規模に広が

っています、
ウクライナ戦争は今後どうなるのか。このまま長期消耗戦が続くのか？　ここに来て、戦局が転換する可能性ができています（二〇二三年六月現在）。西側諸国から得た新型戦車など新しい兵器を備えたウクライナ軍が反転攻勢に出ようとしているのです。つまり、初めて戦局のイニシアティヴを取り返し、奪われた多くの土地を取り返す可能性が出ているのです。しかし、これはあくまでも可能性であって、実現するか否かは分かりません。ロシア側はなんとしてもこれを阻止しようとするでしょう。

現実に戦争の流れが変わるのか、まだ攻勢の初期段階であり見通しは立て難い状況にありますが、今後の戦争の行方についてはいくつかのシナリオが考えられるでしょう。

一つは、ウクライナ軍の攻撃が失敗することです。例えば、西側諸国からはウクライナ軍が攻勢を成功させるに本来必要とする航空兵力、就中Ｆ16を供与されないままに、ウクライナ軍は反転攻勢に着手しつつあります。供与された新型戦車の数も十分か否かは不明です。

アヴリル・ヘインズ米国家情報庁長官は二〇二三年三月、米上院の公聴会で「ウクライナ戦争はどちら側も決定的な軍事的優位性を持たない過酷な消耗戦になっているが、ロシアのプーチン大統領はおそらく何年も戦争を続ける可能性がある。……プーチン氏は時間がロシアに味方すると計算している可能性が高い」と述べました。少し前の時点での評価ですが、米情報当局の見方は変わっていないでしょう。

ウクライナ南部のヘルソン州にあるドニプロ川沿いのカホウカ水力発電所のダムが破壊され、膨大な土地が水没しました。ウクライナ、ロシア双方の当局は相手側の破壊工作として批判していますが、ゼレンスキー大統領は「ロシアはここ数十年で最大の生態系破壊の罪を犯した」と激しく批判しており、また、当面は水没した地域でウクライナ側が戦車等の重火器による軍事攻勢を行うのが困難になったとみられています。この巨大な発電所の破壊がロシア側による破壊工作だとすれば、ウクライナ軍の攻勢を断固失敗させようとするロシア側の意志を示しているものと思われます。

また、ウクライナの反転攻勢が失敗、もしくは長引くことにより、西側諸国の中に厭戦気分が生じてくることも期待しているでしょう。ロシアと国境を接するバルト三国、ポーランド、英国などのようにこの機会にロシアの弱体化を達成しようと望んでいる国々とは違い、元々独仏はロシアとの安定的な政治・経済関係の構築を望んでおり、内心程々のところで戦争が終結することを望んでいるでしょう。さらにプーチンが来年の米国大統領選挙の結果次第では米国の大幅な外交政策転換が視野に入ってくる可能性があると期待していることは十分に考えられます。

このような状況になれば、中期的には停戦もしくは休戦の動きが出てくる可能性があります。プーチンは現状が凍結されたままで、停戦になれば満足でしょう。その意味で中国が調停に動くことを期待しているとみられています。中国は二〇二三年二月に「ウクライナ危機の政治的解決」という和平案を提案しており、その中ではロシア軍の撤退に触れていません。

フランスのマクロン大統領もチャンスを当然狙っているでしょう。そのほか、トルコやインドなども動く可能性があります。

このような動きがあったとしても、ゼレンスキー大統領が、クリミア半島やウクライナ南東部にロシア軍が居座ったままの状態にし、ウクライナ国民が多くの地でブッチャで起きたようなロシア軍の残虐行為の対象になるに等しい停戦なり休戦を行うかは疑問です。今までウクライナ国民が戦場で落としてきた尊い命が何であったのかということになります。また、ウクライナの将来の安全の保証無くして銃を置くわけにはいかないでしょう。プーチンは二〇〇八年のジョージア侵攻、二〇一四年のクリミア奪取、さらにはウクライナ南東部に対する侵略と、NATOの支援が予測されない諸国に軍事力を行使しているのです。他方でNATO加盟国のバルト諸国には手をつけていません。ウクライナよりははるかに小国ですが、NATOとの戦争になるからです。何の保証もないまま戦争を終結させることはゼレンスキー大統領には受け入れ難いでしょう。

しかしながら、ウクライナをNATOに加盟させるのはあまりにリスクが大きいことは西側諸国もゼレンスキー大統領自身もわかっているでしょうから、NATO加盟に至らない範囲であって、ウクライナが安全を保証されたと確信できるような約束をNATOがすることが必要です。現在可能性があるとみられているのは、①EU加盟および、②米・イスラエル間の安全保障協定をモデルにした安全保障取り決めという二つの要素を組み合わせたものをNATO・ウクライナ間で締結するというものです。米国はイスラエルとの安全保障取り決めのもとで巨額の軍事援助を行ってきましたが、それに類するものをウクライナ側に対して行おうというものです。

二番目には、ウクライナの反転攻勢がそれなりに順調に進む場合ですが、その場合でもある段階で停戦・和平を模索することが関係諸国の間で課題になってくるでしょう。ロシア・ウクライナの境界線をどこに引くかがウクライナの安全保障とともに最大のテーマになると思いますが、境界線をどこに引くかはその時点での戦局次第のところがあります。ゼレンスキー大統領にしてみれば、二〇二二年一一月にG20サミットで発表した一〇項目からなる和平提案（国連憲章の遵守とウクライナ領土の一体性の回復、全ウクライナからのロシア軍の完全撤退と敵対行為の停止、戦争犯罪の処罰、ウクライナの安全の保障を含む欧州・大西洋地域の戦後安全保障秩序等を要求しています）の中で述べた「ウクライナ領土の一体性の回復」、「全ウクライナからのロシア軍の完全撤退」を一部譲歩できるかということです。またNATO諸国にしてみれば、ロシア軍をクリミアから撤退させうる武器供与をウクライナに対して行うのか、あるいは二〇二二年二月にロシアがウクライナに侵攻するまでの境界線を回復するところでウクライナ軍の前進をとどめさせるかです。クリミアを放棄する代償として先ほど申し上げた米・イスラエル協定タイプの安全保障の取り決めをNATOが行うということもあり得ましょう。

もう一つの論点はウクライナの反転攻勢が相当の成功を収めた場合、ロシア側で何が起きるかです。

一つはロシア国内と旧ソ連圏で何が起きるか。カザフスタンやタジキスタン、アルメニアなど旧ソ連圏諸国におけるロシアの影響力はウクライナ戦争が始まって以来急速に弱くなっており、今回のウクライナの軍事攻勢が一定の成功を収めた場合、遠心力が一層働くようになることが予想されますし、またロシア国内においてもプーチンの統制力が弱まっていくでしょう。すでにそのような予兆は準軍事組織ワグネル創設者プリゴジンの反ロシア軍的言動に見られるところですが、現在のところプーチンはこのような強硬派の動きを黙認しているように見られます。ロシア軍の劣勢が明らかになってくれば、これら強硬派のプーチンに対する圧力が強まっていくことが予想されます。プーチンの権力が弱まることがロシアの対外姿勢の軟化につながれば良いのですが、保守強硬派が権力を握るか、権力への影響を強めれば、事態は思わぬ方向に進むことが懸念されます。また、そこまでプーチンの権力基盤が弱まらない場合でも、ロシア軍が追い込まれるなかで核兵器の使用の可能性が出てくるのか否かは全世界が懸念していることですが、これまでのところは彼の行動を見ている限りは米国による抑止が効いていると思われます。

いずれにしても、ウクライナ戦争がどのように終結するかは、今始まりつつあるウクライナ軍の反転攻勢の行方にかかっていると言えましょう。

ウクライナ戦争後の欧州の安全保障

ウクライナ戦争がいつ、いかなる形で終わるのかわかりませんが、戦争後の欧州に地域の平和と安定を保障するシステムはできるのか、できるとすればどのようなものになるべきか、そもそも欧州の安全保障につきロシアとの話し合いが可能なのか、これらの問題を議論するのはいかにも時期尚早ですが、日本の安全保障に影響する問題であり、考えておくべきでしょう。

日本はG７のメンバーとしてウクライナ戦争の成り行きに深く関わってきており、ロシアに対する制裁にも積極的に参加してきています。また、ウクライナの戦後復興にも貢献することになるでしょう。そのような立場にある日本としてはウクライナ戦争後の国際関係に関する議論に積極的に関与していくべきです。

既に申し上げたことですが、欧州との関係で時々起こるのは、欧州主要国は日本から協力を求めるだけ求めておいて、核心的な議論をする段階になると日本の利益を軽視するというパターンです。先ほど触れたマクロン仏大統領の台湾問題に関する発言がそのようなパターンが現実化する予兆でなければいいのですが。

ウクライナ問題で日本の協力を必要としている現在こそ、欧州をインド太平洋の地政学的問題に深く巻き込んでおくことが必要でしょう。NATOは、その首脳会議に日本などアジアの首脳を招いたり、日本にリエゾン・オフィスを開こうとしたりしていますが、これが単なるパフォーマンスではなく、真にインド太平洋の自由主義諸国とNATOの安全保障協力を強めようとの意志を示しているのであれば歓迎すべきことだと思います。

他方で、マクロン仏大統領の最近の「欧州は自らの問題ではない台湾をめぐる米中の対立に巻き込まれるべきではない」との発言などを考えると、欧州、特に仏がすんなりとアジアの安全保障に関与するかは不透明なところがあり、慎重に欧州の動きをみておく必要があるでしょう。

問題の本質は、私が先に述べたように、欧州が中国の覇権主義という国際政治の現実に目覚めつつあるものの、まだまだ欧州大陸とアジアの安全保障は不可分ということを心の底から理解していない可能性があることです。しかも、マクロン大統領は国際の平和と安全に責任を持つ国連安全保障理事会の常任理事国フランスを代表しているにもかかわらず、台湾問題には関わりたくないというのです。

欧州諸国でアジア情勢に最も敏感な英国はEUを離脱してしまい、ドイツはアジアの地政学には関心は低く、経済中心のアジア外交を展開してきました。欧州のアジア外交はまだまだ心もとないものがあります。日本としては、欧州の主要国に、自らの命運が欧州大陸内の力関係の調整で達成できる時代は終わり、グローバルなパワーバランスの中で決まっていく時代になったこと、その中で特に民主主義と国際規範を重視する日本とのパートナーシップの構築が重要であることを認識させるよう一層努力することが必要になっていると思います。

欧州の安全保障システムそのものについて言えば、ウクライナの独立と安全につき国際的な保障がなされるのが最善でしょうが、これがロシアとの合意の中で達成され得るかは疑問です。むしろ先に申し上げたように、NATOとウクライナの間で軍事支援を確約する道を探るのが現実的でしょう。また、ロシアと国境を接している西側の国々におけるNATOのプレゼンスが強化されることが望ましく、トルコがブロックしているスウェーデンのNATO加盟も実現されなくてはなりません。

また、ロシアが現状否定勢力として残る限り、欧州大陸は不安定な地域として残り、米国の関心とエネルギーの多くも欧州に向けられ、インド太平洋地域が手薄になる可能性もありますので、欧州の戦後秩序はロシアの現状変更の野心を極小化するものであることが望ましいと思います。つまりロシアの安全にも配慮する形で戦後秩序が形成されるのが望ましいということですが、これは言うは容易く実現するのは難しいでしょう。

ロシア軍のウクライナ侵攻以前の二〇二一年秋、ロシアがウクライナとの国境地帯にロシア軍の大部隊を集結しつつNATOの東方拡大を容認せずとの要求を表明したのを受け、米国・NATOとロシアの間で事態収拾の動きがありましたが、この頃であれば軍事演習の相互通報、国境線近接地域での軍事力削減とか具体的な相互の安全を配慮するような措置につきロシアと西側諸国が合意することは可能であったかもしれません。米・NATOもロシアの安全保障上の懸念を交渉のテーブルの乗せる用意があるとの考えを表明したことがあります。しかしながら、ロシアの蛮行を見たウクライナや米国・欧州諸国が、このような安全保障上の措置につきロシアと合意するのは当面は至難の業でしょう。

今回の戦争でロシアはすでに多くのものを失っています。NATOの東方拡大阻止をうたいながら、ウクライナに侵攻し、結果として逆効果でした。すでにフィンランドはNATOへ加盟しました。ほとんどの西側先進国との経済関係は縮小しています。ウクライナはEUの加盟候補国になりました。一時ウクライナの政権が望んだNATO加盟ではありませんが、半分は西側陣営に入るということです。

プーチンはウクライナ侵攻によって多くのものを失いましたが、万が一にも、クリミア半島とウクライナ東部と南部の一部を維持したとしても戦略的には失敗であったと言って良いでしょう。自業自得と言えましょう。このような状況の中でロシアが現状否定勢力とならないようにし、ウクライナやNATO諸国との間で安定的な関係を構築することは極めて難しいと思われます。ロシアの戦略的利益がウクライナ戦争後の欧州の安全保障システム構築のプロセスでどのように配慮されるのか、あるいは配慮されないのかを現段階で展望することは困難な作業だと思われます。

一月一七日付ファイナンシャル・タイムスにおいて、同紙のコメンテーターのギデオン・ラックマン氏は次のように述べていますが、実際、ロシアの国際的立場は第二次大戦後例を見ないほど悪くなっています。

「過去の大戦ではロシアは欧州の大きな軍事同盟の一部であった。ロシア政府に近いストラテジスト、ドミトリー・トレーニン氏は最近書いた記事で『ロシアは歴史上初めて西側に同盟国を持たない状況にある』と指摘した。……それどころか反ロシアで結びついた勢力は欧州に止まらない。同氏も『英語圏諸国や欧州、アジアなど米国を中心とする同盟各国の結束ぶりは過去にないレベルに達している』と渋々認めている」

以上、ウクライナ戦争後の欧州の安全保障システム構築の一つのシナリオとして、ロシアの安全保障に配慮する可能性があるかにつき論じ、当面は否定的に考えざるを得ないことを述べましたが、ウクライナ戦争後の欧州の安全保障システムの全体像について合意が不可能であった場合に朝鮮戦争型のシナリオが考えられます。つまり、暫定的ではあっても関係諸国の間で何らかの合意をするのが難しければ、事態を現状で凍結するとの発想です。一九五三年、朝鮮戦争の戦争行為を停止させるため、国連軍と北朝鮮および中国人民志願軍の間に「休戦協定」が署名されました。この協定は「最終的な平和解決が成立するまで朝鮮における戦争行為とあらゆる武力行使の完全な停止を保証する」としていますが、最終的な平和解決は現時点に至るも成立していません。

もちろん、このように最終的な平和解決に言及する停戦協定が結ばれないまま戦争が事実上凍結される可能性すらあるかもしれません。その結果、欧州大陸では先の見えない不安定要因を抱え、NATO対ロシアの冷戦が再び始まるわけですが、今度の冷戦は新たに超大国になった中国が背後に控えて、陰に陽にロシアを支えていきます。この三超大国間のパワーゲームの中でロシアに対峙するためには、欧州はインド太平洋をも舞台とした日米欧との連携を考えざるを得ない状況に置かれるに至っているわけで、アジアのことは自分達の問題ではないという狭い発想では乗り切れないと言えましょう。

ポスト・ウクライナ戦争の国際関係とグローバル・サウス

すでに申し上げてきた点を繰り返すと、今、我々の目の前に広がる国際関係を単純化して言えば、三つの超大国が対峙する地政学的地図で説明できます。つまり、①中長期的に相対的国力が減少し、国際的リーダーシップを発揮するには日・欧の同盟諸国の協力を必要とする米国、②経済面では一本調子の大国化の傾向につまずきは見られるものの軍事的・政治的・経済的な覇権を追求し、場合によっては軍事力の行使を躊躇わない中国、③更にウクライナ侵攻で無用に国力を疲弊させ、自らの政治的立場を弱体化させたプーチンに率いられ、経済力も国際的信用も三流国化したものの、膨大な核兵力を引き続き抱え、自らの国家目的を達成するためには核の恫喝を行うロシア。これがポスト・ウクライナ戦争の三極構造です。

中国、ロシアが現状変更の野心を持ち、このためには軍事力行使を躊躇わないのに対し、米国を中心に欧州、インド太平洋の民主主義諸国は国際法と国際規範の重視を自らの行動原則としており、ロシアのウクライナ侵攻を契機にこの二つの陣営の対立は激化しました。ロシアのウクライナにおける軍事的な冒険がウクライナの激しい抵抗により、プーチンが当初考えたようには進まない中で、さすがの中国もロシアとの距離の取り方に腐心していますが、基本的にはロシアとの連携は中国にとって戦略的価値が大きく、ユーラシア大陸の中ロを中核とする専制国家陣営と米国を中心とする民主主義的な海洋国家群との対立は続き、あたかもかつての冷戦を想起させるような国際関係が形成されていく可能性が大きいと思われます。

このような状況の中で、我々日本人がいまだに持っている国連重視の平和幻想を払拭する必要があります。今回国連の常任安保理事国ロシアが白日のもとで国連憲章を踏み躙り、さらに国際法をなんとも思わない中国が同じステータスで安保理に入っています。前から明らかになっていたことですが、国際の安全と平和を守るという国連の機能は破綻しました。侵略主義ロシアと覇権主義中国が巨大な核兵力を持って、国連のど真ん中に座っているのです。彼らを説得して国連改革をするのは夢物語でしょう。

私はパワーポリティックスの原点に戻るより仕方がないと思います。つまり、国際規範と民主主義を重んずるEUと日本、韓国、カナダ、豪州などのミドルパワーがインドなどグローバル・サウスの一部の諸国と協力しつつ、米国を中心に連携を深め、中国・ロシアの侵略主義・覇権主義的行動に対峙することです。このため、さまざまな国家間協力のフォーマットを多重層的に作り上げていくことが重要だと考えます。

これに関連して重要と思われる点を三つ述べます。

第一に、欧州大陸と並び、これからの大国間競争の中心的舞台となるインド太平洋地域に対する欧州主要国のコミットメントを確保することです。既に申し上げた点ですが、そのための仕掛けの第一歩として、例えば現在存在するQUAD（米、豪、印、日）に仏英独さらに韓国を何らかの形で関与させるとか、米国のイニシアティヴで立ち上がったIPEF（インド太平洋経済枠組み）に欧州主要国の参加を呼びかけるとか、ＡＳＥＡＮのインド太平洋協力のフォーマット（ＡＯＩＰ）に欧州主要国が実質的に参加できるようにするとか、いろいろな方法を考えていくことが必要です。また安全保障面では、インド太平洋における英仏両国の軍事的プレゼンスを強化することが重要であると考えます。

第二には、ウクライナ支援のリーダーシップをとっている米国が今後とも国際的なパワーバランスの維持のため中核的役割を果たしていくとの意思が揺らがないようにすることが重要です。米国にはもはや一国で世界の勢力均衡を支える力と意思はありません。西側先進諸国、特にＮＡＴＯ諸国、日本、韓国、豪州などが米国を中心にして団結し、米国と共に国際秩序を維持する体制を作ることが不可欠です。米国に友人と共にいるとの気持ちを持ってもらうことが肝心です。さもなければ、ロシアと中国と対峙する時代を生き抜くことはできないでしょう。

第三に、中国・ロシアを中核とする専制国家陣営との影響力争いにおいて、中東やアフリカ、南アジア、東南アジア、中南米などの「グローバル・サウス」と呼ばれる開発途上諸国の動向が大きな役割を果たすことを指摘したいと思います。日本自身途上国から這い上がってきた経験を持ち、第二次大戦後はＯＤＡや民間投資を通じ、開発途上地域の経済・社会発展に寄与してきています。日本として国際的な貢献が期待されている分野と言えましょう。

ロシアのウクライナ侵攻についての一連の国連総会決議案に対する開発途上国の対応につきすでに触れましたが、グローバル・サウスの国々の本音がどこにあるかは慎重に観察する必要があります。途上国の大勢が日本や欧州諸国のように内発的にウクライナへの連帯感、あるいはロシアへの反発を感じていると思い込むと判断に狂いが生ずると思われます。

この点で興味深いのは、二〇二二年一〇月にケンブリッジ大学ベネット公共政策研究所が発表した「分断された世界―ロシア、中国と西側諸国」と題する調査です。この調査は総計一三七カ国で行われた各種世論調査をまとめたもので、一方で欧州、大洋州、東アジアの先進民主主義国、他方でユーラシア大陸から北アフリカ、西アフリカまでの地域の新興国・開発途上諸国における過去一〇年間の世論の動向を対象としており、一三七カ国中七五カ国（全世界の人口八三％と推計）についてはロシアのウクライナ侵攻後の世論調査を含んでいるとしています。

この調査によれば、①ウクライナ侵攻は全世界の高所得の民主主義社会に衝撃を与え、南米、アジア・太平洋、東欧のこれらの国々に、より親米的なスタンスを取らせた、②これに対し、ユーラシア大陸から北アフリカ・西アフリカに及ぶ地域の開発途上国では、過去一〇年中国・ロシアの好感度が上昇してきており、米国に対する好感度をわずかながら上回る傾向が見られていたが、ウクライナ侵攻は開発途上国諸国と民主主義諸国の中国・ロシアに対する好感度のギャップを更に深めた、③すなわち、ウクライナ侵攻前に西側諸国のロシアに対する好感度がすでに三九％から二三％に減少していたところ、侵攻後には一二％に落ち込んだ、④他方で、ロシアに対する南アジアにおける好感度は七五％、フランス語圏アフリカ六八％、東南アジア六二％で、ウクライナ戦争後もロシアは好感を持って見られている、④中国については近年西側諸国において否定的な見方をする国が増え、中国への好感度は五年前の四二％から現在は二三％に減少した、⑤途上国では六二％は中国に好感を持っており、米国の六一％をわずかに上回るようになった、特に中国の一帯一路イニシアティブによる支援が行われている国はその傾向が顕著である、としています。要するに、ウクライナ戦争はグローバル・サウスにおけるロシアと中国に対する世論の傾向に影響を与えておらず、むしろ西側民主主義諸国とグローバル・サウス諸国の分断を深める結果となっているというのです。

グローバル・サウスの本音はどこにあるのか

もちろんグローバル・サウスといっても一概に論ずることはできませんし、国によって、また地域によって異なる状況もあると思われます。ここでは念頭においておくべき大きなポイントのみ何点か述べたいと思います。

第一に、忘れてはならないことは、欧米の主要国は超大国として、また植民地主義列強としてグローバル・サウスと呼ばれる国々を搾取してきており、現在に至るも強い影響力を行使してきていることです。これらの国々は西側諸国に対して複雑な感情を持っていると言って良いでしょう。

日本は東京裁判で断罪された上、その後も中国、韓国との不幸な過去を直視するとして幾度となく公式な反省を行ってきていますが、それに比し英仏蘭は旧植民地に対し、植民地主義時代の過去の精算らしきものをほとんどやっておらず、多くの国々でいまだに欧米列強に怨念を残す結果となっています。

ウクライナ戦争もこのような感情が噴出する一つのきっかけでした。欧米と一緒になってロシアを批判する気にはなれないという気持ちが一部には強いということです。欧米諸国がウクライナ戦争をめぐり中国・ロシアと外交戦を展開するにあたってのハードルは高いと言えましょう。

ここでは特にアフリカと中東の例に触れます。二〇二二年および二三年に行われた国連総会緊急会合で、ロシアを批判する決議案採択の際に大量の棄権票、更には無投票が出たアフリカですが、この地域はこれからの日欧米と中露の影響力争いにおいて重要な舞台となると見られています。

米国はアフリカにおいては植民地列強の一つではありませんでしたが、過去のアフリカ政策のつけを払わされています。例えばアフリカの大国の一つ南アフリカはウクライナ戦争勃発後ロシア批判のいずれの国連総会決議案にも棄権しました。米国は懸命に南アフリカに対し立場を変えるように働きかけをしていますが、今までのところ成果を上げていません。

その背景の一つにやはり歴史問題があると思われます。南アフリカの反アパルトヘイト闘争の中心を担ったアフリカ国民議会（現在の与党）を米国はテロリスト団体に指定し、その指導者ネルソン・マンデラは一九九三年にノーベル平和賞を受賞し、九四年から九九年まで大統領の任にあったにもかかわらず、その名前は二〇〇八年まで米国のテロリスト監視リストに掲載されていました。二〇二三年二月二五日のＢＢＣによれば、ブリンケン米国務長官は米国のジャーナリストの質問に答えて、「非常に不幸なことに、米国の対アフリカ政策の歴史は簡単には消し去ることはできない」と述べています。米国のアフリカ政策は概して消極的であり、一貫性を欠くものでした。欧米諸国はアフリカ大陸における正義のための戦いに反対した勢力として、アフリカの少なからぬ国々で見做されているのです。彼らからすれば、今更「正義の戦争」を売り込みにきてもそう簡単には納得できないということでしょう。

これに対して、ロシアはソ連時代から冷戦における米ソ代理戦争の一環としてアフリカ諸国と協力関係を築いてきており、ソ連崩壊後も規模は縮小されたとはいえ武器の供給や軍事訓練は継続していました。さらに最近になって西アフリカのサヘル地域ではイスラム過激派の勢力拡大に伴い治安が悪化したのに対し、ロシアは傭兵部隊ワグネルの投入等によりマリの軍事政権支援の姿勢を強めています。現在のところマリとの協力関係が目立っていますが、ブルキナファッソ他いくつかの国々がロシアとの協力を強めようとしていると伝えられています。中国は、毛沢東の「三つの世界論」の一環として第三世界の主要勢力の一つ、アフリカとの関係を政治的に重視してきましたが、近年に至り習近平の一帯一路構想のもとでインフラを中心とした大量の支援を始め、その影響力を急速に拡大しています。

中東も西側諸国にとって難しい地域です。詳細を述べるのは避けますが、第一次大戦後、それまではオスマン帝国の支配圏であったところに英仏が入り込んできて分割しますが、英国は両大戦で国力を疲弊した結果、第二次世界大戦後自らの植民地を放棄し、その後始末を国際社会に投げ出すのです。一九四七年に国連総会で採択されたパレスチナ分割決議がそれです。パレスチナにユダヤ人国家が成立する一方、アラブ世界はこれに納得せず、第一次中東戦争が起きます。この地域に数世紀にわたり住みついてきた多くのアラブ人は亡国の民となりました。アラブ・イスラエルの対立は中東地域の恒久的な不安定要因となり、第四次中東戦争までパレスチナの地で戦争が起こり、パレスチナ問題はこの地域の反欧米感情の源泉となってきました。例えば、米国がトランプ政権下で大使館をテルアビブからエルサレムに移転した時、米国のこのような政策に反対するデモが各地で行われましたが、イスラム教徒の多いインドネシアでは一〇〇万人の人々が参加したと報道されました。

また第二次大戦後英仏が中東を去った後、米国はサウジアラビア、イラン、イスラエルと手を結び強大な影響力を行使してきましたが、イラン、エジプト、サウジアラビアなどが米国の勢力圏から離脱し、また米国自身もシェール・ガス革命により巨大な産油国になった結果、中東に対する地政学的関心を徐々に失いつつあります。

このように、アフリカ、中東ともに反欧米感情の強い地域であり、近年米国離れの傾向が見られます。その間隙をついて中国が影響力を伸ばしているわけです。

ロシアのウクライナ侵攻を受けて欧米諸国はウクライナ支援とロシア制裁を行うとともにグローバル・サウスにおいて多数派工作に乗り出していますが、私が接触した限り、グローバル・サウスの少なからぬ人々には、欧米はかつてアジアやアフリカを植民地化しておいて、今更綺麗事を言えるのかとか、あるいはパレスチナから土地を奪い取っているイスラエル（現時点でもパレスチナ自治区にイスラエル人たちはヨルダン川西岸は先祖からのイスラエルの民の地だという名目で国連決議を平気で踏み躙って入植を続けています）を支援しているアメリカは正義の代表のように振る舞えるのかとかといった、欧米のダブル・スタンダードに対する批判的な気持ちが随分とあることが見て取れました。さらに、東南アジアではミャンマーやベトナムのようにロシアとの関係を重視している国もあり、グローバル・サウスでの勢力争いは簡単なものではないと思われます。

第二に、グローバル・サウスの多くの国々の対外政策上、ウクライナ戦争をめぐる欧米諸国の動きがどう見えているのかよく考えてみる必要があります。インドのジャイシャンカル外相が二〇二二年六月にスロバキアのブラチスラヴァでの国際会議で行った発言が参考になります。

インドは欧米諸国からウクライナ戦争に関連してロシアにもっと強い立場で望むようにとの働きかけを受けていましたが、同外相は次のように述べました。
「欧州は、欧州の問題は世界の問題であるが、世界の問題は欧州の問題ではないとの思考パターンを克服する必要がある」

確かに、欧州にとっては自らの安全保障上の危機への対処が何よりも優先事項ではありますし、国際社会全体にとってもウクライナ侵略を許容すれば国際秩序の乱れを招くことは容易に予想できるのですが、開発途上地域にとってはこの戦争は欧州の問題だろう、自分達にとっては喫緊の課題は他にあるということでしょう。自らが属する地域の政治安全保障上の問題（例えば西アフリカではイスラム過激派の勢力拡大、中東ではアフガン、イラク戦争等米国の軍事介入や「アラブの春」が残した各国での無秩序状態）、ウクライナ戦争をきっかけに悪化した食糧・エネルギー問題、深刻化する債務問題、見通しのたたない環境問題、今に始まったことではないものの貧困や公衆衛生問題等深刻な問題が山積しており、ロシアや中国から多くの問題につき援助を受けています。これらの問題を横に置いてウクライナ戦争における欧米各国の立場に歩調を合わせるわけにはいかないということでありましょう。ロシアのウクライナ侵略は、欧米諸国の植民地主義の過去の問題に加え、世界各国が直面する優先課題においても先進諸国とグローバル・サウスの分断を明らかにしたと言えます。

第三には、グローバル・サウスの諸国の間のリーダーシップ争いにも注目しておく必要があるでしょう。特に中国とインドの争いです。中国は今や世界第二の経済大国となり、核戦力についても米露につぐ世界第三位の大国となっています。一帯一路イニシアティヴによる支援で多くのグローバル・サウスの国々に影響力を扶植しつつありますが、これまで中国と幾度となく軍事衝突を起こしているインドは決して中国の覇権に唯々諾々として従うつもりはないようです。

国内人口も中国を追い越しつつあり、二〇二三年のG20議長国として西側諸国に対し、開発途上諸国の利益を代表する役割を演じようとしているかに見られます。二三年初めにオンラインで開催された「グローバル・サウスの声」サミットには一二〇カ国以上の指導者が招かれましたが、中国は招待されていません。西側諸国にとっては、グローバル・サウスにおける中露との勢力争いにおいて、ほぼ冷戦同様の関係にある中国よりはQUAD（日米豪印の協力体）等を通じ意思疎通のあるインドがグローバル・サウスのリーダー的存在になる方が望ましいことは明らかでしょう。

最後になりますが、すでに述べたように植民地パワーとしての過去を背負った欧米にとって、ポスト・ウクライナ戦争の勢力争いの第一章は不利な形で始まりました。日本にとっては、世界のイスラム人口は約一六億（世界の人口全体の四分の一弱）と言われる中で、イスラエル寄りの政策をとる米国やイスラム過激派テロ問題や難民・移民問題で反イスラム感情が高まりつつある欧州諸国と協力している姿が開発途上世界でどのように見られるのかについては慎重に考慮をすべきです。結論を急げば、日本としては基本的には主体的かつ独自のグローバル・サウスとの関係性を構築していくべきだと考えます。

これは西側諸国と別の道を行こうということではありません。むしろ、アジアの途上国から這い上がってきた後発先進国として西側とグローバル・サウスの架け橋になろうということです。米国、欧州とは時宜に応じて協力しつつ、日本がこれまで追求してきたＡＳＥＡＮ政策、親アラブ・親パレスチナ政策、ＴＩＣＡＤ（日本が主催するアフリカ開発会議）に象徴されるアフリカ支援政策などの実績の上に更に積み上げていこうということです。

また、ＡＳＥＡＮに対する政策、中東和平に関する政策については米国に助言すべきことも大いにあると思います。要は、日米欧のグローバル・パートナーシップがグローバル・サウスにおいて追求すべき目的は多様なものであってよく、日本は独自の「南」政策を持つべきであるということです。

日本の国力には限界がありますが、かつて一九七〇年代から九〇年代にかけて日本が途上国支援に注いだようなエネルギーと資金を再び投じる時代が到来していると思います。①安全保障体制の強化、②「日米欧グローバル・パートナーシップ」の構築等民主主義諸国との連携の強化、③日本国民の国際化に加え、④開発途上地域（グローバル・サウス）との関係強化の四つがこれからの日本の対外政策の基本になるべきと考えます。そして、これらの課題は相互に矛盾するところもあります。例えば安全保障体制の強化と途上国支援の強化は限られた財政の中でどのようにやりくりするかは工夫のしどころでしょう。

特に①と④を両立させるのは容易ではありません。欧米諸国との連携の強化が安全保障の色彩を強めれば強めるほど、大国間の対立に巻き込まれることを何よりも嫌がる東南アジア諸国から警戒心を持ってみられると思います。これに対して、安全保障体制の強化と途上国援助の拡大の二つが結局は東南アジア地域における力の均衡を構築し、平和と安定を達する道であることを繰り返し、繰り返し、地域各国に伝えていくことが重要だと思います。

あとがき

松尾事件、田中眞紀子外務大臣騒動が起きた二〇〇一年からすでに二〇年以上経った。フランス大使の仕事を終え、中東・欧州担当の政府代表を辞してそろそろ一〇年。外務省の若い後輩たちでも田中大臣って誰ですか、と聞き返す昔話になってきた。ましてや、私が現役の外交官であった一九六〇年代末から二〇一〇年代の初めの時期は外交に強い関心を持つ人以外にはおぼろげな輪郭しか残してないだろう。私の世代にとっての大正時代くらいの距離感ではないか。

次第に現職時代の記憶が薄れる中で、記録に残しておきたいと思うことを記録に残すことにした。私は外見と違い、ものを書くより行動をすることが好きなので、出版した著書もないし、論文も少ない。ただ、外交官生活の節目節目で外務省の仲間達に向けて「雑感」と銘うって、私が経験したこと、思ったことを記した文書を配布してきた。そのコピーが書庫の奥に積み上げてあったので、これを取りまとめた上で、その後思い出したこと、考えたことを加筆し、修正し、また不要な部分は削除した。

例えば、田中眞紀子大臣時代については、官房長を更迭された後、後任の官房長に「この時代、何が起きたかすぐに忘れられるのでメモを書き残しておいた方がいい」と言われ、歴代の事務次官、官房長限定で「官房勤務雑感」と題するメモを書いた。その後の次官、官房長たちが読んだかは知らないが、二、三年前外部に流出し、言論雑誌や週刊誌に掲載された。この「官房雑感」をベースに本書の田中眞紀子大臣関連は書き下ろした。米国勤務雑感、フィリピン勤務雑感、インドネシア勤務雑感、フランス勤務雑感なども本書執筆のベースになっている。外務公務員を退官してから、東京大学公共政策大学院と政策研究大学院大学で計四年講義をしているので、その講義録も使った。あとは今回新たに執筆したものである。特に、終章4の「日米欧グローバル・パートナーシップの時代に向かって」は新たに書き下ろした。ウクライナ戦争が現在進行形の歴史的事件で、世界の形を変えつつあり、日本人に現実国際政治への覚醒を迫っていると思われることから、私見を一言述べたいと思ったからである。

本書のタイトル『外務省は「伏魔殿」か』は芙蓉書房出版の平澤社長が考えてくださった。「伏魔殿」は、田中眞紀子大臣が外務省は不正を働く省員が多く、大臣がこれを改革しようとすると激しく抵抗する恐ろしいところと思い、命名したものらしい。それは田中大臣のやり方が悪かったのであり、私は国内、海外で黙々と外交の実務に携わり、また外務省をより良い組織にしたいと考え、そのために努力している省員たちが大半であることを本書で少しでも紹介したかった。そしてその人たちは改革は大歓迎だったのである。

また、私は学者ではないのでアカデミックな本にはなっておらず、また省員全体を代表してものをいう資格もないが、外交の現場とはどういうものか、外交官は何を考えて仕事をしているか、私なりの考えを述べようと思った。私が外務省に入省して以来、「外交官とは何をやる職業なのか」と何度聞かれたことだろう。あまりに多様なことをやっており、また縁の下の力持ちのようなところが多いので、本書での私の説明は意を尽くしてないかもしれない。

本書は、私が現役の外交官であった一九六九年から二〇一四年までの期間、すなわち日本国民の多くが平和幻想にどっぷり浸かった時代から新興の超大国・中国が台頭し、核大国ソ連が崩壊し復讐心に燃えるロシアが現存の秩序に挑戦する時期をカバーしている。日米同盟に支えられて、軍事紛争に巻き込まれることはなかったが、日本にとっても、決して何もなかった時代ではなかった。

ベトナム戦争が続き、その間沖縄が本土に復帰した。第四次中東戦争があり、オイルショックがあった。日米、日欧経済摩擦が起き、日本異質論が世界中を横行した。天安門事件が起き、中国共産党の権力意思に世界中が震撼した。冷戦が終わり、ソ連は崩壊し、欧州大陸の地政学的風景が変わった。グローバリゼーションが一気に加速し、日本は三〇年の経済停滞の時代に入った。湾岸戦争が起こり、米国の中東介入が始まる。二一世紀初めの同時多発テロと米国によるアフガン・イラク戦争。日本の安全を預けてきた米国はかつての全能と見えた国ではなくなった。東北大震災と福島の原発事故が起き、日本のエネルギー政策は試練の時代を迎えた。

これらは例を挙げただけであるが、様々な事件や問題が日本・日本人の生活に大きな影響を与えている。日本人の命と日本の国益を守るため、外務省員も影に日なたに働いてきた。私の周囲で起きたことに限られるが、この辺の断片を描いたつもりである。

この間、永田町、霞ヶ関の日本の国家システムにおける外務省員を含む官僚たちの位置付けが大きく変わった。官僚への期待感が急速に落下した。いつ頃からだろうか。日本経済の高度成長が終わる中で官僚たちが新しい日本の将来像を描けず、旧態依然たる手法に固執していたことも一因だろう。冷戦が終わる中で新しい外交・安全保障の姿を描けず、日米経済摩擦の中で米国ではジャパン・バッシングの嵐が吹き荒んだ。外務省に対する不満も強かった。さらに、数多くの省庁における不正、スキャンダルが噴出し、「役人叩き」の嵐となった。官僚に対する不信感が渦巻き、その中で、自民党政権は権限を官邸、自民党に集中していく。官僚の人事権も官邸が握る。

戦前は、中国大陸政策の行き詰まりと経済不況に対する国民の不満のなかで、政党人と財界人が生贄の羊となり、血盟団事件、五・一五事件、二・二六事件等多くの指導者の血が流れ、日本人は自ら作り上げてきた憲政を崩壊させた。

戦後は、経済成長時代が終わったあとは長引く経済停滞に対する鬱積する国民の不満の対象は官僚に向けられた。自民党政治に対する国民の不満は、小泉総理大臣の「自民党をぶっ壊せ！」というスローガンと田中眞紀子氏による「伏魔殿退治」の掛け声に象徴されるように、ポピュリズムの敵は官僚組織が対象となった。

私が心配するのは、官僚組織で働いている若い人たちが士気を失いつつあるのではないかということである。国会答弁の準備で明け方まで働き、国会や政党の会合でひたすら叩き続けられ、政治家の上司に気に入られないと人事で外される。最近は国家公務員試験受験者も減っているという。二〇年前のポピュリズムが常態化し、国の柱の一つであった官僚組織が内部から崩れつつあるのでなければ良いと思う。

田中眞紀子というポピュリスト大臣のもとで、彼女にどのように向き合うか、意見の相違から省内分裂の危機があった。外務省を金銭の横領が起こるような組織ではなくするという気持ちでは省員たちにはコンセンサスがあったと思う。また自己浄化のシステムも作ろうという気持ちも共有していた。田中大臣更迭の後、通産省出身の川口順子氏が外務大臣になった。官僚出身の大臣が田中眞紀子ポピュリズムの余韻の残る中で仕事をするのは容易ではなかったのだろう、幹部の更迭や懲戒処分を連発し、省内には嫌な雰囲気が漂った。私自身、官房長更迭後監察・査察担当の審議官ということで川口大臣、竹内事務次官の指示でこれに一部携わったが、同僚を告発することにより、自ら負った心の傷は今でも癒えていない。本書を書くに当たってこの時のことだけはどうしても触れる気になれなかった。

あの時代から二〇年たち、世の中は一転二転し、日本の世論も平和幻想から覚醒しつつあるかに見える。反対している人たちもまだ多くいるが、日本国は国家安全保障体制の整備にようやく乗り出している。時代の要請である。まだやるべきことは多いが、私が入省した頃から世相も政府の政策もだいぶ変わった。本書末尾では国家・国民が持つ対外幻想について触れた。この面での外務省、外交官が果たすべき役割はまだまだ大きいはずである。なすべきことを成す前に、外務省、さらには国家公務員の組織が崩れて行かなければ良いとせつに祈っている。

また、やるべきことがいくつもあって、これを実行するにはそれぞれが相矛盾する。例えば、日米欧のパートナーシップの強化とグローバル・サウスとの関係強化は往々にして両立しないことは本書で述べた通りだ。大国化する中国の冒険主義に対抗するには抑止力が必要だが、中国をひたすら孤立化させようというのが我々の本意ではなかろう。力の均衡を築きつつ、対話と協力の関係を築かなければならない。欧州との関係を強化しようとすれば、仏やドイツに足元をすくわれる。いうまでもなく彼らは欧州第一主義者だ。利用するときは利用するが、日本に対する視線は複雑だ。なんにつけ必要なのはバランス感覚だろう。それがなければタイトロープを歩けない。どこの国でも外交官は一生を通じて、バランス感覚を養うトレーニングを受けている。国と民族が生き残るにはこの感覚が何よりも大切だからである。

　最後になってしまったが、海のものとも山のものとも知れない本書の出版を快く引き受け、堅苦しい私の役人式日本語に付き合ってくださり、なんとか人さまに読んでいただけるところまで指導してくださった芙蓉書房出版の平澤公裕社長に心からのお礼を述べたい。

著者

飯村　豊（いいむら ゆたか）

1946年東京都生まれ。東京教育大学附属駒場中・高等学校、東京大学教養学部教養学科を経て、1969年外務省入省。外務省研修生として仏ディジョン大学、ストラスブール大学に留学。海外では在ソ連（当時）大使館、在フランス大使館、在フィリピン大使館及び在米大使館、国内においては欧亜局西欧一課、調査部企画課、アジア局南東アジア一課及び官房人事課首席事務官、経済協力局技術協力課長、官房報道課長、欧亜局審議官、経済協力局長及び官房長を務めた。2001年官房長更迭後官房審議官（監察・査察担当）を経て、駐インドネシア特命全権大使、駐フランス特命全権大使、政府代表（中東地域及び欧州地域関連）を歴任。外務省以外では、ハーバード大学国際関係研究所フェロー、国際博覧会協会（BIE）執行委員会委員長、MSH（米国 NGO）理事、東京大学公共政策大学院客員教授、日本・インドネシア協会副会長、フランス国立高等社会科学研究院シニア・フェロー、政策研究大学院大学（GRIPS）客員教授兼政策研究院シニア・フェロー、東京大学経営評議会学外委員・総長選考会議議長を務める。現在、GRIPS・政策研究院シニア・フェロー、日仏会館評議員、日本ハンガリー商工会議所顧問。

外務省《がいむしよう》は「伏魔殿《ふくまでん》」か
——反骨の外交官人生と憂国覚書——

2023年 7月21日　第1刷発行
2024年 2月 5日　第2刷発行

著者
飯村《いいむら》　豊《ゆたか》

発行所
㈱芙蓉書房出版
（代表 平澤公裕）
〒113-0033東京都文京区本郷3-3-13
TEL 03-3813-4466　FAX 03-3813-4615
http://www.fuyoshobo.co.jp

印刷・製本／モリモト印刷

ISBN978-4-8295-0864-0

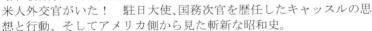

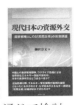